中央高校基本科研业务费项目（紧缺急需学科科研能力提升项目）"数字经济与西部乡村产业融合发展研究"（项目编号：31920220053）

中央高校基本科研业务费项目（服务学科建设科研平台研究能力提升专项）"甘肃省哲学社会科学重大研究基地——民族地区经济社会发展研究中心建设项目"（项目编号：31920230015)

甘肃省哲学社会科学重大研究基地——民族地区经济社会发展研究中心成果

中国农村金融发展的多重约束及其效应研究

王超 浮莉萍 著

中国社会科学出版社

图书在版编目（CIP）数据

中国农村金融发展的多重约束及其效应研究 / 王超，浮莉萍著 . —北京：中国社会科学出版社，2023.11
ISBN 978-7-5227-2347-1

Ⅰ.①中⋯　Ⅱ.①王⋯②浮⋯　Ⅲ.①农村金融—研究—中国　Ⅳ.①F832.35

中国国家版本馆 CIP 数据核字（2023）第 144926 号

出 版 人	赵剑英
责任编辑	任睿明　刘晓红
责任校对	周晓东
责任印制	戴　宽

出　　　版	中国社会科学出版社
社　　　址	北京鼓楼西大街甲 158 号
邮　　　编	100720
网　　　址	http://www.csspw.cn
发 行 部	010-84083685
门 市 部	010-84029450
经　　　销	新华书店及其他书店
印　　　刷	北京君升印刷有限公司
装　　　订	廊坊市广阳区广增装订厂
版　　　次	2023 年 11 月第 1 版
印　　　次	2023 年 11 月第 1 次印刷
开　　　本	710×1000　1/16
印　　　张	15.25
字　　　数	229 千字
定　　　价	86.00 元

凡购买中国社会科学出版社图书，如有质量问题请与本社营销中心联系调换
电话：010-84083683
版权所有　侵权必究

前　　言

　　金融发展与经济发展之间具有相互促进、相互制约的循环因果关系。农村金融发展滞后不利于动员农村储蓄和高效配置农村金融资源，抑制农村剩余资金在当地快速形成生产资本，进而导致农村资源整体配置效率低下，农村经济发展缓慢。而农村经济发展缓慢使得当地金融资源不足、金融需求不旺盛，从供需两个方面约束农村金融市场的发育与发展。可见，中国农村金融发展滞后，不仅是经济发展滞后的结果，而且还是经济发展滞后的原因。因而，农村金融发展问题，依然是研究和破解中国农村经济社会发展的热点问题。

　　本书首先对中国农村金融发展的基本现实进行分析，作为后续问题分析的现实基础；进而从供给约束、需求约束及供需结构性约束三个方面，分析农村金融发展中的多重约束问题及其形成原因；并对农村金融发展约束对于城乡收入差距的总效应及中介效应进行实证研究。最后，提出缓解中国农村金融发展约束问题的对策建议。

　　根据以上研究逻辑思路，全文共分为八章，其中，第一章绪论、第二章基本理论分析、第七章农村金融发展约束的效应实证研究、第八章破解农村金融发展约束的对策建议，由王超完成，共计 14 万字；第三章中国农村金融发展约束的基本状况、第四章中国农村金融发展的供给约束及其原因、第五章中国农村金融发展的需求约束及其原因、第六章中国农村金融发展的结构性约束及其原因，由浮莉萍完成，共计 13 万字。

目 录

第一章 绪论 1

　第一节 选题的背景和意义 1
　第二节 文献综述 7
　第三节 研究的思路、框架结构和技术路线图 19
　第四节 研究方法、创新之处及存在不足 21

第二章 基本理论分析 24

　第一节 基本概念界定 24
　第二节 金融发展理论 28
　第三节 农村金融理论 32

第三章 中国农村金融发展约束的基本状况 35

　第一节 农村金融发展的基本状况 35
　第二节 农村金融发展约束的总体状况 44
　第三节 农村金融发展约束的类型 58

第四章 中国农村金融发展的供给约束及其原因 64

　第一节 农村金融发展供给约束的程度 64
　第二节 农村金融发展供给约束问题的表现 68
　第三节 农村金融发展供给约束的宏观层面原因 79
　第四节 农村金融发展供给约束的农村经济主体
　　　　 方面原因 96

第五节　农村金融发展供给约束的金融机构方面原因 ……… 102

第五章　中国农村金融发展的需求约束及其原因 …………… 113
　　第一节　农村金融发展的需求约束程度 …………………… 113
　　第二节　农村金融发展需求约束问题的表现 ……………… 122
　　第三节　农村金融发展需求约束的宏观层面原因 ………… 126
　　第四节　农村金融发展需求约束的金融体系方面原因 …… 132
　　第五节　农村金融发展需求约束的农村经济主体原因 …… 135

第六章　中国农村金融发展的结构性约束及其原因 ………… 138
　　第一节　农村金融的供给异质性特征 ……………………… 138
　　第二节　农村经济主体的需求异质性特征 ………………… 157
　　第三节　农村金融发展结构性约束的表现 ………………… 167
　　第四节　农村金融发展结构性约束的原因 ………………… 172

第七章　农村金融发展约束的效应实证研究 ………………… 176
　　第一节　农村金融发展对城乡收入差距的效应 …………… 176
　　第二节　农村金融发展供给约束、需求约束的效应
　　　　　　实证研究 …………………………………………… 189
　　第三节　实证研究结论 ……………………………………… 193

第八章　破解农村金融发展约束的对策建议 ………………… 195
　　第一节　推进农村金融创新与改革的对策建议 …………… 195
　　第二节　完善农村金融体系的对策建议 …………………… 206
　　第三节　扩大农村金融需求的对策建议 …………………… 216
　　第四节　配套政策建议 ……………………………………… 224

第九章　研究结论 ……………………………………………… 232

参考文献 ……………………………………………………… 235

第一章

绪　论

第一节　选题的背景和意义

一　选题的背景

中华人民共和国成立以来，持续的工业化进程，使得政府在政策上一直向工业倾斜，采取"农业补贴工业"的办法，导致农村经济剩余向城市地区集中，城乡差距被持续拉大，出现显著的城乡二元体制。改革开放后，"优先工业、优先城市"的发展战略得以延续，城乡二元体制更为明显。城乡二元体制从城乡收入差距中可见一斑，1978年城乡收入差距之比为2.6∶1，扩大到2010年的3.23∶1。在城乡协同发展战略的调整下，城乡收入差距略有缩小，但差距仍然较大，2014年仍为2.97∶1。2015年11月23日，中共中央政治局审议通过《关于打赢脱贫攻坚战的决定》，标志着我国以农村为重点的脱贫攻坚战正式拉开序幕，使得贫困地区农村经济得到较快发展，城乡之间收入差距进一步缩小，2019年缩小为2.64∶1。可以看出，脱贫攻坚战略的实施，使得贫困地区的农村发展加速，使得城乡收入差距进一步缩小。但从农村整体发展来看，2019年城乡收入差距仅达到1978年的水平，反映出我国农村地区经济发展仍然较为缓慢，市场化进程严重滞后，"三农"问题仍为我国经济社会发展的约束"瓶颈"。

2008年，国际金融危机爆发后，劳动密集型产业受到重大冲击，劳动力素质相对较低的农村外出务工人员，受到的冲击最大，开始大量返乡，经济开始步入以"调结构、保增长"为主基调的经济新常态。在经济新常态下，消费将逐步替代出口、投资，成为经济增长的首要拉动力。具有众多人口基数的农村地区，居民消费水平较低，消费提升的空间较大，从而使得农村地区成为未来我国消费增长的主要阵地。因而，促进农村地区经济发展，提高农村居民收入水平，进而提升农村地区消费水平，对于经济新常态下"调结构、保增长"意义重大。经济新常态下的供给侧结构性改革，强调创新、创业的作用，使得农村地区的机遇与挑战并存，一方面，强调创新，意味着对劳动力素质的要求提高，使得素质相对较低的农村劳动力面临巨大的外出就业压力。另一方面，大量外出务工者返乡，则在一定程度上缓解了城市化进程中农村劳动力的"逆向淘汰"①趋势，②使得农村地区人力资本逐步下降的趋势得到一定程度的缓解。并在大众创业的浪潮中，这部分返乡人员由于拥有一定的市场经济知识、创业意识以及生产经营能力，具有较强创业冲动与创业能力。因而，刺激农村地区创业活动，将推动农村地区逐步成为经济新常态下的增长亮点。2017年11月18日，党的十九大报告指出，农业农村农民问题是关系国计民生的根本性问题，必须始终把解决好"三农"问题作为全党工作的重中之重，实施乡村振兴战略。2018年9月，中共中央、国务院印发了《乡村振兴战略规划（2018—2022年）》。乡村振兴的关键是培育农业农村新产业新业态，打造农村产业融合发展新载体新模式，推动要素跨界配置和产业有机融合，推进农村第一、第二、第三产业的深度融合发展，实现乡村产业兴旺。可见，乡村振兴战略的提出与实施，将为农村地区经济社会发展带来前所未有的发展机遇。

城乡二元体制不仅造成了城乡之间的相对隔离和分割，而且也形成了城乡之间的金融二元体制，一元为相对发达的城市金融市场，另一元则为发展受到严重约束的农村金融市场。在整体金融体系都存在金融抑制的状况下，城乡金融二元体制显著的主要原因在于农村金融

---

① "逆向淘汰"趋势：优秀的农户进入城市，素质较低的农户逐渐在农村地区沉淀下来，导致农村地区人力资本下降。

② 刘祚祥：《农户的逆向淘汰、需求型金融抑制与我国农村金融发展》，《经济问题探索》2007年第4期。

发展极为缓慢，波动性较大，金融抑制问题更为严重。自1998年以后，大量国有金融机构从农村地区撤离，基本上仅剩下农村信用社一家金融机构，农村居民享受不到便利的金融服务和有效的金融支持。1998—2001年，国有银行就撤销基层经营机构或网点4.4万个，精简员工24万人，其中，中国银行、中国建设银行、中国工商银行三大国有银行分别缩减基层网点2200多家、4000多家、8700多家，中国农业银行的经营网点也由6万多家缩减为4.4万家，减少了26.7%，①撤销的网点主要是县及以下农村基层地区的经营网点。党的十八大以来，政府开始重视构建普惠金融体系，特别是脱贫攻坚战略以及乡村振兴战略的提出与实施，金融对于农村经济社会发展的支持力度加大。在此背景下，农村金融的发展状况得到一定程度的好转，截至2020年年末，全国乡镇银行业机构覆盖率达到97.13%，全国行政村基础金融服务覆盖率为99.97%，金融机构空白乡镇从2009年10月的2945个减少至892个，全国乡镇已基本实现保险服务全覆盖。然而，农村金融与城市金融相比差距仍然明显，截至2020年年末，农村地区仅有中小银行法人机构3898个，平均每万人仅有0.08家；营业性网点80012个，每万人拥有网点1.6个；从业人数977559人，平均每万人金融从业人员仅为19人。而同期城市中仅商业银行机构就有9万个，平均每万人1.2个，从业人数为259万人，平均每万人银行业从业人员43人。另外，同期城市还有证券营业部（11390家）、各类基金管理公司（24550家）、期货营业部（1957家）、证券投资咨询机构（44家）等金融机构。再考虑到居住分散、交通不便等因素的影响，农村居民面临的金融排斥问题更为严峻，使得农村居民享受金融服务、获取金融支持的成本上升、难度增加。截至2020年年末，金融机构对农村发放的贷款余额为32.3万亿元，仅占全部贷款余额的11.9%，远低于2014年年末的22.4%，其中，农林牧渔贷款4.27万亿元，仅占全部贷款余额的2.5%，远低于2014年年末

---

① 何光文：《中国农村经济金融转型与金融机构多元化》，《中国农村经济》2004年第2期。

的3.8%；农户贷款余额为11.8万亿元，仅占全部贷款余额的6.9%，略高于2014年年末的6.2%。① 可见，农村金融市场发展仍然受到较大程度约束，对于农村经济社会发展的支持作用仍未充分发挥出来。综上所述，在乡村振兴战略背景下，研究农村金融发展的约束问题，不仅有利于普惠金融体系的建设，提高金融体系的普惠性，而且可使农村居民能够获得足够的金融支持，从而推动农业农村现代化建设，实现城乡经济的协同发展，扎实推进农村居民实现共同富裕。

二 研究的理论价值和现实意义

（一）理论价值

从理论研究上来讲，现行金融理论基本都是基于主流经济学的分析框架，把人类行为理性等同于选择的内部一致性，忽视经济主体的社会属性、异质性及其差异，进而忽视这些因素对其理性程度、经济行为的内在影响，使得基于主体异质性的非正式制度的生成、演化及其作用的路径被排除在主流经济学的研究框架之外。因而，主流经济学难以解释持续不平等、贫困等经济现象，只能把贫困、不平等看作随机性问题。正是由于理论与研究范式缺乏对主体异质性及其动态影响的必要关注，现代金融理论很难对中国农村金融现实作出正确的观察和解释。在此背景下，把农村金融供给主体、需求主体的社会属性、行为特征及异质性，纳入本书的分析框架中，尝试突破传统主流经济学"内部一致性"假设，对拓展农村金融研究视角具有一定的理论价值。

鉴于现有对农村金融发展问题的研究，多数都是从供给角度展开的，认为农村地区金融发展滞后的主要原因是由于金融供给不足，导致农村经济主体能够从金融体系获得的信贷支持较少，主张通过"供给领先"的政策解决农村金融发展缓慢问题。虽有研究涉及农村金融的需求问题，但多数都是对农村金融需求因素的实证考察，涉及农村金融需求约束的研究较少，能够结合农村金融需求主体特征的研究几

---

① 中国人民银行：《农村金融服务报告（2020）》，中国金融出版社2021年版；中国人民银行：《农村金融服务报告（2014）》，中国金融出版社2015年版。

乎没有。在此背景下，结合农村金融需求主体特征，深入研究农村金融需求约束问题，并在此基础上，把供给约束与需求约束纳入古典经济学分析框架中，以分析农村金融市场在供、求双向约束下的"低水平均衡"状态，能够有效地拓展农村金融研究思路。另外，现有研究仅有少量文献提到农村金融的供需结构性约束问题，且对此深入研究的几乎没有。因而，在研究供、求主体异质性的基础上，分析农村金融市场供给与需求的不匹配而导致的农村金融供需结构性约束问题，进而分析在供需结构性约束条件下农村金融市场出现的结构性失衡问题，能够有效弥补对农村金融供需结构性问题研究的缺憾。

(二) 现实意义

农村地区经济发展与金融发展之间具有较强的循环因果关系，即农村金融发展滞后既是农村经济发展滞后的原因，又是其结果。这也使得城乡经济二元体制与城乡金融二元体制之间互为因果、相互深化。因而，在城乡经济二元体制显著的情况下，研究农村金融约束问题，将为破解农村地区经济发展与金融发展之间的"低水平循环"提供有益的借鉴和参考。在经济新常态下，农村外出务工人员返乡，带回一定的市场知识、生产技术、创业意识以及经营能力，为活跃农村地区的创业活动奠定了坚实的基础。然而，农村金融市场由于受到严重约束，发展缓慢，难以向农村地区的创业活动提供必要的金融支持。并且，长期以来农村居民收入水平较低，消费受到极大的压制，基本消费需求仍未得到完全满足，上升的空间较大，在经济新常态下，通过提升农村居民消费水平，对由投资拉动型经济增长转向消费拉动型经济增长的作用巨大。然而，考虑到农村居民现有收入较低，难以应对大项消费支出和不确定性风险导致的临时性消费支出；社会保障制度的保障程度较低，亟须通过金融市场来平滑消费或对抗风险。因而，研究农村金融问题对于实现农业强、农村美、农民富的乡村振兴目标，具有较强的现实意义。

从金融政策实践上来看，源于并完善于发达市场经济的现代金融体系与信贷制度，与我国农村地区的基本现实状况相去甚远。第一，现代信贷制度的基础是契约社会下的"契约约束",农村地区仍具有典型的乡土社会特征,居民的契约意识、制度意识仍没有完全培育出来,当地的信任结构仍以封闭性社区下的"人际信任"为主。第二,在实践操作中,商业银行等金融机构克服信贷市场上由于信息不对称而导致的道德风险、违约风险,最有力的工具就是资产抵押。而农村地区经济主体可用于抵押的资产极少,无法满足资产抵押要求。第三,农村地区经济主体之间的差异性较大,异质性特征明显,现代同质化的信贷技术、信贷合约与异质性主体之间存在难以相互匹配的矛盾,使得农村金融市场上存在极为明显的结构性失衡问题。而"一视同仁"的金融制度与金融政策也使得部分居民被排斥在金融服务之外,导致农村地区金融市场的普惠性不强。第四,农村金融制度的供给主要是政府由上向下的强制性制度供给,同质化现象严重,很难与各地农村现实环境相契合,制度效率大打折扣。第五,一味地强调金融供给端的政策,忽视农村地区经济社会发展的特质,忽视农村金融的需求约束以及供需结构性约束问题,使得针对供给端的政策效果大打折扣。可见,发达市场经济下的信贷制度难以移植到中国农村金融市场上,从而导致农村金融体系的包容性、效率性以及财务可持续性都受到较大影响。因而,研究农村金融发展的多重约束及其原因,能够有效地剖析农村金融发展滞后的深层次形成机制,有利于找到缓解农村金融发展多重约束的对策建议;不同类型发展约束问题对农村金融市场均衡影响的研究,则有利于辨别农村金融市场均衡(失衡)的类型及形成机理;对于多重约束下农村金融发展的效应研究,则有利于认清城乡金融二元体制对城乡二元经济体制的效应及作用机理,进而有利于找到通过缓解农村金融多重约束的对策建议,找到破解农村金融发展与经济发展之间低水平循环的有效途径,推动乡村振兴战略的有效实施,进而扎实推进农村居民走向共同富裕。

第二节 文献综述

一 国内研究综述

国内学者对于农村金融问题的研究主要集中在以下几个方面：

第一，农村金融发展状况研究。马九杰等指出我国农村金融欠发展的表现为：供给总量不足与供求结构失衡。[①] 李树和鲁钊阳分别以金融结构、金融规模和金融效率的城乡非均衡发展水平为指标，对城乡金融非均衡发展的收敛性进行了检验，结果发现：中国城乡金融非均衡发展存在 α 收敛；在控制了城乡人均生产总值差异、城乡居民收入差异、城乡经济市场化水平差异、城乡人力资本差异后，中国城乡金融非均衡发展表现出 β 条件收敛特征；中国城乡金融发展存在俱乐部收敛。[②] 周孟良和张国政指出传统的农村信贷补贴政策，效果并不明显，在"普惠金融"理念下微型金融将成为农村金融发展的新范式。[③] 王修华和谭开通构建了农户信贷排斥内在机理模型，利用有序 logist 模型对前面提出的假说进行检验，计量结果表明：户主受教育程度、余钱处理偏好、家庭收入、是否是村干部、是否有亲戚在政府部门工作、信贷宣传、每万人银行网点数、是否有新型金融机构、银行服务满意程度、对政府工作满意程度等因素对农户信贷排斥有显著负向影响，而农户务农收入、向私人借款经历对农户信贷排斥有显著正向影响。[④] 王修华和关键从渗透性、使用效用性、可负担性 3 个基本维度构建了综合的农村金融包容指数，对各省份 2006—2011 年农

[①] 马九杰等：《农村金融欠发展的表现、成因与普惠金融体系构建》，《理论探讨》2013 年第 2 期。

[②] 李树、鲁钊阳：《中国城乡金融非均衡发展的收敛性分析》，《中国农村经济》2014 年第 3 期。

[③] 周孟良、张国政：《基于普惠金融视角的我国农村金融改革新方法》，《中央财经大学学报》2009 年第 6 期。

[④] 王修华、谭开通：《农户信贷排斥形成的内在机理及其经验检验》，《中国软科学》2012 年第 6 期。

村金融包容发展的平均水平进行测算，结果显示：大多数省份农村金融包容指数在0.1—0.3，并表现出明显的"东高中西低"的区域差异特征，农村金融包容水平与地区经济发展程度具有较好的契合性。①何德旭和苗文龙指出普惠金融提出的原因是金融排斥下经济稳定发展受阻，因此设计有效的普惠金融制度必须解决金融排斥问题，而不是所谓的持久性金融救助和政策补贴。②王曙光和王东宾从双重二元金融机构的视角，郑中华和特日文从三元金融机构的视角分别对农村金融的发展问题进行研究。③

第二，农村金融发展对经济发展的效应研究。王修华等指出农村金融主要通过直接机制与间接机制来影响城乡收入差距，并利用1978—2008年农村金融发展各指标与城乡收入差距进行了实证检验。总体来看，城乡收入差距与农村金融规模、农村金融效率存在相关关系及长期均衡关系，金融发展各指标对城乡收入差距影响效果不同，农村金融规模的增加扩大了城乡收入差距，农村金融效率的提高则缩小了城乡收入差距，且前者的作用大于后者，因而我国农村金融发展整体来说扩大了城乡收入差距。④丁志国等采用面板数据实证分析了农村经济发达地区和农村经济落后地区各项金融指标与农村经济发展之间的关系，结果表明：对于农村经济发达地区，农村经济发展受金融规模的影响十分突出，受金融风险影响较强，受金融效率影响偏弱，受金融结构影响不显著；而对于农村经济落后地区，农村经济发展受金融风险影响较强，受金融效率影响较弱，受金融规模和金融结

---

① 王修华、关键：《中国农村金融包容水平测度与收入分配效应》，《中国软科学》2014年第6期。

② 何德旭、苗文龙：《金融排斥、金融包容与中国普惠金融制度的构建》，《财贸经济》2015年第3期。

③ 王曙光、王东宾：《双重二元结构、农户信贷需求与农村金融改革》，《财贸经济》2011年第5期；郑中华、特日文：《中国三元金融结构与普惠金融体系建设》，《宏观经济研究》2014年第7期。

④ 王修华等：《农村金融发展对城乡收入差距的影响机理与实证研究》，《经济学动态》2011年第2期。

构的影响不显著。[①] 余泉生和周亚虹利用入户调查数据测算出中国农村信贷约束强度平均为14.4%，农村生产领域的农业生产和个体工商业经营以及消费领域的居住、医疗等，对资金需求最为迫切，信贷约束对农户福祉存在显著的负向影响。[②] 王宁等指出贫困地区信贷市场信息不对称导致逆向选择，金融机构都会设置很高的信贷门槛，未享受金融服务的贫困家庭容易陷入"贫困陷阱"。[③] 叶志强等指出中国金融资源高度集中在城市，农村金融抑制现象严重，并通过实证研究发现金融发展对城乡收入差距具有显著影响。其中，金融发展对农村人均收入增长具有显著的负效应（标准化系数为-6.7%），而与城市人均收入并无显著的相关关系。[④] 郑刚和董文杰运用重庆市2004—2011年面板数据对金融发展与城乡收入差距的关系进行实证，结果表明金融发展与城乡收入差距具有明显的负向关系。[⑤] 张龙耀等从微观视角阐述了金融发展通过家庭创业选择进而影响城乡居民收入的作用机制，并使用2008年中国健康与养老追踪调查（CHARLS）数据进行经验检验。研究结果表明：中国城乡家庭创业活动普遍面临着严重的信贷约束，其中尤以农村家庭为甚，但随着金融发展水平的提高，金融约束对城乡家庭创业活动的抑制作用逐步减弱；金融发展通过影响家庭创业活动，对中国城乡家庭人均收入水平产生显著影响，"金融发展—企业家创业—收入分配"的微观作用机制在中国也是成立的。[⑥] 谢婷婷等运用脉冲响应和方差分解，研究了新疆非正规金融与减贫之间的关系，结果表明：非正规金融对贫困减缓有显著作用，效

---

① 丁志国等：《基于区域经济差异的影响农村经济发展的农村金融因素识别》，《中国农村经济》2014年第3期。
② 余泉生、周亚虹：《信贷约束强度与农户福祉损失》，《中国农村经济》2014年第3期。
③ 王宁等：《普惠金融发展与贫困减缓的内在逻辑》，《河北大学学报》（哲学社会科学版）2014年第2期。
④ 叶志强等：《金融发展能减少城乡收入差距吗?》，《金融研究》2011年第2期。
⑤ 郑刚、董文杰：《人力资本、金融发展与城乡收入差距的关联度》，《改革》2014年第2期。
⑥ 张龙耀等：《金融发展、家庭创业与城乡居民收入——基于微观视角分析》，《中国农村经济》2013年第7期。

果高于正规金融,但存在一定的时滞性。①

第三,农村金融需求方面研究。黄祖辉等采用改进的"意愿调查+假想式问题"的新研究思路对农户的生产性与消费性信贷需求进行识别,研究结果表明:农户对正规与非正规信贷的需求均以消费型为主,主要原因是:中国农村,尤其是贫困地区农村,经济结构已发生重大转变,大部分农户主要依靠种植和外出务工,家庭现金收入主要来自外出务工,一般没有生产性信贷投资需求;同时由于自身积累能力较弱,普通农户家庭在生活方面对借贷资金仍具有较强的依赖性。② 熊学萍等利用湖北省天门市的调查数据,实证研究结果表明:农户对金融需求不足、参与意识不强,少量的资金需求主要由民间私人借贷予以满足。③ 刘西川等认为影响农户信贷需求的因素有预期收益、交易成本、家庭特征及与之相关的贷款可得性,并区分了有效信贷需求、潜在信贷需求以及隐蔽信贷需求,采用 Probit 和 TobitⅡ的实证研究结果表明:我国贫困地区正规金融机构的农户覆盖率较低不仅与农信社和其他正规金融机构的信贷供给有关,也与贫困户对正规金融的需求有关,调查地区存在大量潜在的和隐蔽的对正规信贷的需求。④ 金烨和李宏彬通过 Tobit 模型进行实证分析的结果表明:农户的贷款需求与农户家庭收入以及承包的土地面积有关。农户的家庭结构、家长特征也会对贷款需求有一定的影响。⑤ 钟春平和徐长生利用对安徽省的问卷调查所得数据,采用有序 Logistic 模型实证研究发现绝大多数农户并不存在特别的信贷申请困难。虽然部分农户会发现有些程序

---

① 谢婷婷等:《西部少数民族地区非正规金融减贫效应研究》,《中央财经大学学报》2015 年第 5 期。
② 黄祖辉等:《中国农户的信贷需求:生产性抑或消费性》,《管理世界》2007 年第 3 期。
③ 熊学萍:《农户金融行为、融资需求及其融资制度需求指向研究》,《金融研究》2007 年第 8 期。
④ 刘西川等:《贫困地区农户的正规信贷需求:直接识别与经验分析》,《金融研究》2009 年第 4 期。
⑤ 金烨、李宏彬:《非正规金融与农户借贷行为》,《金融研究》2009 年第 4 期。

上的烦琐和麻烦，但最终申请不到贷款的农户占比极为少数。① 王定祥等利用判断抽样法，对 15 个省份较贫困地区的暂时性贫困农户的信贷需求和信贷行为进行调查分析，结果表明：绝大多数贫困型农户都有信贷需求，并以中短期中小额信贷需求为主，主要满足生活消费性用途；但在有信贷需求的贫困型农户中，实际发生借贷行为的农户较少，从正规金融机构获得贷款的贫困型农户更少，金融需求满足率极低；家庭耕地面积、年人均收入水平、农业生产支出占比、教育支出占比、家庭固定资产价值对贫困型农户信贷需求有显著影响。② 童馨乐和褚保金认为社会资本对于建立、健全农村地区正规金融机构与农户的信息沟通机制和风险控制手段，解决农户信贷约束问题的作用明显。③ 许承明等实证研究了农户选择信贷与保险互联的影响因素，实证结果表明：风险偏好、财务自由度、地区变量对农户参与信贷与保险互联具有正向作用，农户信息变量、教育程度、社会资本变量起负向作用，激励农户主动参与信贷与保险互联的关键在于培养其"企业家精神"，提高其风险识别能力。④ 胡士华基于信贷市场上的道德风险理论模型，实证分析农户的融资结构及其决定因素，指出农户所能够提供的担保资产量（或农户被监督的程度）决定了其借款来源结构的组合形式：担保品充足的农户容易申请到正规金融部门的担保贷款，而随着农户担保品的减少且容易被贷款人监督时，其更可能获取非正规金融部门的监督贷款，或者是正规金融和非正规金融的混合贷款。⑤ 黄惠春采用双变量 Probit 模型，对影响农户担保贷款和农地抵押贷款需求和供给的因素进行了比较分析，结果表明：

---

① 钟春平、徐长生：《信贷约束、信贷需求与农户借贷行为：安徽的经验数据》，《金融研究》2010 年第 11 期。

② 王定祥等：《贫困型农户信贷需求与信贷行为实证研究》，《金融研究》2011 年第 5 期。

③ 童馨乐、褚保金：《社会资本对农户借贷行为影响的实证研究》，《金融研究》2011 年第 12 期。

④ 许承明：《社会资本、异质性风险偏好影响农户信贷与保险互联选择研究》，《财贸经济》2012 年第 12 期。

⑤ 胡士华：《信息结构、贷款技术与农户融资结构：基于农户调查数据实证研究》，《管理世界》2011 年第 7 期。

实际耕地面积、是否种养大户、固定资产净值及家中是否发生大事,对农户担保贷款需求具有显著影响;实际耕地面积、工资性收入比例、流入农地及农户的农地价格认知,对农户农地抵押贷款需求具有显著影响。①

第四,农村金融供给方面的研究。何光文认为从制度变迁的角度而言,农村金融制度的变迁属于强制性制度变迁过程,仅仅从制度供给者和制度生产者本身的需求出发,不能适应金融需求者的制度需求,使农村金融服务的供给严重滞后于农村需求。② 何光文指出我国现行农村金融组织结构的制度和功能缺陷主要在于农村金融深化程度低,农村正规金融供给不足等方面,并进一步指出组织机构多元化是优化农村金融组织结构的途径。③ 高晓燕认为我国农村存在的金融问题主要表现在金融供给不足,包括制度供给不足、服务供给不足、创新供给不足以及金融人才供给不足等方面。④ 黄惠春指出法律政策的严格限制、规模化市场的缺乏以及可持续性扶持政策的不足等因素,导致金融机构对农地抵押贷款的供给动力不足。⑤ 还有较多学者对农村金融机构问题展开研究。洪正利用道德风险模型实证研究了不同类型的农村新型金融机构的监督效率和融资支持功能,指出由于缺乏明显的监督优势,由商业银行组建的村镇银行和贷款公司将难以在农村地区得到持续经营;小额信贷公司因对民营资本监督效率的要求较高,在全部依赖自有资本运营的状况下,难以普遍设立;资金互助社能够实施有效监督和合同互联,可显著改善农村融资难题。⑥ 董晓林

---

① 黄惠春:《农村土地经营权抵押贷款可得性分析——江苏试点地区证据》,《中国农村经济》2014 年第 3 期。
② 何光文:《中国农村金融供求特征及均衡供求的路径选择》,《中国农村经济》2001 年第 10 期。
③ 何光文:《中国农村经济金融转型与金融机构多元化》,《中国农村经济》2004 年第 2 期。
④ 高晓燕:《基于供给视角的农村金融改革》,《财经问题研究》2007 年第 11 期。
⑤ 黄惠春:《农村土地承包经营权抵押贷款可得性分析——基于江苏试点地区的经验证据》,《中国农村经济》2014 年第 3 期。
⑥ 洪正:《新型金融机构改革可行吗?——基于监督视角的分析》,《经济研究》2011 年第 2 期。

等通过构建"社员利益倾向指数"（DI），利用采集的农村资金互助社的微观数据，实证研究了中国农村资金互助社的社员利益倾向，结果表明：中国农村资金互助社整体上呈现出净贷款利益倾向，即更加重视净贷款者的利益。[①] 王煜宇认为村镇银行等新型农村金融机构未能充分发挥服务"三农"的功能，却在一些地区开始变为地方政府的融资工具，其根本原因在于现行法律制度的供给抑制。[②] 陆智强和熊德平实证检验了金融发展水平、大股东持股比例对村镇银行投入资本的影响，结果表明：村镇银行投入资本规模随着金融发展水平的提升而增大，随着大股东持股比例的增加而减少。[③] 于乃书等指出农村金融机构偏好高端客户、支农效果较弱，其原因为金融机构与政策部门、农户之间均存在激励不相容问题，以及自身内部激励机制不完善等。[④]

第五，农村金融抑制研究。韩正清指出供给型金融抑制是当前我国农村金融抑制的常态，主要表现为金融二元结构明显、农村金融组织体系功能缺陷、农村资金总量供给不足、"非农化"日趋严重等方面。[⑤] 王国华和李克强以西方金融深化理论为基础，从农村金融组织结构、农村居民进入壁垒、农村储蓄资金流向以及农村资金供给等方面来分析我国农村金融抑制问题，认为政府的金融管制是形成农村金融抑制的根本原因。[⑥] 刘祚祥则从农户在城市化进程中的"逆向淘汰"出发，研究了农村金融需求抑制问题，认为城市化进程中农村地区沉淀下来的劳动力，素质较低，影响农村经济活力，投资效率较

[①] 董晓林等：《中国农村资金互助社的社员利益倾向：判断、影响与解释》，《中国农村经济》2012年第10期。

[②] 王煜宇：《新型农村金融机构服务主体与发展定位：解析村镇银行》，《改革》2012年第4期。

[③] 陆智强、熊德平：《金融发展水平、大股东持股比例与村镇银行投入资本》，《中国农村经济》2015年第3期。

[④] 于乃书等：《农村金融机构发展中的主体行为分析及激励机制构建》，《中央财经大学学报》2015年第10期。

[⑤] 韩正清：《农村供给型金融抑制问题及其求解》，《西南农业大学学报》（社会科学版）2005年第9期。

[⑥] 王国华、李克强：《论我国农村金融抑制与金融制度创新》，《中央财经大学学报》2006年第5期。

低，从而导致农户失去举借贷款的动力。① 王彬认为我国农村金融抑制表现为供给型金融抑制、需求型金融抑制并存，且两者相互作用。② 张龙耀和江春通过基于直接诱导式询问方法（Direct Elicitation Methodology, DEM）进行入户调查，实证研究了农户的非价格信贷配给及其影响因素，结果表明：受教育水平较低、依赖传统农业收入的小农户以及缺乏贷款经历的农户更容易受到非价格信贷配给。③ 陆铭宁等在分析凉山州金融抑制表现的基础上，采用信贷交易合约模型对其产生的原因进行阐释。④ 赵羽和左婷认为农村金融供给抑制主要表现在：涉农业务少、功能弱化以及信用社商业化倾向严重。⑤ 任劼和孔荣基于BCG（Boucher、Carter、Guirkinger）的理论观点，采用直接诱导式询问法（DEM）对农户信贷过程中的风险配给进行识别并运用二元Logit模型对风险配给的影响因素进行了实证分析。结果表明：在被调查农户中，风险配给型、数量配给型、价格配给型农户的比例分别为6.16%、13.98%和79.86%，反映出农村信贷市场中存在风险配给。⑥

第六，农村金融制度的研究。胡必亮从村庄信任的角度研究了我国的标会制度，认为在村庄信任这一概念体系中，村庄共同体的存在是前提条件，地方性习俗以及地方性的习惯法和社区规则、会意性知识（tacit knowledge）、地方传统以及信任等都构成了村庄信任的重要内容，村庄信任的存在使得标会参与者之间构成了无限次重复博弈关

---

① 刘祚祥：《农户的逆向淘汰、需求型抑制与我国金融发展》，《经济问题探索》2007年第4期。
② 王彬：《农村金融抑制及制度创新——基于供需视角下的分析》，《河南社会科学》2008年第7期。
③ 张龙耀、江春：《中国农村金融市场中非价格信贷配给的理论和实证分析》，《金融研究》2011年第7期。
④ 陆铭宁等：《论西部民族地区农村金融抑制的产生与破解》，《农村经济》2011年第9期。
⑤ 赵羽、左婷：《农村金融抑制背景下非正规金融发展现状与治理》，《内蒙古社会科学》2014年第9期。
⑥ 任劼、孔荣：《农户信贷风险配给识别及其影响因素》，《中国农村经济》2015年第3期。

系，内部信息充分，"声誉机制"有效，从而使得标会能够有效地运行。① 张杰从长期历史的视角研究了中国现有农贷制度及其历史演进逻辑关系，强调了黄宗智"小农等式"以及农户信贷的维生性质，指出国家农贷制度的功能主要体现在维持小农的基本温饱，能够节约国家管理农村社会的成本，并从筹资次序的角度，阐释农贷制度中特有的"两极三元结构"②。③ 张杰指出我国以民间借贷为主的农贷制度具有内生性和路径依赖性，考虑到农民收入的增加、农村经济的进步是决定农贷制度改革绩效的决定性因素，因而，在农贷制度构造中不能采取自上而下的强制性制度变迁路径。④ 熊学萍等指出正式融资制度是满足农户融资需求最重要的制度安排，农户需要市场化的融资制度。⑤ 赵岩青和何广文指出农户联保贷款制度在我国的执行结果与理论效果之间存在着较大的反差，问题的关键在于实施该制度的前提条件并没有得到完全满足。⑥ 陈雨露和马勇特别强调内生于中国特殊政治和社会结构的农户弱势心理状态，其外在化的主要表现就是农户对国家的信任机制直接异化为"强依赖"。⑦ 林乐芬和王步天对江苏省东海县农地抵押贷款制度进行问卷调查研究，结果显示：农地抵押贷款制度的实施初见成效，但也存在土地使用权流转市场范围较小、评估机制不健全等诸多问题。⑧

另外，学者还从其他视角研究了我国农村金融问题。张海洋和平新乔比较分析了农村民间借贷活动中借入方和借出方的收支情况，发现民间借贷具有如下特征：民间信贷资金并不是一致地从富人流向穷人，也不是一致地从穷人流向富人，而是表现出较强的"正向分类相

---

① 胡必亮：《村庄信任与标会》，《经济研究》2004年第10期。
② "两极"指无息或高息。"三元"指国家农贷、熟人信贷和高息信贷。
③ 张杰：《解读中国农贷制度》，《金融研究》2004年第2期。
④ 张杰：《农户、国家与农贷制度：一个长期视角》，《金融研究》2005年第2期。
⑤ 熊学萍等：《农户金融行为、融资需求及其融资制度需求指向研究》，《金融研究》2007年第8期。
⑥ 赵岩青、何广文：《农户联保贷款有效性研究》，《金融研究》2007年第7期。
⑦ 陈雨露、马勇：《关于农户和风险偏好的几个注释》，《财贸经济》2009年第1期。
⑧ 林乐芬、王步天：《农地经营权贷款制度供给效果评价》，《经济学家》2015年第10期。

聚"（Positive Assortative Matching）性质。① 胡士华等基于信贷市场上的道德风险理论模型，实证分析农户的融资结构及其决定因素，指出担保品充足的农户容易申请到正规金融部门的担保贷款，而随着农户担保品的减少且容易被贷款人监督时，其更可能获取非正规金融部门的监督贷款，或者是正规金融和非正规金融的混合贷款。其政策含义在于构建信息收集机制，鼓励信贷技术创新，建立农村资产可抵押（担保）市场，以及综合正规金融和非正规金融的比较优势以整合农村信贷市场。② 胡士华和卢满生认为在农村信贷市场上，参与借贷的双方具有较强的异质性。从需求角度来看，借款人向贷款人显示其信誉（偿还意愿及能力）的信息禀赋方面，存在强烈差异。从供给方面看，有标准型和异质型（非标准型）信息来支持贷款人的放贷行为，正规贷款人是基于借款人所提供标准信息禀赋能力而放贷，即在处理及应用标准型信息方面具有比较优势；相反，非正规金融部门在处理及应用异质型信息方面具有比较优势，由于对信息处理方式的差异而导致贷款人行为存在差异。③ 王伟和白钦先通过实证研究得出认知和行为偏差以及功能失调，对农村政策性金融发展困境具有正相关关系；认知和行为偏差与政策性金融功能弱化具有正向影响。④ 许承明实证研究了农户选择信贷与保险互联的影响因素，实证结果表明：风险偏好、财务自由度、地区变量对农户参与信贷与保险互联具有正向作用，农户信息变量、教育程度、社会资本变量起负向作用，激励农户主动参与信贷与保险互联的关键在于培养其"企业家精神"，提高其风险识别能力。⑤

---

① 张海洋、平新乔：《农村民间借贷中的分类相聚性质研究》，《金融研究》2010年第9期。
② 胡士华等：《信息结构、贷款技术与农户融资结构——基于调查数据实证研究》，《管理世界》2011年第7期。
③ 胡士华、卢满生：《信息、借贷交易成本与借贷匹配》，《金融研究》2011年第10期。
④ 王伟、白钦先：《功能失调、认知和行为偏差与农村政策金融困境》，《经济理论与经济管理》2011年第12期。
⑤ 许承明：《社会资本、异质性风险偏好影响农户信贷与保险互联选择研究》，《财贸经济》2012年第12期。

二 国外研究综述

第一，对普惠金融的研究。Hannig 和 Jansen[1]认为普惠金融的目的就是将非银行用户纳入正规渠道的金融系统，使之有机会享受到包括储蓄、支付、信贷和保险等多方面的金融服务。Allen 等[2]提出了金融把低收入阶层排斥在外的主要原因是人们愿意获得金融服务，但是因为距离、成本以及信息不对称等因素无法获得该服务。Morgan 和 Pontines[3]检验了普惠金融发展和金融稳定性之间的关系，结果发现随着小微企业融资规模不断增大，不良贷款率和违约率逐渐降低。Honohan[4]、Beck[5]、Arora[6]和 Sarma[7]等学者都是从金融渗透性的角度，对普惠金融的发展进行度量。Beck[8]、Sarma[9]等则是从金融供给效率的角度对普惠金融进行测度。Arora[10]认为成本因素是导致低收入阶层金融需求不足的原因。Demirguc-Kunt 和 Klapper[11]则从正式账户、储蓄习惯、保险产品的使用和借贷的目的以及信用卡的使用四个方面研

---

[1] Hannig A., and Jansen S., "Financial Inclusion and Financial Stability: Current Policy Issues", *Ssrn Electronic Journal*, 2010.

[2] Allen Franklin and Santomero Anthony M., "The Theory of Financial Intermediation", *Journal of Banking & Finance*, No. 21, 1998.

[3] Morgan P. and V. Pontines., "Financial Stability and Financial Inclusion", Discussion Paper, 2014.

[4] Honohan P., "Measuring Microfinance Access: Building on Existing Cross-country Data", Discussion Paper, 2005.

[5] Beck T., Torre A., "The Basic Analytics of Access to Financial Services", *Financial Markets, Institutions, and Instruments*, No. 16, 2007.

[6] Arora R., U., "Measuring Financial Access", Griffith University, Discussion Paper in Economics, No. 7, 2010.

[7] Sarma M., "Index of Financial Inclusion", Discussion Paper 10-05; Centre for International Trade and Development, School of International Studies, Jawaharlal Nehru University, India., 2010.

[8] Beck T., et al., "Reaching Out: Access to of Banking Services across Countries", *Journal of Financial Economics*, No. 85, 2007.

[9] Sarma M. and J. Pais., "Financial Inclusion and Development: A Cross Country Analysis", Discussion Paper, 2010.

[10] Arora R. U., "Measuring Financial Access", Griffith University, Discussion Paper in Economics, No. 7, 2010.

[11] Demirguc-Kunt A. and L. Klapper, "Measuring Financial Inclusion: The Global Findex Database", Discussion Paper, 2012.

究了低收入阶层的金融需求。Soukef Zekri[①]则分别基于普惠金融对印度、突尼斯的微观金融体系进行研究。

第二，关于发展中国家农村金融发展的研究。Gulli[②]指出对于解决贫困问题最关键的是要构建一种有效的可持续金融机制，而不是仅仅向贫困者提供贷款支持或存款服务。Koester认为转型国家农村金融市场的支持政策应该更加关注对于金融环境的改善，而不是仅仅关注于金融机构的设置上。[③] Braverman（2002）指出政府对农村金融市场的干预政策基本上趋于无效，补贴贷款政策对改善农业经营、调节农村收入分配以及缓解贫困等方面都没有发挥出应有的作用。Adams[④]指出农村居民，甚至是贫困居民，都有一定的储蓄能力，从而不需要外部输入资金；相反，农村地区的低利息政策才是抑制居民向金融机构存款的主要原因。Conning和Udry指出政府支持对于农村金融机构的发展至关重要。[⑤] Sayinzoga和Lensink利用田野调查的方法研究了卢旺达农户的金融知识与金融能力，研究表明通过培训能够有效地提升参与者的金融知识，也能改变其存款行为和借款行为，金融知识的提高是金融行为发生变化的重要原因之一。[⑥]

[①] Soukef Zekri, "Towards an Inclusive Vision of Micro Finance in Tunisia", *Journal of Business Study Quarterly*, No. 5, 2013.

[②] Gulli, Hege, "Mierofinanee, Questioning the Conventional Wisdom", International American Development Bank, NewYork, 1998.

[③] Koester U., "Agrieultural Finanee And Institutional Reformsin Transition Eeonomies: The 1990s and Challenges Ahead", *Quarterly Journal of International Agrieulture*, No. 40, 2001

[④] Adams, Dale W., "Filling the Deposit Gap in Microfinance", Paper for the Best practices in Savings Mobilization Conference, Washington, DC, 2002.

[⑤] Conning, J., Udry, C., "Rural Financial Markets in Developing Countries", *Handbook of Agricultural Economics*, No. 3, 2007.

[⑥] Sayinzoga, A. and Lensink, R., "Financial Literacy Financial Behaviour: Experimental Evidence from Rwanda", *Economic Journal*, No. 8, 2016.

第三节　研究的思路、框架结构和技术路线图

一　研究思路

本书旨在我国农村具体现实状况的基础上，尝试把供需主体的异质性、"乡土社会"下的非正式制度以及普惠金融理论纳入分析框架之中。本书的研究思路为：农村金融发展的现状研究——农村金融市场发展约束及其类型——农村金融市场的供给约束、需求约束以及结构性约束的基本状况研究——农村金融市场供给约束、需求约束以及结构性约束的原因分析——农村金融发展约束对城乡二元结构的效应研究——解决对策。

二　研究框架

根据上述逻辑思路，本书共分九部分内容。

第一章　绪论。主要对本书选题的背景、理论价值和现实意义进行分析，对国内外现有的研究文献进行梳理，指出本书研究的依据与价值。并对本书的研究逻辑思路、研究方法、技术路线以及创新与不足之处进行阐述，为本书的研究打下良好的基础。

第二章　基本理论分析。首先对农村金融及其发展约束进行界定，指明本书研究的农村金融发展约束主要包括：供给约束、需求约束以及供需结构性约束。本部分还对本书的理论基础进行梳理，首先介绍了金融发展理论中的金融结构理论、金融抑制理论、金融约束理论、制度金融理论以及普惠金融理论，然后又介绍了农村金融的相关理论，即信贷补贴论、农村金融市场论、不完全市场论以及局部知识论，为本书的研究打下了坚实的理论基础。

第三章　中国农村金融发展约束的基本状况。主要从农村金融的存、贷款以及金融发展规模、金融效率等几个方面对农村金融的发展状况进行分析，并进一步对城乡金融发展水平进行比较分析，从直观上对农村金融发展约束的总体状况进行分析，为本书的研究打下了坚实的现实基础。并在此基础上，根据其成因以及对市场均衡的影响，

19

分别对农村金融发展的供给约束、需求约束以及供需结构性约束三种约束类型及其对农村金融市场均衡的影响效应进行分析，为后续展开研究打下基础。

第四章　中国农村金融发展的供给约束及其原因。通过构建度量指标（F_SCR），对农村金融发展的供给约束程度进行度量。进而分析农村金融发展供给约束问题的主要表现，并从多个方面研究了农村金融发展供给约束问题的形成原因。

第五章　中国农村金融发展的需求约束及其原因。通过构建度量指标（F_DCR），对农村金融发展的需求约束程度进行度量，进而分析需求约束问题的主要表现，并从多个层面研究了需求约束的形成原因，为后面的研究提供理论依据。

第六章　中国农村金融发展的结构性约束及其原因。首先分析农村金融市场上供需主体的异质性特征，以此为基础，分析并解释农村金融市场上普遍存在的供需结构性约束现象，并进一步分析结构性约束产生的基本原因。

第七章　农村金融发展约束的效应实证研究。在前面诸章研究的基础上，首先对农村金融发展约束下的农村金融发展水平对农村城乡收入差距的效应进行实证研究。进而分别对供给约束、需求约束对城乡收入差距效应进行研究。在实证研究中，不仅研究了各指标对城乡收入差距的总效应，而且还对其通过中介变量——农村就业的中介效应进行检验。

第八章　破解农村金融发展约束的对策建议。针对以上研究，从宏观、中观、微观三个层面，探讨缓解农村金融市场多重约束的政策建议。

第九章　研究结论。对本书研究的主要结论和观点进行归纳、概括。

三 技术路线图

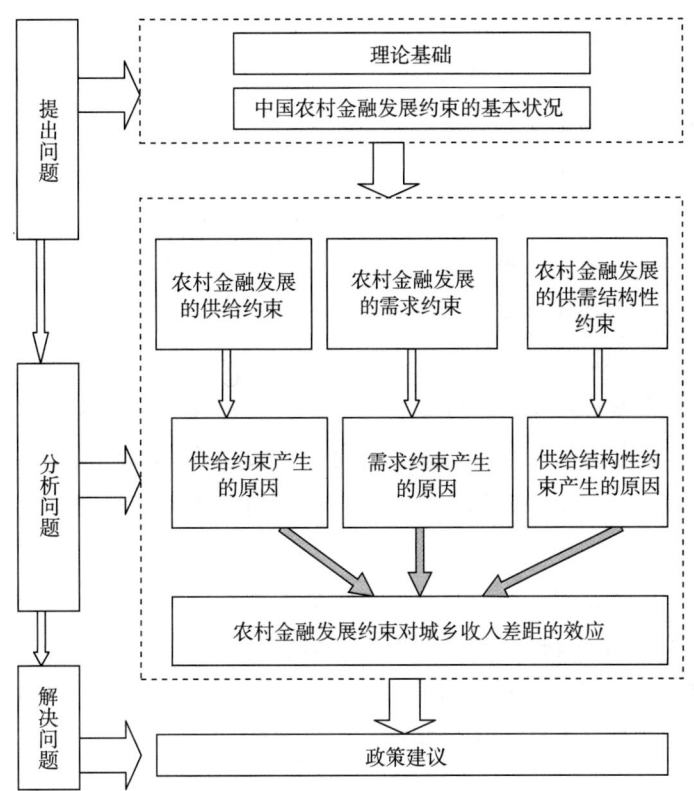

图 1-1 本书技术路线

第四节 研究方法、创新之处及存在不足

一 研究方法

本书的研究主要采用以下研究方法：

（一）实证研究

本书主要通过统计资料、田野调查、访谈等方式，对我国农村金

融的发展问题进行研究、分析。并利用计量模型，对农村金融发展通过城乡就业变动对城乡收入差距的中间效应和总效应进行实证研究。

（二）行为分析方法

主要应用于农户的经济行为及信贷需求行为的识别和分析中，利用行为经济学的相关理论进行理论阐释。

（三）制度分析方法

突破主流经济学分析框架，把主体异质性形成的非正式制度、信任结构等因素加入分析框架，使得本书的研究对农村地区的金融实践更具解释力和指导意义。

（四）比较静态分析法

利用古典经济学分析框架，分别研究在存在供给约束、需求约束状况下，农村金融市场的均衡状态变化，以及在存在供需结构性约束的状况下，农村金融市场由低水平均衡向结构性失衡的变化状况。

（五）历史分析方法

本书在研究中，比较重视历史演进视角，不仅体现在对我国农村金融发展历史研究的描述中，而且在对农村地区"乡土社会"下，农村居民的行为特征、农贷制度、信任结构等方面的分析，都遵循历史唯物主义的指导思想，强调制度的历史演化。

二 创新之处

本书研究中，主要从以下几个方面做了创新性尝试：

（1）国内对农村金融发展抑制的研究大多数都是从供给的角度进行，对农村金融需求角度研究的较少，对农村金融供需结构的研究极少。本书在研究供、求主体异质性的基础上，从信贷结构不匹配的角度，对农村金融供需结构性约束问题的研究，拓展了国内对于农村金融问题的研究视角。

（2）本书通过把农村金融发展的多重约束引入金融市场供求模型的比较静态分析中，把农村金融发展水平较低，从理论上创造性地分解为供需双重约束下的低水平均衡状态，以及结构性约束下的结构性失衡状态，其对应的政策含义为在关注农村金融供给侧与需求侧政策的同时，还需要从供需结构的角度关注农村金融发展中的结构调整问题。

（3）本书还通过构建指标对农村金融发展供给约束程度、需求约束程度进行度量，并利用这两个指标，对供给约束、需求约束对城乡收入差距（可反映城乡二元体制）的效应进行研究。并选取农村就业作为中介变量，对农村金融发展及其供给约束、需求约束对城乡收入差距的中介效应进行实证检验，验证了理论分析中农村金融发展对城乡收入差距影响的间接效应，为探讨金融发展及其约束问题对居民收入作用的直接效应、间接效应研究，提供了一定的思路启迪。

三 不足之处

本书的不足之处主要存在于以下几个方面，也是笔者以后继续加深研究的方向。

（1）在进行田野调查时，调查的范围相对较窄，仅对农牧民进行访谈，对于农村企业的调查力度不够，从而使得分析的全面性受到一定的影响。

（2）本书的研究主要采用各类统计年鉴的统计数据，宏观层面的数据较多，但微观层面的数据不足。因而，下一阶段将加强微观数据的调研与收集工作。

（3）由于目前国内对于农村金融市场供需结构性约束研究的缺乏，本书可供借鉴的方法、思路较少，从而导致本书在这一部分的研究中，思路不够开阔。

第二章

基本理论分析

第一节 基本概念界定

一 农村金融的界定

从历史的观点来看,农村金融活动产生已久,在封建社会时代由于商品化程度不高,农户收入水平较低,抵御风险的能力较弱,由此,就产生了简单的农村金融活动,主要以消费性的高利贷和实物借贷的方式为主。到了商品经济时代,农村金融活动也随着农村地区商品经济的发展而逐渐活跃,多种金融组织逐步产生,借贷活动日益频繁,规模日益增加,除消费性借贷外,生产性借贷逐渐兴盛。可见,农村金融活动是伴随着长期的农村经济社会发展,而逐步演化、成熟的。然而,农村金融作为一个经济学概念,从一般金融活动中独立出来,才是最近几十年的事情。由于我国长期存在的城乡二元体制,农村地区与城市地区相对隔离,差异截然,也使得农村金融活动与城市金融之间表现出巨大差异。因而,农村金融问题也逐渐引起了我国学术界的重视。农村金融的概念主要有两种观点:一种是强调产业性;另一种则是强调地域性。第一种观点认为农村金融应该主要体现为农业领域的金融活动,把农业金融等价于农村金融,主要代表为詹玉荣和潘淑娟。第二种观点则认为农村金融应该包括农村地区的全部金融活动,这一观点的支持者较多。刘鸿儒在《简明金融词典》中,把农村金融定义为：农村地区的货币流通和信用活动的总称，主要包括农村地区的存款、贷款、现金收支、转账和结算等金融活动。考虑到农村经济活动的日益活跃和复杂化，农户的兼业行为更为普遍，农村企业的发展也日益活跃，农村居民外出务工、经商日益增多。在此背景下，仅把农业金融作为农村金融问题的研究对象，就凸显出极大的不足，既不能完全涵盖农村地区的金融活动，从而无法揭示农村金融活动的本质属性和特征，也不能完全反映出城乡之间金融活动的差异性，从而无法制定支持农村金融发展的差异化金融政策。因而，本书比较赞同以地域标识为特征的农村金融概念，所研究的农村金融主要指在农村地区发生的金融活动。

二 农村金融发展约束的界定

改革开放以来，在联产承包责任制的全面实施、农村个体企业日益活跃和乡镇企业蓬勃发展的共同作用下，农村地区生产力水平得到极大的释放，商品化、货币化程度快速提高，从而推动农村地区金融市场的活跃与演化。然而，农村金融市场的发展相对滞后，农村居民参与金融活动的积极性、主动性不强，使得农村金融市场的发展日益不能满足农村地区经济社会发展的需要，表现为农村金融发展受到多重因素的约束。

"抑制"从字面上，具有压制、控制的意思，更多地具有人为、主动的意味。而"约束"从字面意思来看，有束缚、限制、制约的意思，更多地表现为客观因素对于某一事物发展的束缚。考虑到，本书主要研究农村金融的发展滞后问题及其形成原因，政府的管制只是诸多影响因素的一个方面，并且，为了避免与麦金农和肖提出的金融抑制概念相混淆。因而，本书选择农村金融发展的"约束"，而不是"抑制"，更能反映出制约农村金融发展的因素除了政府的抑制政策因素外，还存在众多的影响因素。根据表现形式，可以把农村金融发展的多重约束划分为供给约束、需求约束和供需结构性约束三种类型。三种类型的金融发展约束不仅表现形式不同，影响因素及形成机理也存在截然差异，从而解决对策也必然不同。

三　中国农村经济主体的行为属性

毋庸置疑，研究中国农村金融问题的逻辑起点与基本单位为农村经济主体，正确认识农村经济主体的本质属性、行为特征及其衍生的制度环境，则成为观察、理解中国农村金融现实及问题的逻辑起点与基础。因而，在研究中国农村金融约束问题之前，对农村经济主体的经典理论进行梳理，并以此为基础，分析中国农村经济主体的本质属性及行为特征，作为本书研究的逻辑起点和分析基础。农村居民家庭（农户）是中国农村最为重要的经济主体，从理论史的角度来看，国内外的众多学者都对农村居民家庭或农民个体展开细致、深入的观察，形成了多种经典理论。其中，影响较大的主要有舒尔茨（Schultz）—波普金（Popkin）的"理性小农"命题、蔡亚诺夫（Chayanov）—波兰尼（Polanyi）—斯科特（Scott）的"道义经济"命题以及华裔学者黄宗智的"拐杖逻辑"。

美国经济学家舒尔茨[1]在观察美国等发达市场经济国家农村经济的基础上指出，农户从本质属性上来看，与资本主义市场经济中的企业基本类似，具有显著的追求自身利润最大化的"理性动机"。波普金[2]也认为资本主义农场在本质上也是企业，农民（农场主）则可看作企业家，小农在资本主义市场经济中的活动也遵循"理性"原则，即按照理性投资者的准则在充分考量成本—收益的基础上行事。可见，无论是舒尔茨还是波普金都强调农户在市场经济中的理性行为，强调小农或农户的利润动机。因而，他们的理论被概括为"理性小农命题"或者"舒尔茨—波普金命题"。A. V. 蔡亚诺夫[3]指出小农的行为更多地关注自身消费而不是追求利润最大化，遵循的行为准则不是理性主体对于成本收益的权衡，而是对于自身消费效用的满足程度与

---

[1] 舒尔茨：《改造传统农业》，商务印书馆1987年版。

[2] Pokin, S., *The Rational Peasant: the Political Economy of Rural Society in Vietnam*, Berkeley: University of California Press, 1979.

[3] Chayanov, A. V., *The Theory of Peasant Economy*, Madison: University of Wisconsin Press, 1986.

劳动辛苦程度的考量。K. 波兰尼[①]从小农问题的哲学层面及制度维度入手，指出由于小农经济的特殊性，使得在研究小农经济时，不能完全利用基于"理性人"假设前提的资本主义经济学理论和范式来进行考量，而是要把小农经济放置在社会的"制度过程"来看待，需要特殊的研究方法和框架，因而，研究小农经济的经济学范式应该是基于社会制度过程的"内生性"的，而不是一味强调"理性行为"的"先验式"经济学范式。美国经济学家斯科特[②]强调农户（农民）的行为准则不是利润最大化，而是"安全第一"。他认为具有强烈"生存取向"的农民坚守风险最小原则，不会为了追求收益最大化而冒险，对小农而言维持生存比获取收益更重要。黄宗智[③]认为中国小农的收入主要由家庭农业收入与非农业收入两部分构成，其中，以农业收入为主体，相当于人的双腿，而非农收入仅为补充，仅起到辅助的"拐杖"作用。他强调"拐杖"逻辑的社会基础，为中国小农经济的"过密化"，而此又源自中国农村家庭的传统观念，使其不能解雇多余的家庭内部成员，从而使得外出或者就地寻求非农收入的家庭成员，只能依附在小农经济之上。因而，中国小农家庭的经济行为倾向于效用最大化的"消费性"，而非收益最大化的"生产性"：收入较低的小农家庭更多地倾向于"生存性"消费，收入较高的小农家庭则倾向于购置修缮房屋、修建祠堂等"炫耀性"消费。

中国农村经济发展滞后，居民收入较低，小农家庭长期生活在"温饱线"附近，从而使得中国的小农家庭更多地具有"道义经济"所描述的属性和行为特征，具有严峻生存压力的状况下，必然会把"安全第一"作为经济行为准则，崇尚"生存"取向而不是现代经济学的"收益最大"取向。中国小农在传统文化的长期影响下，具有极强的家庭观念、乡土观念，使得大量进城打工的农民工仍然依附在小农经济之上，依然符合"拐杖"逻辑。同时，我们还应该看到，中国

---

① Polanyi, K., *Trade and Market in the Early Empires: Economies in History and Theory*, Glencoe, Ⅲ; Free Press, 1957.
② 斯科特：《农民的道义经济学：东南亚的翻盘与生存》，译林出版社 2001 版。
③ 黄宗智：《华北的小农经济与社会变迁》，中华书局 2000 年版。

经济社会发展的不平衡，东部地区基本上达到中等发达国家水平，从而使得一些较为发达地区的富裕农户，逐步摆脱生存压力，已经具有舒尔茨所描述的"理性小农"属性，经济行为特征也逐步遵循收益最大化原则。城市化快速推进，也使得一些城市周边地区的农户或者长期进城务工家庭，逐步摆脱土地的束缚，非农收入占据主导地位，因而，这部分小农家庭也逐步改变行为准则，由"安全第一"的道义经济逻辑转变为"收益最大"的理性小农逻辑。毋庸置疑，农户的属性及其行为特征是农村经济社会制度形成的基础，不仅会影响农村居民的金融需求行为，而且也会制约金融机构的金融供给，从而成为研究农村金融问题的逻辑起点。

第二节 金融发展理论

在金融理论中，对于金融研究影响较为广泛的理论则为金融发展理论。中国农村金融问题虽然具有较强的特殊性，但仍具有金融的一般属性。因而，金融发展理论仍然是研究农村金融问题的主要理论工具。

一 传统金融发展理论

基于主流经济学的传统金融理论，强调经济效率，试图在古典经济学的分析框架内，解释经济发展中的金融发展问题。主要包括金融结构理论、金融抑制理论及金融约束理论三种。

（一）金融结构理论

金融结构理论的演化中，最具代表性的人物为戈德史密斯，他在经典著作《金融结构与发展》（1960）一书中，开创性地提出了研究金融发展与经济增长之间关系的新理论框架，指出金融发展主要体现在金融结构的变化和演进上，金融结构则主要包括金融工具和金融机构两个方面，并开创性地提出以金融相关率（FIR）作为测度衡量金融结构，进而反映金融发展水平的指标。而对于金融发展与经济增长之间因果关系的分析，戈德史密斯指出金融发展水平与经济发展水平之间具有紧密的联系。一方面，金融发展是经济发展的结果。经济发达和富裕的国家，金融从业人员和金融机构的数目较多，金融产品也较丰富和高级化，金融市场体系完善，金融资产规模庞大，从而具有更高的金融发展水平。另一方面，金融发展能够带动经济增长。金融发展对经济发展从促进投资、储蓄相分离以及引致经济增长效应两个方面，影响经济增长。金融发展促进投资和储蓄相分离，主要表现在金融机构不仅为储蓄者提供多样化的储蓄工具，能够有效动员居民储蓄，从而使社会闲置资金被集中起来；而且金融机构也能够提供多样化的融资工具，促使一部分缺乏资金的投资者，能够摆脱自身资金的限制，从而促进储蓄向投资的转化、扩大资本规模、促进经济增长。金融发展引致增长的效应主要体现在多样化的金融工具和金融机构，能够有效地使社会储蓄资金配置到收益率较高的项目和领域，提高经济效率。可见，戈德史密斯的理论阐释了金融发展与经济增长之间的因果关系，强调在经济发展中金融发展的重要性。金融结构理论另一个有影响的学者为帕特里克，他在《欠发达国家的金融发展与经济增长》（1966）一文中创造性地提出了在经济发展中金融发展的两种模式（二分法），即需求追随型和供给领先型。需求追随型强调随着经济的发展，金融需求主体的金融服务需求增加，从而拉动金融机构、金融产品以及金融制度的产生和发展。供给领先型强调金融供给侧的金融机构、金融产品以及金融服务的供给要先于金融需求，通过提前进行金融供给，降低获取金融产品或服务的成本和难度，从而引致出需求主体更多的金融需求。帕特里克还指出两者虽然交织在一起，但在不同阶段的主动次序不同，在金融发展初期主要以供给领先型为主导，在经济发展或金融发展水平较高阶段，则主要以需求追随型为主导。

（二）金融抑制理论

金融抑制理论的主要代表人物为麦金农和肖，他们根据发展中国家金融发展落后、金融二元结构严重的基本现实，于1973年分别从两个不同的角度，提出了金融抑制理论（或金融深化理论）。该理论认为在发展中国家由于市场化、货币化程度较低，金融机构发育不足，金融工具匮乏，金融市场存在严重的二元结构，即现代商业化金融机构与传统高利贷、钱庄、当铺等低级金融机构并存，两者之间相互隔离。在此状况下，金融机构不发达、金融产品不足，导致金融体系难以动员、聚集社会闲置资金；二元结构下市场的分割，影响金融资源的配置效率，进而影响经济效率；金融市场的不健全、金融机构的不发达，影响农村地区储蓄资金向投资的转化；再加上政府出于各种目的对于金融市场的过于干预和严格管制，从而导致落后国家金融发展受到较大抑制，进而影响经济增长，使两者陷入同时停滞的局面。他们还指出，金融发展与经济增长之间具有相互促进、相互影响的关系，政府对于利率的管制，使得较低的利率水平，一方面不利于动员公众储蓄，另一方面也会造成金融资源向收益率较低的企业或部门配置，从而影响经济增长。因而，他们指出发展中国家应该摒弃金融管制政策，进行金融体制改革，提高利率水平，以消除金融抑制，进而促进经济增长。

（三）金融约束理论

金融约束理论主要代表人物为赫尔曼和斯蒂格利茨，他们从金融市场上的信息不完全出发，把内生经济增长理论引入金融理论之中，试图解释金融中介的产生及其与金融市场之间的替代关系，进而研究金融发展与经济增长之间的关系。他们认为金融中介与金融市场之间最初是互补关系，此时，金融机构的效率要高于金融市场，金融机构能够获取更快的发展，从而使得两者之间随着金融的发展而逐渐表现为一定的替代关系。但金融机构发展到一定阶段，金融创新逐渐旺盛，使得金融产品日益丰富，而金融产品的发展又会推动着金融市场的活跃与发展。金融约束理论还认为由于市场上普遍存在的信息失灵，隐含了巨大的道德不确定风险和逆向选择，从而导致金融市场难以有效运行，金融市场交易制度效率较低，因而，需要政府具有约束力的权威制度来保障金融市场的顺畅运行及金融市场功能的充分发挥。在政策取向上，金融约束理论不主张金融自由化政策，强调政府对于金融市场的有效干预政策，为金融机构创造租金机会，以激励金融机构的快速发展，从而使得金融体系逐步得到完善。

二 制度金融理论

（新）制度金融的概念首先由莫顿和博迪（Merton and Bodie）于2005年提出，使得制度金融理论得到发展和完善。他们指出金融制度结构不是预先给定的外生性因素，而是长期历史演变的结果，即金融制度和组织结构是"内生"的结果。斯蒂格利茨和格林伍德（Stiglitz and Greenwald）把信息因素引入金融分析框架之中，分析了银行制度结构的变迁及其影响以及货币政策过程中的"制度"因素。可见，制度因素逐渐被学者引入金融分析之中，形成了制度金融理论和分析范式。货币金融所有权、金融企业制度结构及演进、金融企业家等制度性因素逐渐纳入金融分析框架之中，在金融政策层面，制度金融学既不主张金融抑制理论的金融自由化，也不同于金融约束理论的金融管制，而是强调完善金融运行制度环境、金融制度的供给及金融机构的演变。

三 普惠金融理论

上述金融发展理论都是基于传统经济学的效率优先原则，只注重经济效率，而忽视公平问题。毫无疑问，只关注效率的金融理论认为，农村地区经济社会发展滞后，包括资金在内的各种资源的使用效率较低，因而，农村金融发展不力，大量农村金融剩余外流能够促进社会资源配置效率的整体提高。可见，传统金融理论指导下的金融政策，只能够使得金融资源向高收入阶层集聚，而使得大量作为弱势群体的农村居民被排斥在金融体系之外，从而使其不能依靠金融支持提高福利水平、改变境遇。在包容性增长理念的基础上，普惠金融理论开始逐渐受到各国政府、经济学界的重视。普惠金融理论是在2005年正式提出，强调金融体系的包容性，让社会公众都能享受到便利、高效的金融服务，特别强调了低收入基层金融服务的可得性问题。在政策指引上，主张扩大金融服务覆盖面，提高金融体系的包容性，使得被排斥在金融体系之外的弱势群体，都能纳入金融服务覆盖范围之内；并通过信贷技术创新、利率补贴等手段降低弱势群体获取金融服务的成本，通过倾向性金融政策引导金融机构增加向弱势群体金融服务的供给；鼓励微型金融机构的发展，把微型金融机构纳入正规金融体系之内，整合各类金融机构的功能，鼓励金融创新，提升弱势群体金融服务的可得性和适用性。另外，普惠金融理论在强调普惠性的同时，也比较关注金融机构、服务的持续性，注重通过整个社会系统的协作，以保障在满足扶弱性要求的同时，也能够充分保障各金融机构的可持续发展。

第三节　农村金融理论

城乡二元结构显著，使得城乡之间相互隔离，经济社会的运行模式、运行规律存在截然差异，这也使得农村地区的金融发展、金融运行，与城市金融完全不同。为了更好地观测、解释中国农村金融问题，进而指导农村金融体系的建设，还有必要引入解释力较强的农村金融理论。

一　信贷补贴论

农业信贷补贴论从本质上来说，其实就是金融抑制理论针对农村金融市场的具体应用。该理论指出发展中国家的农业较为落后，贫困的农村居民没有储蓄能力，农村地区面临严峻的资金约束；再加上，农业的弱质性、农民收入的不稳定性、农村经济的脆弱性以及投资的长期性等问题的存在，从而使得农业、农民不可能成为以"盈利最大化"为目标的商业化金融机构的贷款对象。在此状况下，农村金融市场的发育不良，市场体系极不完善，农村居民主要依靠传统的非正规金融活动获取资金支持，金融需求的满足程度较低。因而，为了缓解农村地区的资金紧缺问题，刺激农村金融市场的发展，就需要采取"供给领先型"发展策略，通过外部政策性资金的注入以及非营利性政策性金融部门的建立，为农村地区提供有效的资金分配途径，增加对农村地区的金融支持力度，提高农村地区的资本投入水平，缓解低收入阶层的贫困状况。可见，该理论的政策核心，就在于向农村地区提供具有补贴性质的低息支持贷款，以刺激农村地区的经济发展，促进当地金融市场体系的完善。

二　不完全竞争市场理论

不完全竞争市场理论是基于金融约束理论中，斯蒂格利茨的金融市场信息失灵理论产生的。该理论认为农村金融市场信息状况极为不佳，信息不对称状况严重，信贷过程中隐含了巨大的因信息不对称而导致的道德风险与逆向选择，从而导致农村金融市场存在市场失灵现象。因而，政府的介入是弥补农村金融市场失灵的有效手段。然而，不完全竞争市场理论所强调的政府介入，更多地体现在市场失灵领域，政府的介入并不是完全替代金融市场，而是为了更好地发挥农村金融市场的作用，在市场能够充分发挥功能的领域，则应该完全发挥市场机制的作用，采取商业化原则，这与信贷补贴论强调的政府干预政策存在显著差异。不完全竞争市场理论核心就在于信息不对称下的市场失灵，政府的适度介入可以有效解决农村金融市场的市场失灵问题。

三　局部知识论

农村金融市场局部知识论的思想来源于哈耶克（Hayek）的知识分工理论，即受制于人类认识的有限性，每个人都不可能掌握市场上的所有信息，其所能掌握的市场知识是微乎其微的。因而，类似于人类的"劳动分工"，人们可以通过市场竞争机制，充分利用自己的信息优势，分别掌握市场的部分知识，并进行有效合作，以克服私人知识（信息）的有限性，从这个意义上来说，市场竞争是一种知识发现机制，通过竞争能够有效地发现知识、减少信息不完全程度、克服信息不对称问题。在农村金融市场上，信息流动、传播机制不畅，风险偏好、风险特性、风险分散工具、风险规避手段、期限等金融知识分散于不同的经济主体，这些特定、分散、局部的知识，收集的难度较大，只能被不同的市场主体所掌握，从而只能通过主体之间不同的"知识分工"，才能有效、充分地利用农村金融市场分散的市场信息。

从金融结构理论的逻辑来看，中国农村金融的发展与农村经济发展之间具有一定的因果循环关系，农村金融发展滞后既是经济发展滞后的原因，又是经济发展滞后的结构。因而，金融结构理论可以部分解释中国农村金融发展约束问题。金融抑制理论对于中国农村金融发展滞后有着更强的解释力：为了支持工业化、城市化的发展，或者为了满足国有企业改革的融资需求，我国在农村地区采取了显著的金融抑制政策，以近乎零成本地动员农村金融剩余，从而导致农村金融发展受到严重制约。而金融约束理论则给政府干预金融市场提供了理论基础，也对中国农村金融发展不力具有一定的解释力：严重的信息不对称，使得农村金融市场难以有效运行，从而导致农村金融发展受到多种市场因素的约束而发展缓慢。供给约束研究的理论基础主要是金融抑制理论以及农村金融理论。毫无疑问，普遍存在的金融抑制问题是我国农村金融供给约束产生的主要原因：首先，利率政策，不利于动员农村储蓄，也限制着金融机构向高风险的农村经济主体发放贷款的动力。其次，对于农村金融机构准入的抑制，特别是对于非正规金融活动的抑制，不仅影响农村金融市场的供给水平，也会影响供给结构。最后，信贷补贴理论能够有效分析中国政策性金融在信贷供给中所存在的问题，而不完全市场理论、局部知识论则能够较好地解释农村金融市场机制对于金融服务供给的约束。而需求约束研究的理论基础主要有小农经济属性的相关理论，用以解释中国农村经济主体信贷需求受到约束的原因。另外，农村金融理论中的不完全市场理论、局部市场论也能够解释需求约束问题。供需结构性约束的理论基础主要是金融抑制理论、不完全市场论、局部知识论。

第三章

中国农村金融发展约束的基本状况

中国农村金融发展水平较低，绝大部分农村经济主体都被排斥在金融体系之外，无法享受到便利的金融服务和融资支持，从而制约着农村居民收入的提高及农村经济的繁荣。然而，仅从直观上认识农村金融发展滞后，对于分析、解决农村金融发展问题的意义不大，必须深入分析中国农村金融发展的基本状况，找到存在的问题，为进一步深入分析奠定现实基础。事实上，中国农村金融发展在一定程度上符合传统金融发展理论所刻画的理论逻辑，与农村经济发展之间具有较强的因果逻辑关系。同时，由于中国农村经济社会发展中的各种现实原因，中国农村金融发展受到多方面的约束，使其远远滞后于城市金融的发展水平，导致中国金融领域呈现出显著的城乡二元体制。

第一节 农村金融发展的基本状况

考虑到，农村非正规金融活动，多为交易双方口头协议为主，随意性较大，操作不规范，缺乏准确数据。再考虑到中国农村地区金融产品单一，股票、债券等证券市场几乎空白，存贷款成为农村正规金融市场上几乎全部的金融活动。因而，本书以农村正规金融机构的存贷款水平，来反映农村金融的发展状况。

一 农村存款状况

改革开放以来,农村居民收入水平持续、快速提高,居民手中剩余资金日益增多,从而为银行机构动员农村剩余资金转变为储蓄存款提供了坚实的经济基础。农村居民多为风险厌恶者,风险相对较低的银行存款就成为其主要的财富持有手段。再加上,银行机构的国有背景,信用较强,使得金融经济知识匮乏、投资选择较少的农村居民对银行机构具有极强的信任感。因而,农村居民在拥有剩余资金时,把银行存款当成财富保有的第一选择。如图3-1所示,我国农村存款总量由1978年的320.4亿元上升到2019年的276916亿元,增长了860多倍,远高于农村居民人均纯收入的增长倍数119倍(农村居民人均纯收入由1978年的133.6元增加到2019年的16020.7元),充分说明农村居民存款不仅具有平滑消费、存放资金的功能,而且还具有较强的保有、累积财富功能。

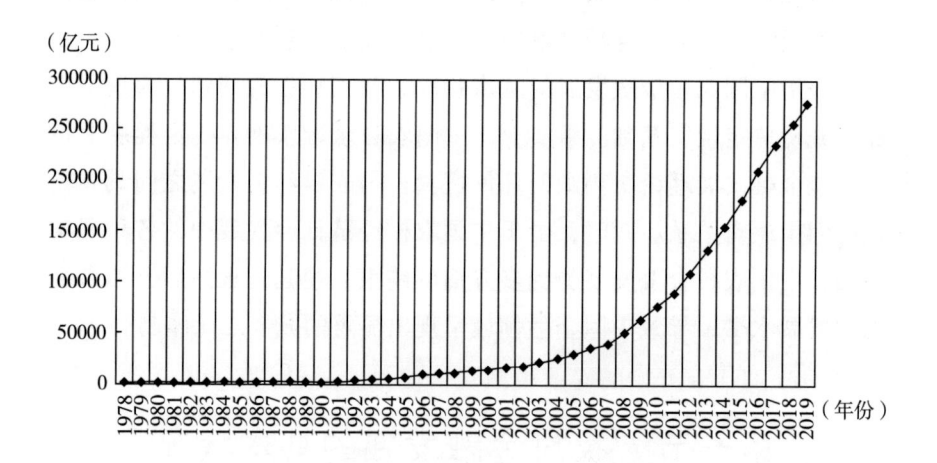

图3-1 1978—2019年中国农村存款变动趋势

(一)快速增长阶段

1978—1992年,为农村快速增长阶段。这一时期,农村经济体制改革后,农村居民余粮快速增加后的销售收入,农村居民的养殖、手工业、个体经营等方面的副业收入,以及农村居民就地就业或外出务工的工资性收入等都获得了一定程度的增长，从而使得这一时期农村居民的收入水平快速提高，14年间增长了4倍，进而推动着农村存款的快速增长。再加上，这一时期农村地区商品化程度不高，大部分生活需要由家庭自身生产予以满足，货币性支出不多，从而使得大量收入能够形成储蓄，存入银行。因而，这一时期的存款增加速度相对较快。

（二）加速增长阶段

1993—2005年，为农村存款加速增长阶段，曲线斜率显著较前一阶段陡峭。这一阶段农村存款加速增加的主要动力为：1992年邓小平南方谈话所开启的全面市场经济改革，农村经济进一步活跃起来，农产品加工业、农村服务业以及手工业等非农产业的发展加速，带动了农村居民货币收入的快速提高。同时，市场经济改革以来，全国经济进入快速增长阶段，拉动更多的农村居民进入非农产业就业，形成数量庞大的"农民工"群体，从而推动了农村居民工资性收入的快速提高。因而，在上述各因素的共同作用下，农村居民收入水平得到较快提高，与此同时，农村居民货币化过程基本完成，从而使得农村居民快速增加的收入较大部分都能进入银行体系成为存款，推动农村存款加速增长。

（三）高速增长阶段

2006—2019年，为农村存款高速增长阶段，曲线斜率变得更为陡峭。这阶段农村存款出现了高速增长，其原因也是多方面的：首先，2006年1月1日开始的农业税减免，使得农村居民的负担显著降低。而良种补贴、种粮农民直接补贴、农资综合补贴三项补贴政策不仅能够直接增加农村居民收入，而且能够激发农业经营活力，间接提高农村居民的生产经营性收入。同时，包括医疗保险、养老保险在内的农村社会保障制度的逐步完善，在降低农村居民负担的同时，也使得其谨慎性现金需求下降。其次，收入分配体制的改革。改革开放以来，我国对于分配体制进行了较为深入的改革，由按劳分配逐步转变为按劳动贡献分配，包括资本在内的各种要素根据其在生产中的贡献获取收益回报，资本收益成为合理、合法收入。同时，由于资本在改革初期的稀缺性，长期以来形成的分配体制，资本收益在初次分配中所占比例较大，而劳动收入所占比例较小。正是基于此背景，中央政府努力推动分配体制改革，以提高劳动收入在国民收入中的比例，从而使得农村居民的工资性收入得到大幅度提高。再次，2008年国际金融危机爆发后，我国商品出口遇到前所未有的困难，大量低端加工企业破产或者缩小生产，导致大量外出务工人员返乡，并带来数量巨大的剩余资金，进而转化为农村存款。同时，在政府优惠政策的支持下，一批掌握一定市场经济知识、具有一定创业意识的返乡务工人员，返乡后开始进行各种创业活动，不仅提高自身的经营性收入，而且还能够通过拉动就业提高其他农村居民的工资性收入。最后，脱贫攻坚以及乡村振兴战略的先后提出与实施，使得国家加大了对于农村地区的扶持力度，使得农村居民，特别是贫困地区农村居民及贫困居民的收入显著提高，从而极大地推动了农村地区存款的高速增长。因而，在上述各因素的共同作用下，农村居民收入大幅度提高，推动此阶段农村存款的高速增长。

二 农村贷款状况

1978年，农村经济体制改革以来，农村经济得到极大活跃，也使得农村信贷市场日益活跃，农村居民利用信贷手段来平滑消费、应对偶发事件以及进行生产性投资等活动，从而推动着农村贷款活动的快速增长。如图3-2所示，1978年农村贷款总量仅为160.7亿元，2019年上升到188581亿元，增长了1170多倍，不仅高于同期农村居民收入水平的提高速度，而且高于同期农村存款的增长速度。

（一）快速增长时期

1978—1992年，为快速增长阶段。在这一阶段，农村贷款由1978年的160.7亿元提高到1992年的3502亿元，14年间提高21倍左右，增长速度明显较慢。一方面，农村经济体制改革中，市场的放开激发了农村居民生产、经营的积极性，激励农村居民在农业生产之余从事养殖、运输等各种副业，农村个体企业、私营企业以及集体性质的乡镇企业迅速发展，从而激发了农村地区对于信贷资金的需求，使得农村地区的贷款量有所增加。另一方面，由于这一阶段的改革主要是农村经济体制改革,城市经济体制改革仍处在试点阶段,各项改革刚刚启动。因而,受改革红利的刺激,农村经济的活力要远高于城市经济,从而能够吸引大量的信贷资金流向农村地区。同时,受政府改革政策的指引,大量的信贷资金被优先配置给农业及其相关基础建设领域。

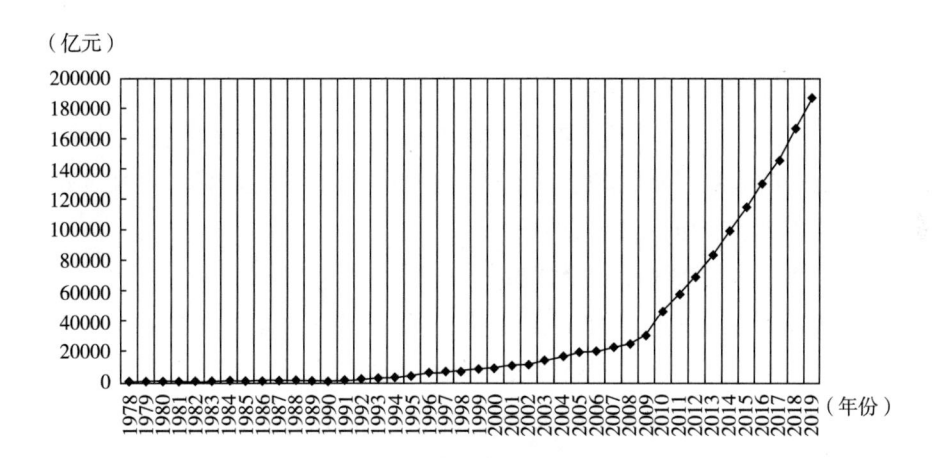

图 3-2　1978—2019 年中国农村贷款

(二) 减速增长阶段

1993—2008 年,为农村信贷的减速增长阶段。如图 3-2 所示,这一阶段曲线较为平缓,斜率较小,说明农村贷款在这一时期的增速较低。1993 年农村贷款量为 4346 亿元,2008 年为 25083 亿元,14 年间仅增长 5 倍多,远低于上一阶段的增长速度。造成这种状况的主要原因有:首先,1992 年全面开启的市场经济体制改革,虽然推动农村经济的发展,带动农村信贷需求的增加。但是,市场经济体制改革的深入,刺激了城市经济的飞速发展,从而产生更大规模的资金需求,在城市经济收益率较高的情况下,促使农村信贷资金大量地流向城市地区。其次,随着市场化改革的深入,中央政府逐步退出市场,配置经济资源的功能弱化,需要国有银行体系动员大量的储蓄资金以支持市场经济改革中巨大的资金需求。在此背景下,大量的信贷资金被重点配置给工业、城市，从而导致农村贷款量的增速下降。最后，银行体系的商业化改革，使得商业银行机构出于成本、收益的考虑，大量从农村地区撤离或者合并，导致农村地区金融机构的数目锐减。同时，商业化改革突出了银行机构的盈利性目标，再考虑到，农村地区放款成本较高、风险较大的现实状况后，银行机构向农村居民发放贷款的意愿不强，更倾向于向大型企业、国有企业发放贷款，导致农村地区贷款的增速下降。

（三）加速增长时期

如图 3-2 所示，2009 年以后曲线斜率变大，曲线变得较为陡峭，说明这一阶段农村贷款的增速大幅度提高。这一阶段农村贷款加速增长的原因主要有以下几个方面。

1. 脱贫攻坚战略的全面实施

2015 年脱贫攻坚战略的提出与实施，使得金融机构增加了对贫困地区与贫困人口的金融支持力度，通过加强信贷支持以帮助贫困人口获取持续发展能力和平等的发展机会，政策性银行设立"扶贫金融事业部"，各商业银行（特别是中国农业银行）也积极落实各项扶贫政策措施、探索创新多种金融扶贫方式方法，从而增加精准扶贫贷款等多种形式扶贫贷款的投放，有力地支持了脱贫攻坚战的全面胜利。2016 年年末，全国精准扶贫贷款余额 24878 亿元，同比增长 49%；2018 年年末，精准扶贫贷款余额 42461 亿元，同比增长 12.5%；2020 年年末，贫困人口贷款余额为 7881 亿元，产业精准扶贫贷款余额为 1.7 万亿元，同比增长 25.9%。2016—2020 年，累计发放贫困人口贷款近 3 万亿元和产业精准扶贫贷款 4 万亿元，累计支持贫困人口 9000 多万人次，有力地支持了脱贫攻坚战略各项目标的全面实现。[①]

2. 乡村振兴战略的提出与实施

2018 年，中共中央、国务院提出实施乡村振兴战略，作为未来我

---

① 中国人民银行：《农村金融服务报告（2020）》，中国金融出版社 2021 年版；中国人民银行：《农村金融服务报告（2016）》，中国金融出版社 2017 年版；中国人民银行：《农村金融服务报告（2018）》，中国金融出版社 2019 年版。

国"三农"工作的总抓手。一方面，各金融机构积极开展金融创新，加强对农业农村重点领域的支持，全力服务乡村振兴战略的实施。为了支持农村特色产业发展，商业银行等金融机构推出"果商贷""椒商贷""富民贷"等信贷创新产品；积极开展农村产权抵押贷款模式创新，推出"两权"为单一抵押的贷款、"两权+多种经营权组合抵押"、"两权+农业设施权证"、"农户联+两权反担保"等模式，从而加大了金融机构对于乡村振兴战略的信贷支持力度，推动农村信贷量的快速增加。另一方面，乡村振兴战略金融支持的保障扶持体系不断完善。2019年1月，中国人民银行会同银保监会、证监会、财政部和农业农村部联合印发《关于金融服务乡村振兴的指导意见》，强化了农村金融保障扶持体系的建设，通过存款准备金、再贷款再贴现、差异化监管、财政税收等政策工具，引导社会资金流向农村地区，鼓励金融机构增加农村信贷。截至2020年年末，全国支农再贷款余额分别为4572亿元，再贴现余额为5784亿元；农村商业银行、农村合作银行、农村信用社、村镇银行执行6%的存款准备金率，为历史最低水平，比大型商业银行低5个百分点。新增存款中的一定比例用于当地贷款考核达标的机构，还可以再享受1个百分点的存款准备金率优惠；并对投向"三农"领域达到一定标准的商业银行，分别执行0.5个百分点或1.5个百分点的存款准备金率优惠，这些信贷政策工具的组合应用，有效地激励了金融机构对农村信贷的投放，推动农村金融的快速发展。

3. 普惠金融体系的建设

现行金融体系对农村居民具有多重排斥性，使得资产状况较差、经营能力较弱的农村居民难以获取正规金融体系所提供的必要信贷支持。为了改变这种状况，党和政府提出构建普惠金融体系，以使深受金融体系排斥的农村居民能享受到平等、高效的金融服务。普惠金融体系的建设，使得农村金融在金融服务可得性、覆盖率和满意度等方面，都得到长足发展，2020年年末，农村地区总体上实现了人人有银行结算账户，乡乡有ATM，村村有POS机，全国银行网点乡镇覆盖率达96.61%。2015年中央财政整合设立普惠金融发展专项资金，综合运用贷款贴息、业务奖励、费用补贴等方式，弥补市场失灵，引导金融资源更多地流向小微企业和"三农"主体，提升普惠金融重点服务对象基础金融服务的可得性和适用性，2016—2020年，中央财政累计拨付普惠金融发展专项资金467.39亿元，累计支持2.5万家（次）金融机构，有力地支持了农村信贷的增长。因而，普惠金融体系建设，改善农村居民的信贷条件，推动农村贷款总量的快速增长。①

4. 返乡农民工的创业需求

2008年国际金融危机后，大量外出务工的农民工返乡，或者创业，或者重新投入种植业、养殖业以及其他农副业的生产经营中，从而引致出数量巨大的信贷需求。再加上，农村电子商务、休闲旅游、绿色农业等产业的发展，也吸引着大量农民工返乡创业。特别是，2019年新冠疫情的暴发，使得一部分农民工外出务工困难，选择留乡创业。因而，上述原因的存在，使得农村创业活动活跃，引致出数量巨大的信贷需求，推动农村信贷量的快速增加。

三 金融效率分析

参考国内外学者的普遍做法，选择用贷款总额与存款总额之比作为反映农村正规金融市场的效率指标。如图3-3所示，农村金融效率整体偏低，除了1989年、1990年显著高于1之外，其余各年基本上都在1之下，说明农村正规金融体系所吸收的存款资金并没有完全在农村地区形成贷款发放给农村居民。如图3-4所示，农村存款与贷款之间的差异在持续拉大，说明农村金融资源通过正规金融市场源源不断地流向城市地区，农村正规金融体系成为农村信贷资金外流的主要途径。

（一）农村金融效率快速提升阶段

如图3-3所示，1978—1990年，农村金融效率整体保持较快的提升态势，1989年达到峰值的1.08。一方面，从农村开始的改革，激发了农村居民生产、经营的积极性，促生了一大批的个体经营户，

---

① 中国人民银行：《农村金融服务报告（2020）》，中国金融出版社2021年版；中国人民银行：《农村金融服务报告（2016）》，中国金融出版社2017年版；中国人民银行：《农村金融服务报告（2018）》，中国金融出版社2019年版。

在农闲时，开展多种生产、经营活动，从而引致出较多生产经营性信贷需求。另一方面，城市经济改革仍处在探索阶段，经济发展仍未加速，对于信贷资金的需求量仍处在相对较小阶段，整个市场上资金相对宽裕，从而使得农村居民通过农村信用社，申请贷款的难度不大。可以看出，此阶段农村信用社能够有效地动员农村闲置资金，形成贷款，充分发挥资源配置功能，支持农村经济社会发展。

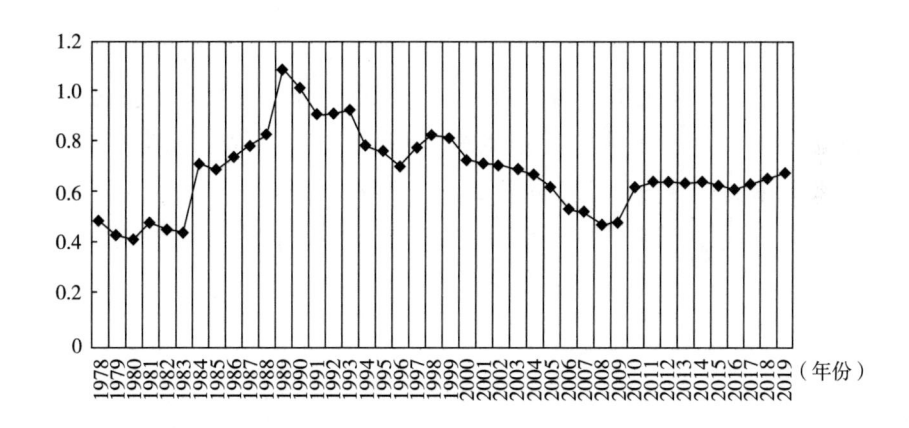

图 3-3 1978—2019 年中国农村金融效率

（二）农村金融效率持续下降阶段

如图 3-3 所示，1991—2008 年，农村金融效率持续下降，2008 年达到最低值 0.48。一方面，城市经济发展加速，特别是，1992 年邓小平南方谈话以后，城市经济体制改革步伐加快，经济发展加速，要素配置效率较高，在比较收益的刺激下，大量农村剩余资金流向城市地区，难以在农村地区形成贷款，从而使得农村地区贷款难度加大，贷款数量减少。另一方面，城市经济的发展，也拉动了农村居民的非农就业，再加上，乡镇企业、养殖业、农产品加工业以及农村其他非农产业的蓬勃发展，使得该阶段农村居民的收入增长较快，从而拉动农村存款的快速增长。因而，在贷款与存款两方面的共同作用下，农村金融效率在该阶段持续下降。如图 3-4 所示，该阶段农村存款与贷款之间的差距逐渐被拉大，说明农村地区资金外流现象较为严重。

（三）农村金融效率回升阶段

如图3-3所示，2009—2019年，农村金融效率开始出现回升趋势。首先，2008年国际金融危机爆发，出口下降，部分外出务工人员开始返乡创业，引致出较大数量的生产经营性贷款需求。其次，脱贫攻坚战以及乡村振兴战略的全面推进，使得金融机构对于农村地区经济社会发展的支持力度增加，再加上，普惠金融体系的建设，提升了农村居民的金融服务可得性，降低了农村居民贷款的难度和成本。最后，农村地区电子商务、特色农牧业、绿色产业等现代产业的发展，也提升了农村经济主体的信贷需求。因而，该阶段农村贷款增加较快，推动农村金融效率逐步回升。

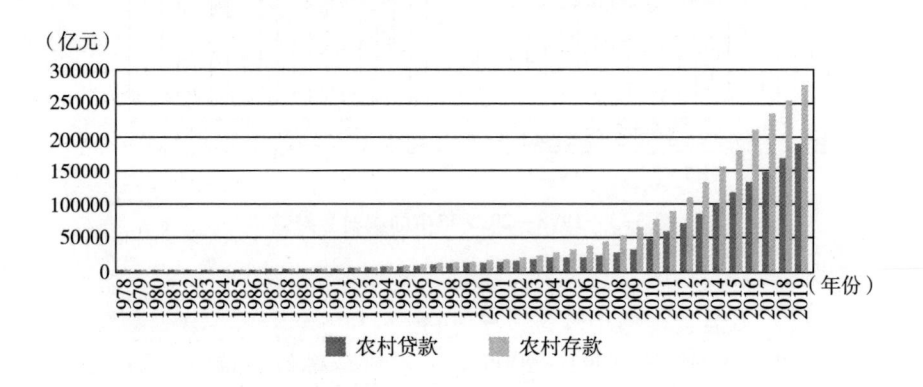

图3-4 1978—2019年中国农村存贷款差异状况

第二节 农村金融发展约束的总体状况

中国农村金融发展缓慢，反映出农村金融在发展过程中受到严重约束，使其难以满足农村地区经济社会发展对于金融支持的需要。农村金融发展约束的总体状况，可以通过与城市金融发展水平的对比来反映。本节将借鉴金融发展理论中用经济货币化程度或经济金融化程度来反映金融发展水平的思想，在构造反映金融发展水平指标的基础上，构造城乡金融发展水平对比性指标以反映城乡金融发展的差异强度，进而间接反映农村金融发展约束总体状况。

一 城乡存款水平比较

一般而言，一国或者地区的存款量既是当地经济发展水平、居民收入水平的反映，也是当地金融机构吸入存款、提供基本金融服务能力的反映。如表3-1所示，2019年全国各项存款余额为1924036亿元，农村存款为276916亿元，在全部存款中仅占14%，城镇存款高达1647120亿元，占全国存款总额的86%，城乡存款差异的绝对额为1370204亿元，城镇存款总额是农村存款总额的5.95倍，反映出农村地区的存款水平显著低于城市地区，说明农村地区金融资源相对不足，严重约束农村地区信贷资金供给。

表3-1　　　　　　　　1978—2019年城乡存款状况

年份	全国存款总额（亿元）	农村存款（亿元）	城镇存款（亿元）	城乡存款差异 绝对额（亿元）	相对差异（倍）
1978	1251	320	930	610	2.90
1979	1558	420	1139	719	2.71
1980	1933	612	1321	709	2.16
1981	2355	598	1757	1159	2.94
1982	2760	720	2040	1320	2.83
1983	3276	879	2397.3	1519	2.73
1984	4209	997	3212	2214	3.22
1985	4990	1175	3815	2641	3.25
1986	6317	1522	4795	3273	3.15
1987	7742	1852	5891	4039	3.18
1988	8826	2069	6756	4687	3.26
1989	10786	1752	9034	7282	5.16
1990	14013	2235	11778	9543	5.27
1991	18079	2966	15113	12146	5.09
1992	23468	3816	19652	15836	5.15
1993	29627	4650	24977	20327	5.37

续表

年份	全国存款总额（亿元）	农村存款（亿元）	城镇存款（亿元）	城乡存款差异 绝对额（亿元）	城乡存款差异 相对差异（倍）
1994	40503	5879	34623	28744	5.89
1995	53882	7392	46490	39099	6.29
1996	68596	9035	59561	50526	6.59
1997	82390	10665	71725	61060	6.73
1998	95698	12189	83509	71320	6.85
1999	108779	13344	95435	82092	7.15
2000	123804	14998	108806	93808	7.25
2001	143617	16905	126713	109808	7.50
2002	170917	19170	151747	132577	7.92
2003	208056	23076	184980	161904	8.02
2004	241424	26293	215132	188839	8.18
2005	287170	30810	256360	225550	8.32
2006	335460	36219	299241	260322	8.26
2007	389371	42333	347038	304705	8.20
2008	466203	51954	414249	362295	7.97
2009	597741	63846	533895	470049	8.36
2010	718238	76324	641914	565590	8.41
2011	809368	88641	720727	632086	8.13
2012	942916	109241	833675	642858	7.63
2013	1079588	132156	947432	815276	7.17
2014	1173735	154992	1018743	863751	6.57
2015	1397752	179982	1217770	1037788	6.77
2016	1551494	209933	1341561	1131628	6.39
2017	1641187	234667	1406520	1171853	5.99
2018	1770399	253137	1517262	1264125	5.99
2019	1924036	276916	1647120	1370204	5.95

注：由于统计制度的变化，农村存款1989年之前按国家银行农业存款加信用社存款计算，1989—2009年按农业存款加农户存款计算，但由于2010年后就不再公布农业存款数值，2010年后按照1989年之前的方法，按农村商业银行存款加农村信用社存款来计算农村存款总量。

资料来源：历年《中国统计年鉴》《中国金融统计年鉴》。

从城乡存款绝对差异的变化趋势来看（如图3-5所示），自1978年以来，城乡存款绝对数额的差距逐渐被拉大，特别是在20世纪90年代中后期，这种绝对差距被拉大的趋势更为明显，说明城市经济发展速度较快，城市居民收入水平提升的速度远快于农村地区，再加上，增长极快的企事业存款，从而使得城乡存款的绝对差距被持续、快速拉大。从城乡存款相对差异的变化趋势来看（如图3-6所示），整体趋势在逐渐拉大，注意到2010年达到最高的8.46后，两者的差异出现持续缩小的趋势，一方面，是由于脱贫攻坚、乡村振兴等有利于农业农村发展战略的提出与实施，有效地推动了农村地区经济社会的快速发展，再加上，收入分配体制的改革以及农产品价格的大幅度上升，使农村居民收入水平得到较为明显的提高，也使得农村地区金融资源的供给约束有稍许松动；另一方面，说明了普惠金融体系的建设，特别是村镇银行的建立以及信用合作社网点的增设，使得农村正规金融体系提供金融服务以及动员储蓄的能力增强，加速农村闲置资金进入银行体系，转化为可信贷资金。然而，两者的差异却始终保持在6倍左右，差距仍然明显。

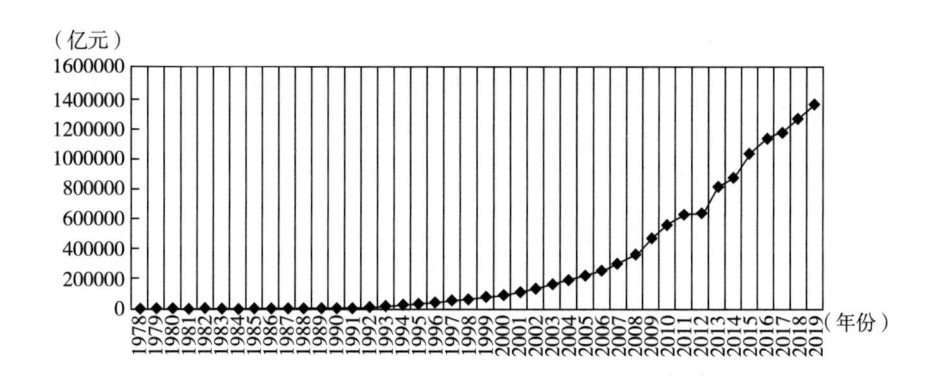

图3-5 1978—2019年城乡存款绝对差异变化趋势

可见，无论是从绝对差距还是相对差异上看，城乡之间的存款差异都相当明显。一方面，反映出农村地区金融网点较少，农村居民存款的成本相对较高，农村居民把现金收入转化成银行存款的效率较低，导致农村金融体系对于存款的动员能力要弱于城市金融体系。另一方面，也反映出城乡之间居民收入差距较大，城市居民获得收入以银行转账的比例要远远高于农村地区，再加上城市经济中各类组织之间进行交易更多地采取银行转账等非现金支付手段，从而使得城市的存款要远高于农村地区。因而，农村地区存款水平相对于城市地区仍然较低，金融资源不足，成为农村金融发展的首要约束因素。

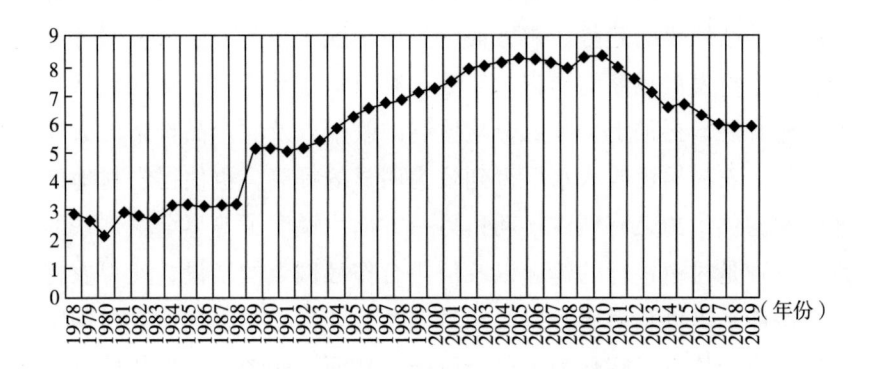

图3-6 1978—2019年城乡存款相对差异变化趋势

二 城乡贷款水平比较

农村地区资本收益率较低，金融基础设施极不完善，单笔贷款的额度低、平均成本高，居民缺乏足够的抵押资产，再加上整体契约意识不强、执法成本较高等因素的影响。因而，以抵押、担保为主要手段，以契约约束为基础的现代信贷制度，对农村居民在贷款上采取评估排斥、条件排斥以及营销排斥等多种排斥手段，从而使得金融机构出于风险、成本以及收益等因素的考虑，更倾向于向具有良好抵押、担保的城市地区企业、居民发放贷款，特别是信用较好的国有企业、公共部门更是金融机构比较热衷的放贷对象，导致城乡之间贷款总量的差异较大。截至2019年年末，全国各项贷款余额总值为1523916亿元，农村贷款仅为188581亿元，仅占全部贷款的12%，与同期城市贷款相比，城乡之间贷款差异的绝对额高达1146754亿元，城市贷款是农村贷款的7.08倍。

从两者绝对差异的变化趋势来看（见表3-2），城乡之间贷款差距的绝对额持续扩大，由1978年的1574亿元扩大到2019年的1146754亿元，扩大了将近730倍。可见，在经济发展过程中，我国城乡之间贷款差距持续拉大，反映出金融体系对于城镇贷款具有明显偏好。从动态变化角度来看（见图3-7），城乡之间贷款的绝对差异也被持续拉大，特别是自20世纪90年代中期以后，两者的绝对差异日益明显。从两者相对差异的变化趋势来看（见图3-8），城乡贷款的相对差异都保持在较高水平，大多数年份都在7倍之上，说明城乡贷款差异较大。有两个显著下降的阶段值得注意，80年代初期，两者的相对差异出现实质性下降，主要是因为改革初期农村经济在乡镇企业、个体户的带动下，发展速度快于城市经济，促生了对于信贷的大量需求，而作为国家经济体制改革先行者的农村也理所当然地获得了国家信贷支持的倾斜。此后，随着市场经济体制改革的全面推进，特别是银行机构商业化改革的推进，使得更多的信贷资金优先配置到城市经济中，使得城乡之间贷款的相对差异出现较长一段时期的持续上升。2010年后，城乡贷款相对差异出现下降趋势，一方面，说明这一阶段普惠金融体系的建设，使得城乡金融二元体制的状况有所缓解；另一方面，说明经济新常态下，城市经济发展速度趋缓，信贷需求的增长速度下降，而农村经济发展开始提速，特别是，脱贫攻坚、乡村振兴等有利于农村经济社会发展战略的提出与实施，国家提高了对农村的支持力度，推动了农村信贷的快速增加。综上所述，改革开放以来，我国城乡之间的贷款差异较大，反映出我国农村金融发展的约束严重，金融体系对农村居民具有多重排斥现象，使其获取信贷资金的难度较大、成本较高，从而使得农村金融发展对于农村经济的支持作用不足。

表3-2　　　　　　　　1978—2019年城乡贷款情况

年份	全国贷款总额（亿元）	农村贷款（亿元）	城镇贷款（亿元）	城乡贷款差异	
				绝对额（亿元）	相对差异
1978	1895	161	1734	1574	10.79

续表

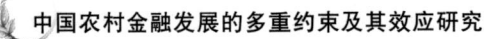

年份	全国贷款总额（亿元）	农村贷款（亿元）	城镇贷款（亿元）	城乡贷款差异 绝对额（亿元）	城乡贷款差异 相对差异
1979	2087	184	1903	1719	10.33
1980	3496	257	3238	2981	12.58
1981	2861	286	2575	2289	9.00
1982	3173	334	2840	2506	8.51
1983	3595	395	3200	2805	8.10
1984	4774	723	4051	3329	5.61
1985	6306	817	5489	4672	6.72
1986	8159	1139	7020	5882	6.16
1987	9804	1457	8347	6890	5.73
1988	11460	1722	9737	8014	5.65
1989	14360	1888	12472	10584	6.61
1990	17681	2259	15422	13163	6.83
1991	21338	2716	18622	15907	6.86
1992	26345	3503	22842	19340	6.52
1993	32941	4346	28595	24249	6.58
1994	39976	4624	35352	30728	7.65
1995	50544	5660	44885	39225	7.93
1996	61157	6342	54815	48472	8.64
1997	74914	8502	66413	57911	7.81
1998	86524	9954	76570	66616	7.69
1999	93734	10954	82781	71827	7.56
2000	99371	10950	88421	77472	8.08
2001	112314	12125	100190	88066	8.26
2002	131294	13697	117597	103900	8.59
2003	158996	16073	142923	126850	8.89
2004	178198	17912	160286	142373	8.95
2005	194690	19432	175258	155827	9.02
2006	225347	19430	205917	186487	10.60

续表

年份	全国贷款总额（亿元）	农村贷款（亿元）	城镇贷款（亿元）	城乡贷款差异 绝对额（亿元）	城乡贷款差异 相对差异
2007	261691	22542	239149	216607	10.61
2008	303468	25083	278385	253302	11.10
2009	399685	30652	369033	338381	12.04
2010	479196	47522	431674	384152	9.08
2011	547945	57850	490095	338955	8.47
2012	672872	70550	602322	454328	8.54
2013	718961	84416	634545	420276	7.50
2014	867868	100060	767808	667748	7.67
2015	993460	115776	877684	761908	7.58
2016	1085459	131537	953922	822385	7.25
2017	1190110	147447	1042663	895216	7.07
2018	1353327	167708	1185619	1017911	7.07
2019	1523916	188581	1335335	1146754	7.08

注：（1）由于统计制度和统计口径的变动，农村贷款在1989年之前按国家银行农业贷款与农村信用社贷款之和计算，1990—2009年按农户贷款与乡镇企业贷款之和计算，2010年后国家统计局不再公布乡镇企业贷款，为了与前述数据尽量保持一致，而采取农村贷款按照农村信用社与农村商业银行贷款之和处理。
（2）城乡贷款差异的绝对值=城镇贷款-农村贷款，相对值=城镇贷款/农村贷款。
资料来源：历年《中国统计年鉴》《中国金融年鉴》。

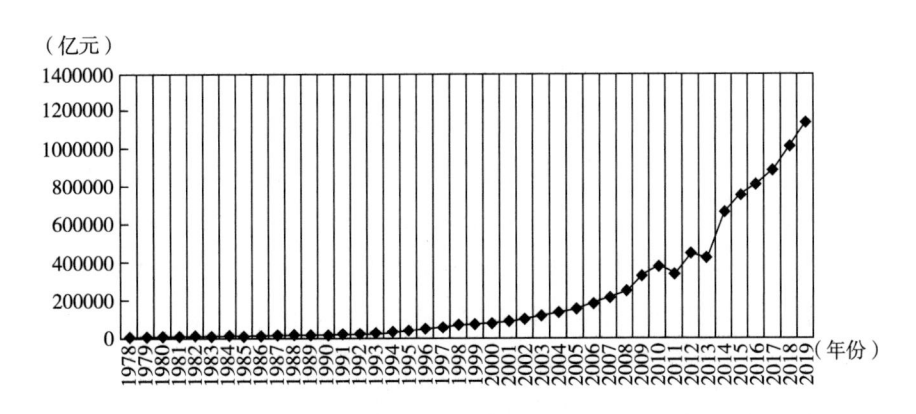

图 3-7　1978—2019年城乡贷款绝对差异变动趋势

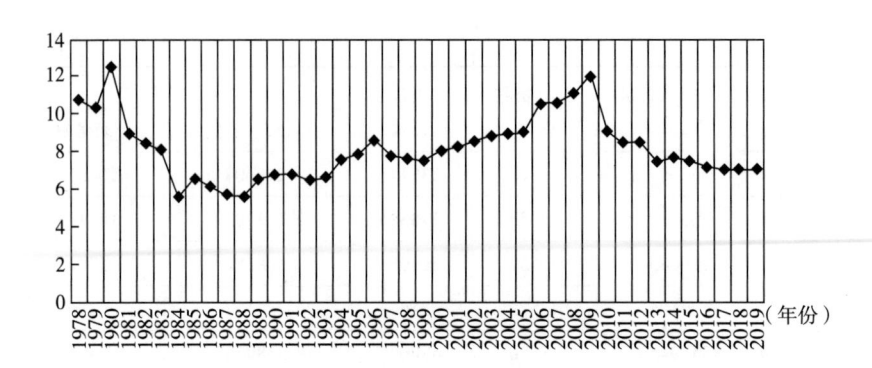

图 3-8　1978—2019 年城乡贷款相对差异变动趋势

三　城乡金融发展水平比较

（一）城乡金融发展规模差异分析

金融发展规模是反映一个地区金融发展水平的重要指标，其大小能够反映出一个地区金融体系动员储蓄的能力，以及金融对于实体经济的支持程度。一般而言，衡量金融发展规模的指标为金融资产与地区生产总值的比值，考虑到农村地区除了银行存款、贷款之外，很少有其他的金融资产，因此，本书选用存款与贷款之和表示银行业金融机构资产总额，用存款与贷款之和与地区生产总值的比值来反映地区金融发展规模，用城乡金融发展规模之间的差额表示城乡金融发展规模的绝对差异，用城乡金融发展规模之比表示城乡金融发展规模的相对差异。如图 3-9 所示，城乡之间金融发展规模的差异十分明显，并呈现出持续扩大趋势，两者之间的绝对差异由 1978 年的 0.71 上升到 2010 年的 3.51，后者是前者的 4.94 倍，并且，可以轻易地看出两者差异强度扩大的主要原因是城市金融规模保持较快的增长速度，而农村金融规模发展较慢，说明改革开放以来农村金融的发展处在停滞阶段，难以完全适应农村经济社会的发展。如图 3-10 所示，城乡金融发展规模的相对差异虽然在有些年份表现出一定的波动性，但从整体上来看则表现出明显的扩大趋势，相对差异系数由 1978 年的 2.81 上升为 2009 年的 5.80，2010 年开始缓慢下降，到 2019 年则降为 4.31，但两者的差异依然巨大。金融发展规模的城乡差异，反映出农村金融发展受到严重约束，与城市金融之间的差距较大，不仅说明农村金融体系动员储蓄以及提供基本金融服务的能力要远远落后于城市地区，而且说明农村金融体系对于农村居民的包容性不强，农村居民受到严重的金融排斥，获取金融服务的成本较高、难度较大。

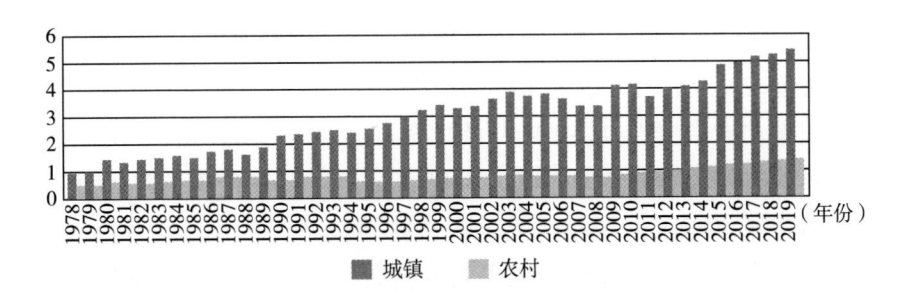

图 3-9　1978—2019 年城乡金融发展规模差异

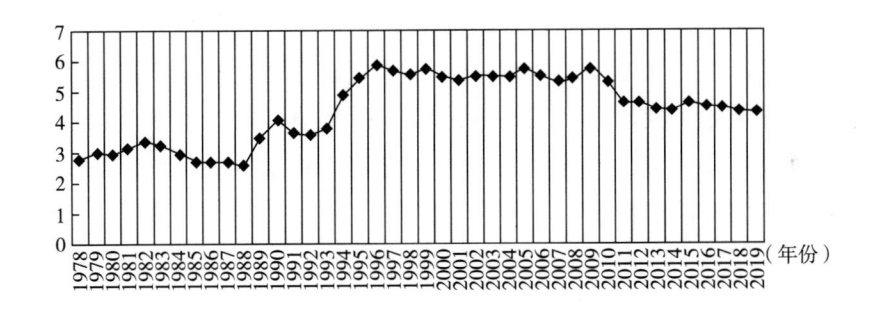

图 3-10　1978—2019 年城乡金融发展规模相对差异系数

（二）城乡金融效率比较

借鉴国内外研究的通常做法，选择用银行体系贷款与存款的比值反映存款向贷款转化的效率，进而间接反映当地金融发展水平。如图 3-11 所示，城镇金融效率保持下降趋势，说明城镇存款在快速增加的同时，由于金融体系的垄断性和排斥性，银行机构普遍对于中小企业、民营企业存在严重的"惜贷"倾向，贷款的增加速度慢于存款的增长速度，从而导致城镇金融体系把存款转化为贷款的能力较弱。农村金融效率先上升后下降，20 世纪 80 年代，受益于农村经济体制改革的先行，农村个体企业、私营企业以及乡镇企业的快速发展，使得金融体系增加了对农村信贷的支持力度，使得农村金融效率开始大幅度提高，1992年全面推进市场经济体制改革以后，城市经济发展开始步入快车道，出于成本、收益的考虑，金融机构不仅在信贷资金安排上倾向于城市地区，而且大量的农村金融机构也逐步撤销、合并，使得农村金融体系更多地充当为城市地区、为国有企业改革动员社会储蓄的角色，导致农村金融效率逐渐下降。如图3-12所示，城乡之间金融效率相对差异从1980年开始出现明显的下降趋势，说明我国金融体系整体效率都相对较低，不仅农村地区存在严重的排斥性特征，而且城市地区也存在严重的金融排斥现象，大量的中小企业、民营企业贷款融资的难度较大、成本较高。但整体上来，城乡金融效率的相对差异都在1之上，说明城市金融效率仍然高于农村金融效率，再考虑到城市地区除银行融资之外，还存在多种形式的间接或直接融资形式，城市地区金融体系把社会闲置资金转化为企业融资资金的能力，更要强于农村地区。因而，从金融效率的角度来看，农村金融的发展受到明显的约束，在金融资源严重不足的前提下，资金外流严重，转化成当地农村贷款的数量更低，难以满足农村地区的融资需求。

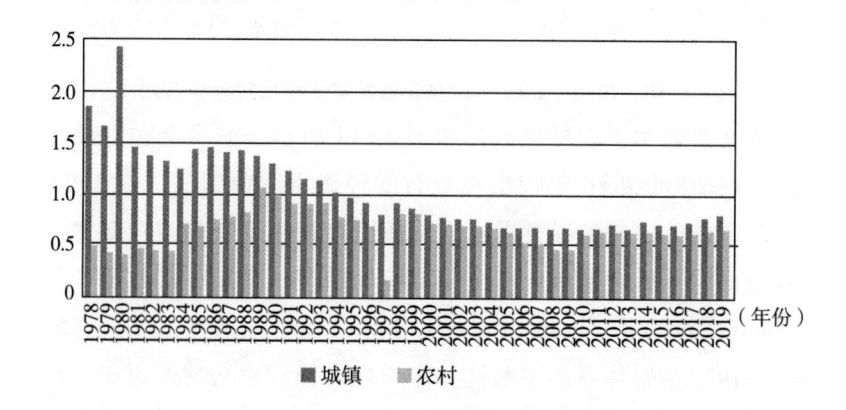

图3-11 1978—2019年城乡金融效率状况

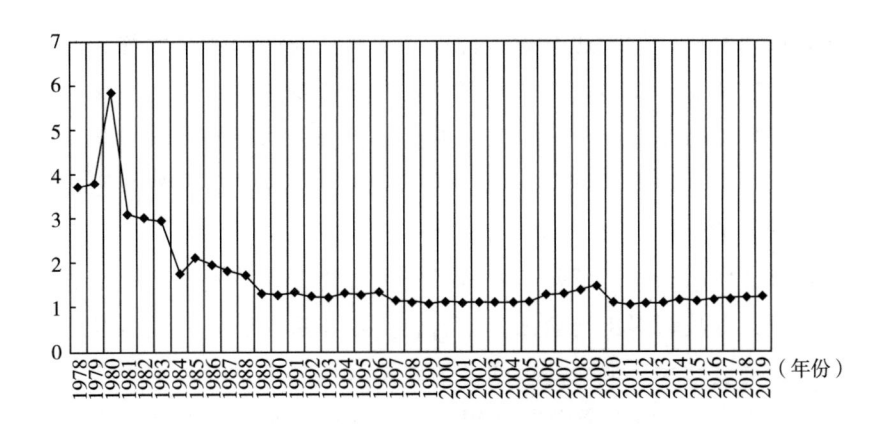

图 3-12 1978—2019 年城乡金融效率相对差异

（三）城乡金融贡献率比较

选取银行体系贷款总额与 GDP 之间的比值作为金融贡献率，即单位 GDP 所耗贷款量来反映贷款对当地经济增长的作用，其比值越大说明金融体系对于经济增长的支持力度越大。如图 3-13 所示，城市金融贡献率要明显高于农村金融贡献率，两者的绝对差距虽然有所波动，但整体保持持续增高的趋势。1978 年城镇金融贡献率为 0.72，农村金融贡献率为 0.13，两者绝对差额为 0.59；2010 年城镇金融贡献率为 1.74，农村金融贡献率为 0.31，两者绝对差额达到 1.43；2011 年略有下降后，继续持续上升，2015 年两者的差异达到 1.7。可见，两者的绝对差异在逐步被拉大，说明金融体系对于城市经济发展的支持力度要远大于农村地区。如图 3-14 所示，城乡金融贡献率的相对差异在 20 世纪 80 年代出现短暂的轻微下降趋势后，在 1992 年全面推进市场经济体制改革后，又重新出现上升的趋势，相对差异系数基本上都保持在 4 以上，说明金融体系对于城乡经济发展的支持力度不同，城市地区更容易获得贷款融资支持以支撑城市高速的经济增长。并且，城乡金融贡献率相对差异的变化趋势也反映了这样一个事实：1992 年以前的改革是以农村改革为主，金融体系对于蓬勃发展的农村个体户、私营企业、乡镇企业的支持力度较强，使得城乡之间金融贡献率开始出现持续下降；而 1992 年市场经济体制改革全面启动以来，城市经济开始加速发展，特别是国有企业改革的全面深化，金融体系的主要职能变为动员公众储蓄，以支持城市经济中的市场化改革成本，为国有企业改革提供大量的金融资源，从而导致城乡之间金融贡献率的差异逐渐被拉大；而2009年以后，两者的差距在逐步缩小，与前面的分析一致，2008年国际金融危机后，中国经济步入新常态，城市经济增长速度下降，农村经济速度提升，特别是，脱贫攻坚与乡村振兴等战略提出与全面实施后，金融体系对于农村经济社会发展的支持力度增大，从而使得两者的差距有所缩小，但基本上仍处在4以上。可见，与城市金融发展相比，农村金融发展仍受到较大程度的约束，从而导致其对于经济发展的支持作用仍有待加强。

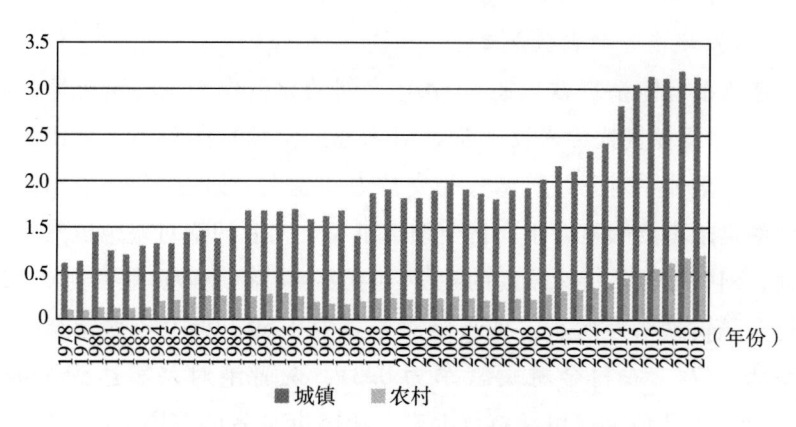

图 3-13　1978—2019 年城乡金融贡献率

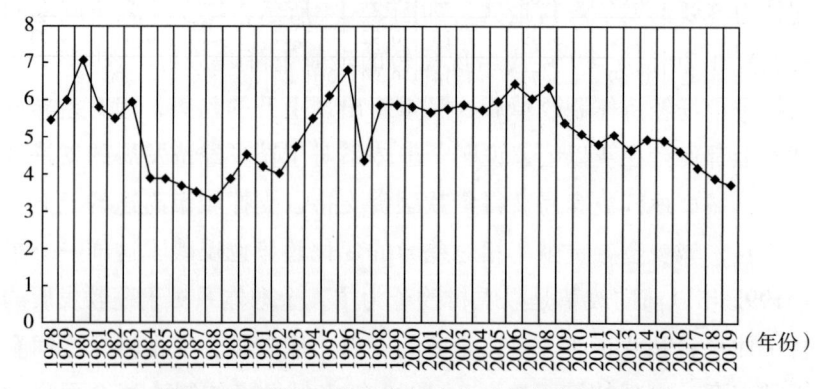

图 3-14　1978—2019 年城乡金融贡献率相对差异

综上所述，农村金融发展严重落后于城市金融，并且，两者差异较大，使得我国金融体系表现为显著的城乡二元体制，一元为发展严重滞后的农村金融体系，另一元则表现为相对发达的城市金融体系。显著的城乡金融二元体制，也充分反映出农村金融相对于城市金融而言，其发展受到的约束更为严重。

表 3-3　　　　　　　　　城乡金融发展水平差异

年份	金融发展规模			金融效率			金融贡献率		
	城镇	农村	相对差异系数	城镇	农村	相对差异系数	城镇	农村	相对差异系数
1978	1.10	0.39	2.81	1.86	0.50	3.72	0.72	0.13	5.47
1979	1.19	0.40	2.97	1.67	0.44	3.81	0.74	0.12	6.09
1980	1.57	0.53	2.97	2.45	0.42	5.83	1.12	0.16	7.13
1981	1.46	0.46	3.19	1.47	0.48	3.06	0.87	0.15	5.83
1982	1.58	0.47	3.37	1.39	0.46	3.00	0.82	0.15	5.52
1983	1.63	0.50	3.26	1.33	0.45	2.97	0.93	0.16	6.01
1984	1.71	0.58	2.96	1.26	0.72	1.74	0.96	0.24	3.93
1985	1.63	0.60	2.72	1.44	0.69	2.07	0.96	0.25	3.91
1986	1.84	0.69	2.68	1.46	0.75	1.96	1.10	0.29	3.71
1987	1.91	0.71	2.68	1.42	0.79	1.80	1.12	0.31	3.57
1988	1.74	0.68	2.57	1.44	0.83	1.73	1.03	0.31	3.34
1989	2.01	0.58	3.49	1.38	1.08	1.28	1.17	0.30	3.90
1990	2.44	0.60	4.08	1.31	1.01	1.29	1.38	0.30	4.61
1991	2.49	0.69	3.63	1.23	0.92	1.35	1.38	0.33	4.19
1992	2.55	0.71	3.59	1.16	0.92	1.27	1.37	0.34	4.03
1993	2.62	0.69	3.77	1.14	0.93	1.22	1.40	0.29	4.79
1994	2.52	0.52	4.88	1.02	0.79	1.29	1.27	0.23	5.60
1995	2.67	0.49	5.44	0.97	0.77	1.26	1.31	0.21	6.16
1996	2.88	0.49	5.91	0.92	0.70	1.31	1.38	0.20	6.86
1997	3.13	0.55	5.72	0.93	0.79	1.16	1.06	0.24	4.35
1998	3.36	0.60	5.57	0.92	0.82	1.12	1.61	0.27	5.93
1999	3.54	0.62	5.74	0.87	0.82	1.06	1.65	0.28	5.91
2000	3.43	0.62	5.53	0.81	0.73	1.11	1.54	0.26	5.87

续表

年份	金融发展规模			金融效率			金融贡献率		
	城镇	农村	相对差异系数	城镇	农村	相对差异系数	城镇	农村	相对差异系数
2001	3.50	0.65	5.39	0.79	0.72	1.10	1.54	0.27	5.7
2002	3.75	0.68	5.53	0.77	0.71	1.08	1.64	0.28	5.80
2003	4.01	0.72	5.53	0.77	0.70	1.11	1.75	0.30	5.87
2004	3.87	0.70	5.49	0.74	0.68	1.09	1.65	0.29	5.78
2005	3.94	0.68	5.78	0.68	0.63	1.08	1.60	0.26	6.06
2006	3.76	0.68	5.54	0.69	0.54	1.28	1.53	0.24	6.47
2007	3.49	0.66	5.30	0.69	0.53	1.29	1.64	0.27	6.07
2008	3.5	0.65	5.40	0.67	0.48	1.39	1.67	0.26	6.42
2009	4.26	0.73	5.80	0.69	0.48	1.44	1.78	0.33	5.40
2010	4.32	0.81	5.32	0.67	0.62	1.08	1.94	0.38	5.10
2011	3.83	0.83	4.61	0.68	0.65	1.04	1.88	0.39	4.84
2012	4.18	0.90	4.64	0.72	0.65	1.12	2.13	0.42	5.09
2013	4.25	0.96	4.43	0.67	0.64	1.05	2.24	0.48	4.68
2014	4.41	1.01	4.39	0.75	0.65	1.17	2.71	0.54	5.01
2015	5.01	1.08	4.63	0.72	0.64	1.13	2.97	0.60	4.95
2016	5.11	1.13	4.52	0.71	0.62	1.15	3.08	0.66	4.67
2017	5.33	1.19	4.48	0.74	0.63	1.18	3.06	0.73	4.2
2018	5.41	1.24	4.37	0.78	0.66	1.18	3.14	0.79	3.97
2019	5.56	1.29	4.31	0.81	0.68	1.19	3.07	0.83	3.71

注：（1）农村GDP＝第一产业产值+乡镇企业增加值，城镇GDP＝全国GDP-农村GDP。
（2）各项城乡相对差异为各项城镇值与农村值之比。
资料来源：历年《中国统计年鉴》《中国金融统计年鉴》《中国乡镇企业年鉴》（2007年后改为《中国乡镇企业及农产品加工业年鉴》）。

第三节　农村金融发展约束的类型

如前所述，中国农村金融发展远滞后于城市金融，导致城乡金融二元体制显著，反映出中国农村金融发展受到的约束严重，从而导致其发展速度较慢、发展水平较低，难以满足农村地区经济社会对于金融服务的需求。在借鉴其他学者研究的基础上，笔者认为中国农村金融发展受到的约束因素是多重的，不仅有供给不足的因素，而且还有需求方面、供需结构方面的因素，在这些多重因素的共同作用下，才使得农村金融的发展极为缓慢，从而成为制约农村经济发展的瓶颈因素。实质上，农村金融发展问题，也表现为农村金融市场的均衡问题。农村金融发展约束严重，不仅表现为金融市场上供求失衡问题，而且还表现为在供给约束、需求约束下的低水平均衡问题。因而，本书把农村金融发展约束问题分为供给约束、需求约束以及供需结构性约束三种类型。

一　农村金融发展的供给约束

农村金融发展供给约束主要指农村金融发展中的供给端受到多种因素的束缚，从而导致农村金融供给不足，进而制约农村金融的整体发展，使其难以满足农村地区经济社会发展的需要。农村金融供给约束是农村金融发展多重约束中表现最为明显、最为突出的约束类型，主要表现在农村金融机构较少、信贷资金不足、供给意愿不强等方面。农村金融机构作为农村金融市场上最为重要的供给主体，符合理性主体的行为准则，以利益最大化作为其经营目标，以收益性、安全性、流动性作为日常经营原则。因而，农村金融市场的供给约束主要源于农村金融机构在充分考虑成本、收益和风险的基础上，所作出的理性选择。

如图3-15所示，在农村金融市场存在供给约束的情况下，供给曲线向右上方平移，与需求曲线在新的交点E'处达到均衡状态。此时，均衡利率上升为r'，均衡信贷量下降为Q'，整个农村金融市场处于一个相对较低水平的均衡状态，信贷量减少的数量为Q_0Q'。金融需求者剩余变为$E'r'r_1$之间三角形的面积，明显小于在无供给约束状态下的需求者剩余，说明农村金融市场上的供给约束大幅度降低农村经济主体的福利，福利损失表现为：一部分农村经济主体因得不到信贷支持而遭受的投资收益损失或消费效用损失；另一部分能够获取信贷支持的经济主体因承担更高的利息成本而遭受的收益损失。供给者

剩余变为 $E'r'_0r'$ 之间小三角形的面积，明显低于无供给约束状态下的供给者剩余，说明农村金融供给约束也会造成金融机构的福利损失，福利损失表现为信用社等农村金融机构存在大量信贷资金放贷不出去而遭受的损失。社会福利总损失为 $E'r'_0r_2E$ 之间的面积，说明农村金融供给约束下的低水平均衡使得社会总福利下降。

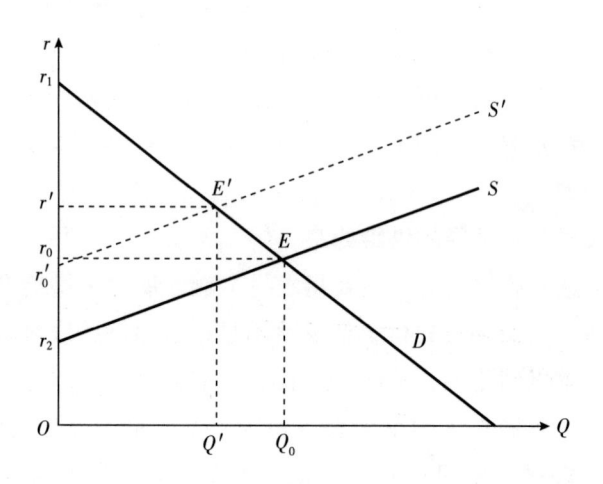

图3-15 农村金融市场供给约束的低水平均衡状况

二 农村金融发展的需求约束

农村金融需求约束是指农村经济主体对于金融服务的有效需求不足，从而束缚农村金融的整体发展。符合"道义经济"逻辑的农村经济主体，把具有强烈生存取向特征的"安全第一"作为经济行为的首要原则，不愿为了收益最大化而承担风险。在此状况下，农户进行有风险的生产经营性投资动力不足。再考虑到，农村地区比较收益较低，农户获取金融服务的显性成本和隐性成本都相对较高。因而，农户对于金融的需求要受到主观和客观因素的双重束缚。并且，具有显著小农意识痕迹的农村企业，其行为准则也基本上与农户类似。因而，在当前的农村经济状态下，金融需求约束为一种常态，对农村地区金融市场的发育、发展都有显著的抑制作用。

如图3-16所示，在严重的需求约束下，农村金融市场需求曲

线由 D 向右下方平移到 D' 的位置，市场均衡点也由 E' 下降为 E''，均衡利率也由 r' 下降为 r''，均衡的信贷量也由 Q' 进一步下降为 Q''，从而使得农村金融市场呈现出更低水平的均衡状态。在此均衡状态下，需求者剩余 $E'r'r_1$ 进一步大幅度下降为 $E''r''r_0''$，说明在存在需求约束的情况下，农村经济主体存在较大的福利损失，表现在农村经济主体获取的信贷支持不足，从而使其不能够利用外部资金实现自身投资收益的增加以及消费效用的提高。供给者剩余也由 $E'r'_0 r_1$ 进一步下降为 $E''r'_0 r''$，说明农村金融市场在存在需求约束的情况下，也会使得金融机构的福利水平下降，表现为机构业务量较少、信贷资金规模较小，无法充分发挥规模效应，导致运行成本、信贷资金平均成本都相对较高，难以分散信贷风险。社会福利总损失为 $E'r'_0 r_2 E$ 之间的面积加上 $E'E''r''_0 r_1$ 之间的面积，信贷资金进一步缩小 $Q''Q'$。

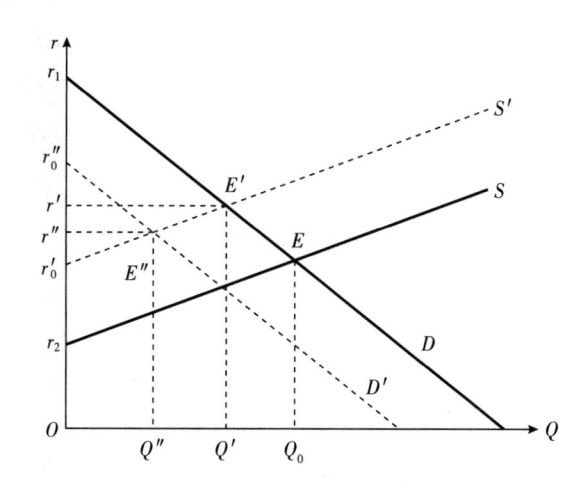

图 3-16　供求双重约束下农村金融市场的低水平均衡

三　农村金融发展的结构性约束

农村金融供需结构性约束主要是指金融市场上的金融供给与金融需求存在不一致的状况，使得双方难以进行有效匹配，供给端的资金闲置与需求端的资金紧缺同时存在，从而严重制约农村金融的健康发展。主要表现在供需双方在贷款数量、贷款用途、贷款期限、贷款条件以及金融产品品种等方面存在的不一致，例如，正规金融机构仅对农村居民提供生产性贷款，而农村居民的消费性资金需求更旺盛并极具"刚性"特征；金融机构出于风险性、流动性的考虑，在向农村地区发放贷款时，更偏好短期贷款，而农业投资见效慢、回收期较长，更需要长期贷款。农村金融供需结构性约束会加强供给约束及需求约束的作用，使得农村金融市场出现结构性失衡问题，不仅导致农村经济主体获取金融服务的难度增加，而且使得金融机构出现资金闲置、收益受损，进而导致其发展受限。农村金融市场上存在的供给约束与需求约束，使得农村金融市场处在一个低水平的均衡状态，在此状态下，农村金融市场的市场边界被压缩，整体规模较小，供求两侧主体的福利损失都相对较高。在存在供求结构性约束的情况下，农村金融市场的低水平均衡点 E'' 将被打破，由均衡变为市场非均衡状态。不妨假定农村金融市场的供求结构性约束程度为 $Q''Q'''$，在此状态下，农村经济主体需求得不到满足的需求缺口为 $Q''Q'''$，农村金融机构信贷资金过剩的数量亦为 $Q''Q'''$，需求缺口与信贷资金过剩同时存在。因而，农村金融市场上的实际信贷数量，将由低水平均衡状态下的 Q'' 下降为 Q'''，在无外力的作用下，市场利率水平依然会保持在 r'' 的水平，此时市场状态如图3-17所示。在此状态下，农村金融市场存在着严重的市场结构性失衡，需求者剩余变为更小的部分，即图中 $Fr_0''r''G$ 部分的面积，需求者福利损失为 $FE''G$ 部分的面积，表现为农村经济主体资金缺口得不到满足时的投资收益损失或消费效用损失；供给者剩余也将变得更少，为图中 $Hr_0''r''G$ 部分的面积，供给者福利损失为 $HE''G$ 部分的面积，表现为金融机构资金闲置时的利息损失。另外，在结构性约束下的非均衡状态，社会福利损失增加了 $HE''F$（三角形）部分的面积，社会福利总损失为 $E'r_0'r_2E$ 部分的面积、$E'E''r_0''r_1$ 部分的面积与 $HE''F$（三角形）部分的面积之和。可见，在考虑到供给与需求之间结构不匹配而导致的供需结构性约束时，农村金融市场上的信贷数量更低，社会福利的损失较大。

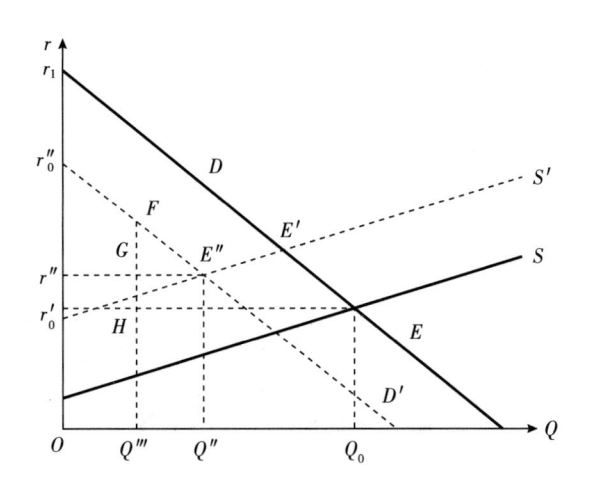

图 3-17　农村金融发展供需结构型约束下的市场非均衡状况

可见，农村金融发展约束的三种类型，不仅其形成原因各异，而且其对农村金融市场的非均衡状态的影响不同：供给约束在降低市场均衡量的同时，导致利率上升，使得社会总福利下降；需求约束在降低市场均衡量的同时，导致利率下降，使得社会总福利减少；在两者共同作用下使得金融市场处在低水平均衡状态。供需结构性约束下，供给与需求之间的不匹配，导致供给过剩与需求得不到满足同时存在，从而使得金融市场出现结构性失衡现象，社会总福利进一步下降。因而，为了更好地研究农村金融发展约束问题，就必须要分别对三种类型的约束问题进行深入分析。

第四章

中国农村金融发展的供给约束及其原因

在农村金融内部也呈现出典型的二元结构特征,一元为对农村居民排斥性较强的农村正规金融体系,另一元则为受到严格管制仍然活跃的农村非正规金融体系。正规金融机构出于成本、收益以及风险等金融要素的考量,对农村经济主体具有显著的排斥倾向,信贷资金非农化倾向严重,导致其对农村经济主体的金融供给不足;而非正规金融部门,由于政府出于规避金融风险、降低监管成本等方面的考虑,对其发展采取限制政策,从而使得非正规金融部门对农村地区金融服务的供给受到严重制约。

第一节 农村金融发展供给约束的程度

我国农村金融发展中存在的供给约束现象,使得农村地区金融供给不足,难以满足农村经济主体(特别是边远地区、收入较低等相对弱势的农村居民)的有效金融需求,从而制约其收入水平的提高。为了更好地理解中国农村金融发展的供给约束问题,就首先要对约束程度进行度量和分析。

一 度量指标的设定

戈德史密斯从金融结构的角度对金融发展程度进行研究,提出以金融相关率（FIR）来衡量金融发展水平，进而间接反映金融抑制程度。其公式为：

$$FIR = TFA/TRA \tag{4-1}$$

即金融相关率为所有金融资产的价值与所有实物资产的价值之比，反映了一国（或地区）的金融深化程度。

麦金农和肖对发展中国家的金融抑制（或金融深化）现象进行分析研究，提出了反映金融深化程度的指标——FDR，用以度量一国（或地区）的金融深化（或金融抑制）程度，FDR指标的公式可表示为：

$$FDR = M_2/GDP \tag{4-2}$$

式（4-2）中，M_2 为广义货币供应量，GDP 为名义国内生产总值。

上述两个指标，更多地用来衡量一国或地区金融总体抑制程度，但却无法用来衡量和刻画农村金融的供给约束程度。考虑到，本书研究的金融供给约束与金融抑制之间具有一定的相似性，但却并不完全一致（在概念界定中已做论述）。因而，本书在借鉴金融结构理论、金融抑制理论衡量指标以及其他学者研究的基础上，构造农村金融供给约束指标——F_SCR，用以度量农村金融发展的供给约束，采用农业贷款量与金融机构总贷款量之比来计算，即：

$$F_SCR = L_A/L_T$$

其中，L_A 表示农业贷款量，L_T 表示金融机构各项贷款总量。该指标越大，说明各金融机构向农户供给贷款的意愿及能力越强，从而农村金融发展中供给约束程度越低；反之，数值越小则表示供给约束程度越高。

二 农村金融供给约束程度度量

利用农村金融发展的供给约束指标，对中国1981—2019年农村金融供给约束进行测算，如表4-1所示，金融机构各项贷款总量一直保持较高增长势头，由1981年的2861亿元增长到2019年的1523916亿元，共增长了530多倍，增长速度惊人。但农业贷款由1981年的286亿元，增长到2019年的39695亿元，共增长了138

倍，虽然看上去不低，但要清楚两个事实：一是农业贷款在1994年出现跳水式下降，二是农业贷款的增长速度要远低于全国各金融机构贷款总量的增长速度。这两个事实也决定了农村金融发展中供给约束的变动趋势。如图4-1所示，农村金融发展的供给约束程度的变动趋势大致为：1981—1984年，F_SCR指标由10%快速上升到15.14%，反映出我国农村金融发展中所受到的供给约束程度在快速下降。1985—1993年，F_SCR在12%以上震荡，说明这一时期虽然我国农村金融发展中所受到的供给约束程度没有出现持续下降，但整体却保持在较低水平上徘徊。到1994年，F_SCR指标快速由1993年的14.69%下降到2.86%，此后，虽然有所波动，但整体呈现出显著的持续下降趋势，反映出城市经济改革加速后，金融供给的重心快速向城市集中，使得这一阶段农村金融发展所受到的供给约束程度持续加剧，大量农村信贷资金被吸引到收益率相对较高的城市经济中，金融机构蜂拥从农村地区撤离，使得农村地区金融服务的供给约束程度加剧。

表4-1　　　　　　　　农村金融发展供给约束程度

年份	金融机构农业贷款（亿元）	金融机构各项贷款总量（亿元）	农村金融发展供给约束（F_SCR）(%)
1981	286	2861	10.00
1982	334	3173	10.51
1983	395	35945	10.99
1984	723	4774	15.14
1985	817	6306	12.95
1986	1139	8160	13.96
1987	1457	9804	14.86
1988	1723	11460	15.03
1989	1888	14360	13.15
1990	2413	17681	13.65
1991	2976	21338	13.95

续表

年份	金融机构农业贷款（亿元）	金融机构各项贷款总量（亿元）	农村金融发展供给约束（$F_S CR$）（%）
1992	3869	26345	14.68
1993	4839	32941	14.69
1994	1144	39976	2.86
1995	1545	50544	3.06
1996	1919	61157	3.14
1997	3315	74914	4.42
1998	4444	86524	5.14
1999	4792	93734	5.11
2000	4889	99371	4.92
2001	5711	112315	5.08
2002	6885	131294	5.24
2003	8411	158996	5.29
2004	9843	178198	5.52
2005	11530	194690	5.92
2006	13208	225347	5.86
2007	15429	261691	5.90
2008	17629	303468	5.81
2009	21623	399685	5.41
2010	23043	479196	4.81
2011	24432	547945	4.46
2012	27261	629907	4.33
2013	30437	718961	4.23
2014	33394	816770	4.09
2015	35137	936386	3.80
2016	36627	1085459	3.37
2017	38713	1190110	3.25
2018	39424	1353327	2.91
2019	39695	1523916	2.60

资料来源：历年《中国金融年鉴》。

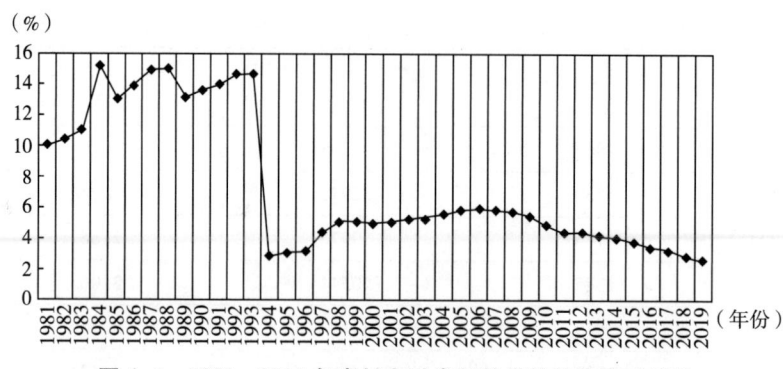

图 4-1　1981—2019 年农村金融发展的供给约束变动趋势

第二节　农村金融发展供给约束问题的表现

从度量分析中可以看出，我国农村金融发展的供给约束程度较为严重，特别是 1994 年以后，供给约束更为显著。为了更清楚地观察农村金融的供给约束，就有必要对其表现形式做进一步的分析。

一　农村信贷资金供给不足

（一）农村信贷资金总量较小

我国金融体系是以银行为主导的金融体系，国有商业银行在整个金融市场上占据主导地位，这种状况在农村金融市场上表现得更为明显，整个农村正规金融渠道的资金几乎全部通过银行机构流动，证券市场的融资行为基本为零。因而，除了银行借贷资金外，农村居民能够从外部正规金融机构获得的融资资金极少。截至 2019 年，按照农村信用社与农村商业银行贷款之和，小口径核算的农村贷款总额为 188581 亿元，仅占全部贷款总额的 12.37%，人均贷款量为 3.4 万元；而按照中国人民银行统计的农村（县及县以下）贷款为 288371 亿元，占全部贷款总量的 19.1%，人均贷款量为 5.2 万元，都要远低于全国人均贷款量 10.9 万元的水平。[①] 可见，农村地区信贷资金总量

---

① 中国金融年鉴委员会：《中国金融统计年鉴（2020）》，中国金融杂志社有限公司 2021 年版；中国人民银行：《农村金融服务报告（2020）》，中国金融出版社 2021 年版。

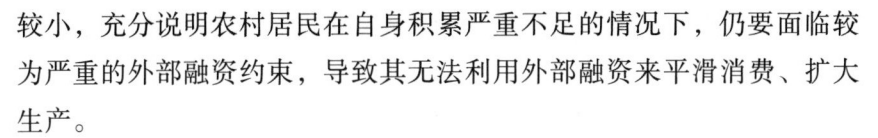

较小，充分说明农村居民在自身积累严重不足的情况下，仍要面临较为严重的外部融资约束，导致其无法利用外部融资来平滑消费、扩大生产。

(二) 农村资金外流严重

脱贫攻坚、乡村振兴等战略的提出与全面实施，金融体系对农村地区经济社会发展的支持力度加大，推动了农村地区经济社会的快速发展。然而，城市地区依靠高效的金融体系、较高的比较收益等优势条件，仍对农村金融资源产生巨大的"虹吸效应"，不断地吸收农村资金流入城市地区。截至2019年年末，农村信用社吸收农村存款余额42205亿元，涉农贷款余额仅为18297亿元，两者的差额高达23908亿元；农村商业银行吸收农村存款余额为234711亿元，涉农贷款余额仅为83429亿元，两者的差额高达151282亿元；全国村镇银行存款余额12469亿元，贷款余额仅为10200亿元，两者的差额高达2269亿元。[①] 可见，农村信用社、农村商业银行作为植根于农村基层地区的正规金融机构，能够充分发挥动员储蓄、提供存取款等基本金融服务功能，但贷款功能的发挥较弱，对农村地区发放贷款的量要远小于存款量，从而使其成为农村资金流向城市经济的重要渠道。截至2019年年末，三种机构共外流资金余额近18万亿元。再考虑到中国储蓄银行有70%以上的网点在农村地区（县及县以下），2019年年末存款余额为93141亿元，按70%的比例进行折算的农村存款余额为6.5万亿左右，涉农贷款余额仅为12644亿元，通过中国邮政储蓄银行渠道的农村外流资金估计超过5万亿元，再加上，中国农业银行等银行机构渠道外流的资金，估计通过正规金融渠道农村资金外流的量将近25万亿元。[②] 可以看出，农村正规金融机构逐步"储蓄所化"，不断地吸收农村金融资源，但是对农村信贷资金的发放远远小于其吸收的储蓄资金，导致紧缺的农村金融资源还要被大量地输送到城

---

① 中国金融年鉴委员会：《中国金融统计年鉴（2020）》，中国金融杂志社有限公司2021年版；中国人民银行：《农村金融服务报告（2020）》，中国金融出版社2021年版。

② 中国金融年鉴委员会：《中国金融统计年鉴（2020）》，中国金融杂志社有限公司2021年版；中国人民银行：《农村金融服务报告（2020）》，中国金融出版社2021年版。

市地区，使得农村地区的资本更为匮乏，加剧农村金融资金的供给约束。

（三）农村金融机构对农户、农业的信贷支持力度不足

从涉农贷款用途来看，受农业周期长、风险大、收益低等因素的影响，农村金融机构对农业的信贷偏好不强，信贷支持的力度严重不足。2020 年，全国涉农贷款总量 389493 亿元，仅占全部贷款总量的 22.9%，其中，农林牧渔贷款仅为 42678 亿元，仅占全部涉农贷款的 11%，全部贷款总额的 2.5%，远低于农村基础设施建设贷款（69629 亿元）。在主要的农村金融机构中，截至 2019 年年末，中国农业银行涉农贷款余额 37547 亿元，占其全部贷款余额的 28%，农林牧渔贷款余额 3239 亿元，仅占全部涉农贷款的 8.6%，全部贷款余额的 2.4%；中国邮政储蓄银行涉农贷款余额 12644 亿元，占全部贷款余额的 29%，农林牧渔贷款余额 1469 亿元，占全部涉农贷款的 11%，占全部贷款余额的 3.4%；农村信用社涉农贷款余额 18296 亿元，占全部贷款余额的 66%，农林牧渔贷款为 6926 亿元，占全部涉农贷款的 37%，全部贷款余额的 25%；农村商业银行涉农贷款余额 83429 亿元，占全部贷款余额的 52%，农林牧渔贷款 17699 亿元，仅占全部涉农贷款的 21%，占全部贷款余额的 11%；村镇银行涉农贷款余额 7706 亿元，占全部贷款余额的 76%，农林牧渔贷款 2178 亿元，仅占全部涉农贷款的 28%，占全部贷款余额的 21%。[①] 可见，农村金融机构对于农业的直接支持力度仍然较小，农业贷款均不足其贷款余额的 1/4，严重制约农业现代化建设。

从受贷主体来看，农户贷款金额较小、生产经营风险较高，导致贷款的平均成本较高、信息不对称严重、风险较大，从而使得农户在信贷过程中受到的金融排斥程度较高，农村金融机构对于农户的支持力度有待提升。2020 年，全国涉农贷款中，农户贷款 118145 亿元，仅占全部涉农贷款的 30%，全部贷款的 6.9%，远低

---

① 中国金融年鉴委员会：《中国金融统计年鉴（2020）》，中国金融杂志社有限公司 2021 年版；中国人民银行：《农村金融服务报告（2020）》，中国金融出版社 2021 年版。

于企业涉农贷款（262980亿元）。在主要的农村金融机构中，截至2019年，中国农业银行农户贷款余额16152亿元，仅占全部涉农贷款的43%，可见，中国农业银行涉农贷款中，向农业产业化的龙头企业以及县域经济的非农企业等加工型企业的贷款比例较大。中国邮政储蓄银行农户贷款余额9874亿元，占全部涉农贷款余额的78%，占全部贷款余额的22%；农村商业银行农户贷款余额43320亿元，占全部涉农贷款的52%，占全部贷款余额的26%；农村信用社农户贷款余额10746亿元，占全部涉农贷款的58%，占全部贷款余额的39%；村镇银行农户贷款余额5271亿元，占全部涉农贷款的68%，占全部贷款余额的51%。[1] 可见，农村金融机构对于农户的贷款支持力度，仍存在一定的提升空间，特别是，实力较强的全国性大型银行对于农户的支持力度更加不足。

综上所述，农村金融机构呈现出显著的非农化贷款倾向，信贷资金对于农业、农户的支持力度仍存在较大的提升空间，特别是，以中国农业银行为代表的全国性大型商业银行，这种倾向更为明晰，2019年，四大国有商业银行农业贷款余额7227亿元，仅占全部涉农贷款的5.7%，农户贷款余额36381亿元，仅占其涉农贷款的28%。[2] 大量的涉农信贷资金，被投向涉农企业、非农业领域，对于农村经济社会发展的基本生产单位与基础产业的支持作用不强，从而在乡村振兴过程中，农户、农业受到的信贷供给约束更为显著。

二 农村金融服务（产品）相对单一

（一）缺乏直接投融资工具

现代金融发展的趋势是金融创新速度极快，金融产品日益丰富、多样化，特别是直接投融资工具日益受到投资者、融资者的普遍欢迎。对于我国农村居民而言，随着其收入水平的提高，积累了大量的剩余资金，从而形成了利用金融投资获取较高财产性收益的投资冲动。然而，农村居民的正规投资途径主要以银行存款为主，少数发达

---

[1] 中国金融年鉴委员会：《中国金融统计年鉴（2020）》，中国金融杂志社有限公司2021年版；中国人民银行：《农村金融服务报告（2020）》，中国金融出版社2021年版。

[2] 中国人民银行：《农村金融服务报告（2020）》，中国金融出版社2021年版。

地区的富裕型农村居民可能接触到股票投资,农村金融市场上能够为居民提供的投资产品严重不足,不仅限制着农村居民利用金融投资提高收入水平,而且在低利率的背景下,也会使得农村居民的手持现金难以进入正规金融领域,或者被闲置,或者禁不住诱惑而进入高风险的非正规金融领域(甚至是非法集资领域)。

从融资工具来看,农村地区直接融资工具仍显不足,直接融资渠道仍不顺畅。虽然证监会以制度创新为动力,发挥证券期货行业优势,加大直接融资支持力度,推动培育农业农村多元融资格局。但对于农村企业而言,融资手段仍较为单一,股票融资、债券融资等直接融资手段的支持力度较小,缺乏各种风险投资基金、创业基金、天使基金等创业融资支持,从而使其面对严重的融资难问题,严重制约农村地区的创新创业行为。2019—2020 年,仅有 6 家涉农企业首发上市,融资金额仅为 174.82 亿元,仅占两年首发上市融资总量的 2.4%;再融资企业 28 家,融资也仅为 538.61 亿元,仅占两年股票再融资总量的 2%。2020 年,农林牧渔业企业发行企业债、公司债 22 只,发行金额为 203.15 亿元,仅占全年债券发行总额的 0.05%。截至 2020 年年末,证券基金经营机构管理设立的私募资管计划投向农业及其相关产业的仅有 155 亿元。2019—2020 年,共成立 4 只农业相关主题公募基金,合计募集规模仅为 27.46 亿元。[①] 可见,农村金融领域虽然已经出现股票、债券、基金等多种直接融资工具,但总体数量太小,对于农村经济社会发展的作用微乎及微,特别是,对于农村中小微企业几乎没有任何影响,对于中小微企业发展具有重要作用的风险投资基金、天使创业基金等创业型直接融资工具仍然匮乏。

(二)现代金融服务的供给能力不足

随着农业产业化的加速、农村经济的发展、农村市场交易的频繁以及对外开放度的加深,农村地区要求多样化、灵活的结算、转账、电子支付、汇兑以及信用证等现代金融服务支持。然而,农村地区金

[①] 中国人民银行:《农村金融服务报告(2020)》,中国金融出版社 2021 年版。

融体系中居于主导地位的银行机构仅向农户提供"存、贷、汇"三种传统服务，存款业务主要以简单的活期存款与定期存款为主，缺乏兼具投资、理财功能的创新性储蓄产品，不仅影响农村居民的利息收入，而且也会使得银行机构动员储蓄的能力受限。贷款也主要采取基于发达市场经济条件下的传统信贷风险控制手段——资产抵押和信用担保，缺乏基于我国农村实际的创新性贷款产品，与中国农村居民缺少抵押资产和担保手段的现实不适应，从而制约农村地区经济主体信贷资金的获得。另外，银行机构向农村居民提供的中间业务也主要为汇款、兑款业务，业务范围较小、功能较为单一，缺乏必要的金融创新以向农村居民提供适应现代市场经济需要的中间业务，不利于农村地区交易成本的降低以及市场信息的流动。

（三）农业保险产品供给不足

农业的弱质性决定着农业生产过程中要面临巨大的自然风险和市场波动风险，再加上农村居民市场经济知识匮乏、抵御风险的能力较弱，从而导致农村居民存在较强烈的风险回避意识，不仅抑制农村居民创新创业以及农业生产的投资冲动，进而抑制农户的生产性信贷需求，而且也会因为存在较大风险而抑制农村银行机构向农村居民的信贷供给。农业保险产品是专门针对农业生产者在遭受自然灾害和意外事故时对其经济损失给予一定补偿的保障制度。自2007年，政府实行农业保险保费补贴政策以来，我国农业保险才开始快速发展。2012年，《农业保险条例》的颁布，为农业保险的规范、健康发展提供了必要的制度保障。2013年以来，中国农业保险快速发展，已经成为全球第二、亚洲第一的农业保险市场。从数据上来看，似乎我国农业保险的发展状况较好，已经能够对农业生产、农民生活提供风险保障。然而，事实上我国农业保险发展并不像数据表现出来的那么光鲜，其产品的供给仍然不足，避险的功能也相对较弱，表现在：

1. 政策性农业保险比例较高，商业性保险匮乏

以2014年为例，中央财政保费补贴金额为129亿元，占全部保费收入的40%，政府保费补贴能够有效地促进农业保险的发展。但是，这种政策性农业保险往往隐含着一定的委托—代理问题，农业保

险机构作为代理机构与中央政府之间存在着较大的利益不一致性：中央政府更多的是想通过保费补贴的杠杆效应来撬动农业保险乃至农业经济的整体发展，而农业保险机构的目标则是收益最大化，考虑较多的是如何在获取国家财政保费补贴的同时，使得风险、成本最小，较少考虑保险的支农效果。因而，农业保险产品的供给一般都是政府所要求的品种，往往是在充分考虑全国农业共性的基础上而设计的产品，缺乏因地制宜、针对性较强的保险产品。

2. 农业保险产品的商业可持续性有待提升

由于现有农业保险产品点多面广，保费、保额都相对较低，从而导致其保障功能也相对较弱，再加上其风险大、成本高、赔付率高以及定损难度大等特点，导致理赔的难度及成本较高。一方面会抑制农户对于农业保险产品的需求，使得农业保险产品的规模受限；另一方面也使得农村保险基本上都是保本经营甚至亏损经营，商业可持续性不强，导致商业性保险机构不愿涉足农业保险领域，从而抑制了保险机构对于农业保险的供给。

3. 农业保险领域缺乏有效的风险分散机制

众所周知，农业所面对的自然灾害风险涉及的是一定区域内的几乎全部农户，风险危害性大、经济损失高，仅由农户和承保的保险公司承担，压力巨大。而在制度建设方面，虽然中国农业再保险股份有限公司于2020年12月30日批复开业，对于分散农业保险的风险能够起到一定的作用，但组团联合保险制度、农业风险基金等分散农业风险的机制仍未完全建立，仅靠一家再保险机构的力量，难以有效化解整个农业保险的风险，导致商业保险机构不愿、不敢涉入风险较高的农业保险领域，亟须保险的高风险领域缺乏足够的产品供给。

4. 农业保险的发展速度较慢

从数据上可以看出，2014—2020年，中国农业保险并未获得实质性发展，发展速度相对缓慢，2014年，我国农业保险保费收入325.7亿元，提供风险保障1.66万亿元，参保农户达到2.47亿户次，水稻、玉米、小麦三大口粮作物的覆盖率分别达到68.6%、69.5%、49.3%；2020年，我国农业保险聚集保费资金814.93亿元，为1.89

亿户次农户提供风险保障，三大口粮作物的覆盖率接近70%。[①] 截至2020年年末，农业保险承保农作物品种也仅为270个，险种主要以保自然风险为主，保市场风险的险种严重不足，难以满足乡村振兴战略下农户对于分散市场风险的需求。

三 金融体系服务"三农"实体的能力不足

农村金融体系中的正规金融机构主要有中国农业发展银行、中国农业银行、中国邮政储蓄银行、农村信用社（包括农村商业银行、农村合作银行）、村镇银行，除此之外，国家开发银行、其他商业性银行也有涉农贷款业务。从机构的种类上来看，既包括政策性金融机构又有商业性金融机构，既有大型金融机构又有中小型金融机构。看似完整、实则不然，与城市金融体系相比较，农村金融体系中金融机构发育不力，机构缺位严重，使得整个农村金融体系的功能不健全，对农村主体具有极为严重的地理排斥（Physical Access Exclusion）现象，导致农村居民获取金融服务的难度较大、成本较高。

（一）农村金融机构数目较少

在亚洲金融危机中，为控制金融风险，各商业银行进行了彻底的商业化改革，确立"大银行、大城市、大行业"发展战略，逐步撤销、合并大量基层金融机构。1998—2001年，国有独资银行就撤销基层经营机构或网点4.4万个，精简员工24万人。其中，中国银行、中国建设银行、中国工商银行三大国有银行分别缩减基层网点2200多家、4000多家、8700多家，即使中国农业银行的经营网点也由6万多家缩减为4.4万家，减少了26.7%。[②] 撤销的网点主要是县及以下地区的经营网点。再加上，农村金融市场化改革步伐严重滞后，金融市场开放程度较低，准入机制仍不健全，撤销的基层网点留下的机构空白并没有完全被新成立的中小金融机构有效填充，导致农村基层地区出现严重的金融机构缺位现象。截至2020年年末，全国乡镇银

---

① 中国人民银行：《农村金融服务报告（2014）》，中国金融出版社2015年版；中国人民银行：《农村金融服务报告（2020）》，中国金融出版社2021年版。

② 何光文：《中国农村经济金融转型与金融机构多元化》，《中国农村经济》2004年第2期。

行业机构覆盖率为97.13%，全国行政村基础金融服务覆盖率为99.97%，仍有892个金融机构空白乡镇，均在西部地区。[1]

四大国有银行中，仅有中国农业银行在总行、省市分行成立"三农"金融事业部，将所有县域机构的业务纳入"三农"金融事业部核算和管理范围。其他银行中，仅有中国邮政储蓄银行总行成立"三农"金融事业部总部，省、市分行设置分部，县支行设置营业部。全国12家股份制银行、233家城商行中，仅有4家股份制银行设立了"三农"金融事业部，专门聚焦"三农"金融服务。截至2020年年末，农村地区仅有中小银行法人机构3898个，平均每万人仅有0.08家；营业性网点80012个，每万人拥有网点1.6个；从业人数977559人，平均每万人金融从业人员仅为19人。而同期城市中仅商业银行机构就有9万个，平均每万人1.2个，从业人数为259万人，平均每万人银行业从业人员43人，这还不包括城市金融体系中从业人员众多的证券公司、保险公司等机构的人员在内。[2] 从每万人金融机构、网点数量来看，农村地区金融机构的数量要小于城市地区，再考虑到农村地区幅员辽阔，交通不便的现实，农村金融机构、网点就更为稀少，特别是广大的西部地区基本上每个乡镇仅有农村信用社一家金融机构网点，甚至有些乡镇仍是金融机构空白乡镇。从每万人金融从业人员数量来看，农村地区远低于城市地区，再考虑到农村地区金融从业人员专业素质低于城市的基本现实，不仅导致农村地区正规金融机构的创新能力不强，居民面临严重的营销排斥；而且也使得金融知识难以在农村地区传播与普及，居民金融知识不足，难以有效地理解、认识、接受金融产品，面临严重的自我排斥。可见，农村地区正规金融机构缺位严重，金融体系对农村居民具有严重的金融排斥现象，农村居民获取基本金融服务的成本较高，不仅影响农村居民贷款的可得性，而且也会使得农村居民存款的成本较高，影响其存款服务的可得性，大量资金游离在银行体系之外，或者闲置，或者流入非正规金融

---

[1] 中国人民银行：《农村金融服务报告（2020）》，中国金融出版社2021年版。
[2] 中国人民银行：《农村金融服务报告（2020）》，中国金融出版社2021年版。

体系。

(二) 非正规金融信贷供给规模极小

非正规金融可以大致划分为两种：民间私人之间的自由借贷行为和有机构参与的小额信贷行为。无论是私人借贷还是机构信贷都受制其自身资金实力的约束，只能提供额度较小的信贷。私人自由借贷的供给主体主要是拥有闲置资金的较富裕农户，在农村居民收入水平相对较低的情况下，其拥有的闲置资金不仅数额偏小，而且闲置的时间也相对较短，从而导致农村居民私人之间的自由借贷一般具有数额小、期限短的特征，主要是用于满足农村居民的消费性信贷需求。

机构借贷主体主要涉及小额信贷公司、农村互助基金、典当行、合会等小微型非正规机构，这些机构以方便、快捷、灵活的经营方式和独特的技术手段，成为我国普惠金融体系的重要组成部分，在支持县域经济发展、服务"三农"和小微企业、提升金融普惠性、引导民间融资"阳光化"等方面发挥了积极作用。2008年试点以来至2015年，小额贷款公司机构数量和业务规模扩张快、业态和资金投向多元化。2016年以来，受实体经济不景气、经营管理偏粗放、风险防控能力弱等因素影响，小额贷款公司从最初的快速扩张期步入调整期，全国小额贷款公司机构数量和贷款余额逐步减少。截至2018年年末，全国共有小额贷款公司8133家，比2015年年末减少777家，从业人员约9万人，比2015年年末减少2.6万人，各项贷款余额9550亿元，全年减少190亿元。2014年11月，农业部、银监会等部门联合批复河北省玉田县、安徽省金寨县和湖南省沅陵县承担"发展新型农村合作金融组织试点"，截至2016年年底，山东省有107个县（市、区）和12个开发区的284家农民合作社取得信用互助业务试点资格，参与社员（包括法人社员）2万余人，累计开展信用合作业务1743笔、金额6442.2万元。河北省玉田县共有试点农民合作社4家，参与信用合作的社员2606户，信用合作资金总额4021万元，累计向社员投放资金1.89亿元；安徽省金寨县共有试点农民合作社5家，参与信用合作的社员242户，信用合作资金总额315万元，累计投放资金596万元；湖南省沅陵县试点农民合作社有1家，截至2016年年底，参与信用合作的社员126户，信用合作资金总额400万元，累计投放资金360多万元。① 可见，小额信贷公司、新型农村合作金融组织等农村小微型机构的发展，对于缓解农村金融信贷供给约束有一定的作用。

然而，这些机构发展相对缓慢，自有资金的规模较小，又不能吸收公众存款，融资渠道较窄，融资成本较高，这就决定了这些机构可用于发放信贷的资金量有限，只能选择规模较小、期限较短的小额信贷，以保持资产的流动性和分散信贷风险。因而，非正规金融虽然在一定程度上弥补了正规金融不足留下的业务空白，但其自身发放信贷的能力有限，又不具有提供结算、转账等金融服务的能力，这也意味着非正规金融在发展过程中会受到自身条件和业务准入等方面的约束，功能大打折扣。截至2020年年末，全国共有小额贷款公司7118家，较2018年年末减少1015家，各项贷款余额为8888亿元，较2019年减少221亿元，无论是机构数目还是信贷数量，小额信贷公司的发展均出现下降趋势，对于缓解农村金融供给约束的作用较小。截至2020年年末，山东省共有210家合作社开展信用互助试点，参与社员1.76万人，累计发生业务10026笔，累计投放资金3.86亿元；河北省玉田县共有3家合作社开展信用互助试点，参与社员2411人，入股资金4821万元，累计投放资金3.07亿元；安徽省金寨县共有18家合作社开展信用互助试点，参与社员9391人，入股资金2.46亿元，累计投放资金6.8亿元；湖南省沅陵县有1家合作社开展信用互助试点，参与社员126人，入股资金400万元，累计投放资金1750万元。② 可见，试点的机构，发展速度较慢，年均投放资金数量较小，基本上反映出全国新型农村金融合作组织的发展状况，说明新型农村金融合作组织的发展，没有能够有效地缓解农村金融的供给约束。

---

① 中国人民银行：《农村金融服务报告（2016）》，中国金融出版社2017年版；中国人民银行：《农村金融服务报告（2018）》，中国金融出版社2019年版。

② 中国人民银行：《农村金融服务报告（2020）》，中国金融出版社2021年版。

第三节 农村金融发展供给约束的宏观层面原因

良好的金融环境，有利于金融体系的结构优化、功能强化和效率提高。农村金融环境与城市相比差距仍然较大，从而成为约束农村金融供给的重要原因。

一 农村经济发展水平较低

麦金农和肖（Mchinon and Shaw）都指出发展中国家的金融发展和经济发展存在着一定的互为因果关系，两者相互影响、相互制约。以此为基础，国内外大量学者的研究结果也证明了经济发展对金融发展具有较为显著的正向影响，即经济发展能够促进金融发展。因而，经济发展水平也就构成了金融发展主要的外部生态环境，直接决定着当地的金融发展水平。具体来说，农村经济发展水平不仅影响农村金融资源量及信贷量的多少，而且限制农村金融机构的产生。

（一）对农村金融资源供给量的约束

一个地区金融发展状况首先取决于当地金融资源的丰裕程度。可信贷资金作为最为重要的金融资源，则取决于当地居民闲置资金的多少以及居民储蓄水平的高低，进而受制于当地的经济发展水平。如图4-2所示，农村居民收入长期低于城市地区，虽然脱贫攻坚与乡村振兴等战略的提出与全面实施，使得农村居民收入得到较快提升，城乡居民收入差距仍然较大，2019年农村居民人均纯收入为11422元，仅相当于城镇居民人均可支配收入的37%。较低的人均收入水平，意味着居民手中的剩余资金较少，从而居民的储蓄能力较低，2019年农村居民人均储蓄量仅为5.03万元，仅相当于城镇居民人均储蓄的26%，再考虑到单位存款的情况，农村存款总量要远低于城市存款总量。截至2019年年末，全国农村存款余额为276916亿元，城市存款余额为1647120亿元，为农村存款的6倍，两者差距巨大，绝对差异达到

1370204亿元。① 可见,我国农村地区由于经济发展水平较低,居民收入与城镇居民相比差距较大,导致居民手中可用于储蓄的剩余资金不多,从而限制农村地区包括可信贷资金在内的金融资源严重匮乏。金融资源的匮乏,不仅使得正规金融的可信贷资金不足,从而约束正规金融体系的信贷供给,而且使得民间资金有限,制约非正规金融的衍生和活跃程度,约束非正规金融信贷资金的供给,从而使得农村非正规金融只能从事范围较小、规模较小、期限较短的借贷行为,无法满足农户生产性资金需求。

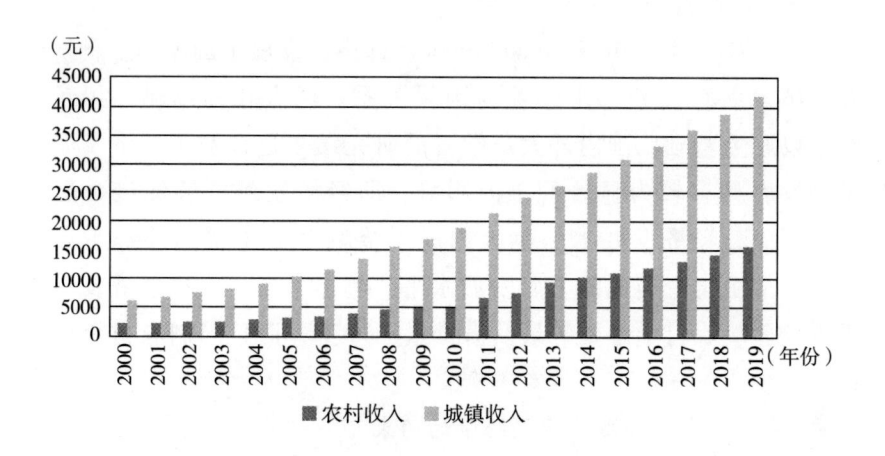

图4-2 2000—2019年城乡居民收入水平

(二) 对农村金融机构发展的约束

格林伍德（Greenwood）、史密斯（Smith）等相继提出金融结构（中介）产生的"门槛效应"（threshold effect）理论,该理论的基本逻辑为:金融机构的产生需要每个享受该机构金融服务的当事人分摊一笔固定成本,该固定成本即为"门槛值"。因此,只有当事人分担成本的能力达到"门槛值"之后,金融机构（中介）才会产生。而一个地区居民分担成本的能力主要取决于该地区人均收入水平,人均收入小于需要分担的固定成本（门槛值）,当地居民则没有能力利用

---

① 国家统计局：《中国统计年鉴（2020）》,中国统计出版社2021年版。

金融体系，金融机构则不会出现。只有居民人均收入超过需要分摊的固定成本时，金融机构才会产生。据此理论可以简单地推论出，农村地区由于经济长期发展滞后，居民人均收入水平较低，特别是西部欠发达地区人均收入水平长期在温饱线左右浮动，使得当地居民无力分摊金融机构产生所需要的固定成本（门槛值），从而导致在农村金融市场上金融机构很难通过市场手段自发产生，出现农村地区民营中小型金融机构（中介）要远低于城市地区，落后地区农村中小微型金融机构、非正规金融机构要少于发达地区的状况。另外，莫顿（Merton）、托宾（Tobin）以及米什金（Mishkin）等先后发展的金融中介的"规模效应"理论指出，金融机构（中介）存在的基础是金融机构能够有效地利用借贷两方面的规模经济，进而降低交易成本，并发挥在投资者之间进行风险拆分、打包、转移功能。

农村地区经济发展落后，人均收入水平较低，使得农村金融机构的业务范围较小、规模不大，从而无法实现在借贷两方面，特别是信贷方面的规模效应，也无法进行必要的风险拆分、打包与转移，从而使得金融机构或者功能弱化，或者缺乏存在的基础，严重约束了农村金融机构的发展。截至2020年年末，农村地区仅有中小银行法人机构3898个，平均每万人仅有0.08家；营业性网点80012个，每万人拥有网点1.6个。因而，农村地区经济发展的滞后，人均收入水平较低，成为约束农村金融机构发展的主要原因之一。

（三）对农业贷款供给的约束

农业除了资本、劳动力、土地等基本生产要素以外，还必须要有自然力的作用，通过光、热、水等自然要素在一段较长时期的有机结合，才能够生产出所需农产品，生产周期较长。首先，自然力的作用大小取决于降水、温度等自然条件，具有极大的不确定性。再加上，自然界不确定的洪涝、冰雹、霜冻、大风等突发自然灾害，从而导致农业面临巨大的自然风险。一旦遇到自然灾害，农业收入就会减少甚至为零。其次，农业的生产周期较长，农产品的需求弹性低于供给弹性，从而使得农产品市场均衡具有典型的"发散型蛛网模型"特征，一旦由于突发因素市场均衡状况被打破，就很难恢复，从而使得农村经济主体面临巨大的市场风险。最后，农业收益相对较小，而投资额较大，导致农业投资的回收较慢，回收期较长。因此，金融机构出于控制风险考虑的理性选择为：或者不愿向自然风险、市场风险较大的农业提供贷款，出现严重的农村可信贷资金的"非农化"现象；或者对农业采取信贷配给策略，严重约束农村金融机构对农业的信贷供给。

二 信息不对称严重

斯蒂格利茨[①]和格林伍德[②]指出信贷市场具有明显的非匿名性质，贷款的发放依赖于借款人的财务状况和激励结构等高度专用性的信息，以此对借款人的还款可能性进行评估，而信息资本不仅具有极强的个性化特征，而且也最容易受到破坏、丢失和过时，具有明显的脆弱性特征。因而，信贷市场为信息不对称市场，使得信贷市场上最终能够付诸行动、发放贷款的供给者数量极为有限，信贷数量也比借款者的诉求少。我国农村金融市场上信息不对称状况要比斯蒂格利斯、格林伍德所描述的信贷市场更为严重，导致农村信贷供给受到较强约束。

（一）农村—城市之间的信息流动不畅

我国采取的城乡不平衡发展战略，使得城乡之间经济社会的发展差距较大，再加上，围绕优先发展城市经济战略而形成的包括户籍制度、社会福利制度、教育制度等在内的差异性制度体系，从而导致城乡之间出现严重的分割现象，农村与城市之间相互联系的纽带被无形隔断，形成了农村与城市之间完全不同的两种社会形态以及社会演化规律。这种相互割裂的城乡二元体制特征使得城乡之间信息流动的机制受到破坏，阻碍了农村—城市之间信息的顺畅流动，从而使得农村的基本信息很难向城市扩散。因此，主要布设在城镇的正规金融机构及其工作人员，难以收集到农村经济主体的基本信息。同时，农村社会经济的发展模式、变化规律以及结构特征都与城市完全不同，而长

[①] Karla H., Stiglitz J. E., "Imperfect Information and Rural Credit markets: Puzzles and Policy", *World Bank Economic Review*, Vol. 3, NO. 4, 1990.

[②] Greenwood Jeremy, "Financial Markets in Development, and the Development of Financial Markets", *Journal of Economic Dynamics and Control*, No. 21, 1997.

期生活工作在城市地区的金融机构工作人员，对于农村经济社会及其变迁缺乏深入理解，导致其对于农村信息的理解、加工能力较弱，难以获取信贷过程中所需的专用性信息。在此状况下，农村金融市场上多数分布在城镇的金融机构与农村经济主体之间存在极为严重的信息不对称，使得金融机构无法准确评估借款人未来还本付息的可能性，在充分考虑风险的情况下只能采取信贷配给策略，或者拒绝向专用性信息不充分的贷款申请人发放贷款，或者减少贷款的发放量。

（二）农村特有的"乡土社会"特征阻碍了村庄内部信息的向外扩散

费孝通先生在《乡土中国》一书中指出，在我国传统的农村社区，农民长期依附在土地之上，世代共同生活在以村庄为单元的狭小空间内的农村居民，依靠血缘、亲缘与地缘等简单的私人关系结成长期、稳固的社会关系网络。费孝通先生把农村这种稳固的社会结构形象地称为"差序格局"，[①]如图4-3所示，在以村庄为单位的封闭空间内，形成了以农村居民为核心的"熟人社区"，在熟人社区内，根据与中心家庭的亲属关系构成了多种形式的信息沟通渠道，使得在熟人社区内信息的流动相对顺畅、快捷，社区内信息是相对充分、对称的。但是，农村市场经济的发育不充分，农民参与市场经济的机会较少，偶尔参与的市场交易行为也基本被限制在乡镇集市的范围内，很难通过市场机制把"熟人社区"的内部信息传播到金融市场中。因而，农村居民以村庄为单元构成的"熟人社区"具有显著的封闭性特征，与外部匿名社会之间缺乏有效的信息传导机制，内部信息很难向外部有效传导，使得社区成员的行为难以被外部主体观察到，导致内部成员与外部成员之间存在极为严重的信息不对称。作为农村金融市场上主要信贷供给主体的金融机构，由于存在于农村"熟人社区"之外，缺乏获取农村内部信息的有效机制，很难获取农户的历史信用、经营状况以及道德品质等基本信息，也无法有效观测农户的市场行为。因此，金融机构与农户之间的信息不对称状况严重。作为信息劣

---

① 费孝通：《乡土中国》，北京大学出版社2012年版。

势方的金融机构，缺乏对农户到期还本付息可能性进行准确评估的有效专用性信息，在充分考虑回避信贷风险的情况下，必然不愿或者尽量少向农村居民发放贷款，导致农村信贷供给受到极大约束。

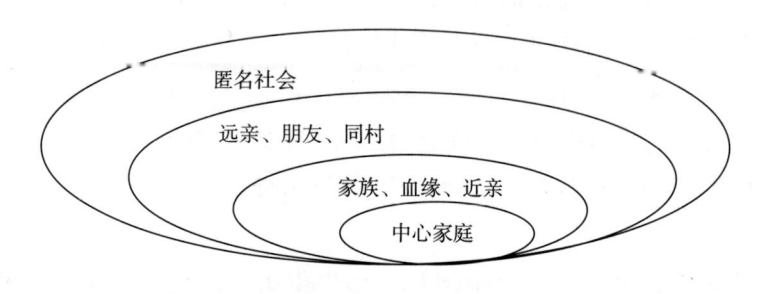

图 4-3　农村关系网络

（三）农村信息体系建设滞后

信息作为一种有价值的商品，收集、加工需要支付一定的成本，但其又具有与一般商品不同的特征，即成交之前卖者不能让买者掌握信息的真实内容，因为一旦买者了解到信息内容就会采取欺骗策略给予信息产品较低的价格。因而，对于信息产品而言，市场经济的价格机制是失效的，导致市场上信息总是不完全的。并且，金融市场上的信息具有较强的正外部性，即一家金融机构对于客户信息的收集、加工，会对整个信贷市场带来正向收益。因此，在农村金融市场上，由于信息的收集、加工、处理的成本较高，金融机构不愿独立支付针对农村经济主体的信息成本。另外，信息还具有公共产品的一些属性，信息一旦形成，其使用的边际成本几乎为零，即信息使用的增加基本上不会增加信息成本。因而，需要通过政府的作用构建农村信息体系，以弥补农村金融市场上的信息缺陷，克服金融机构与农村经济主体之间的信息不对称。

农村信用体系的建设刚起步，数字化程度不高，导致农村金融市场上的信息不对称状况仍然严重。为了缓解农村金融市场上严重的信息不对称，2014年中国人民银行印发《中国人民银行关于加快小微企业和农村信用体系建设的意见》，各地联合政府部门、农村基层组

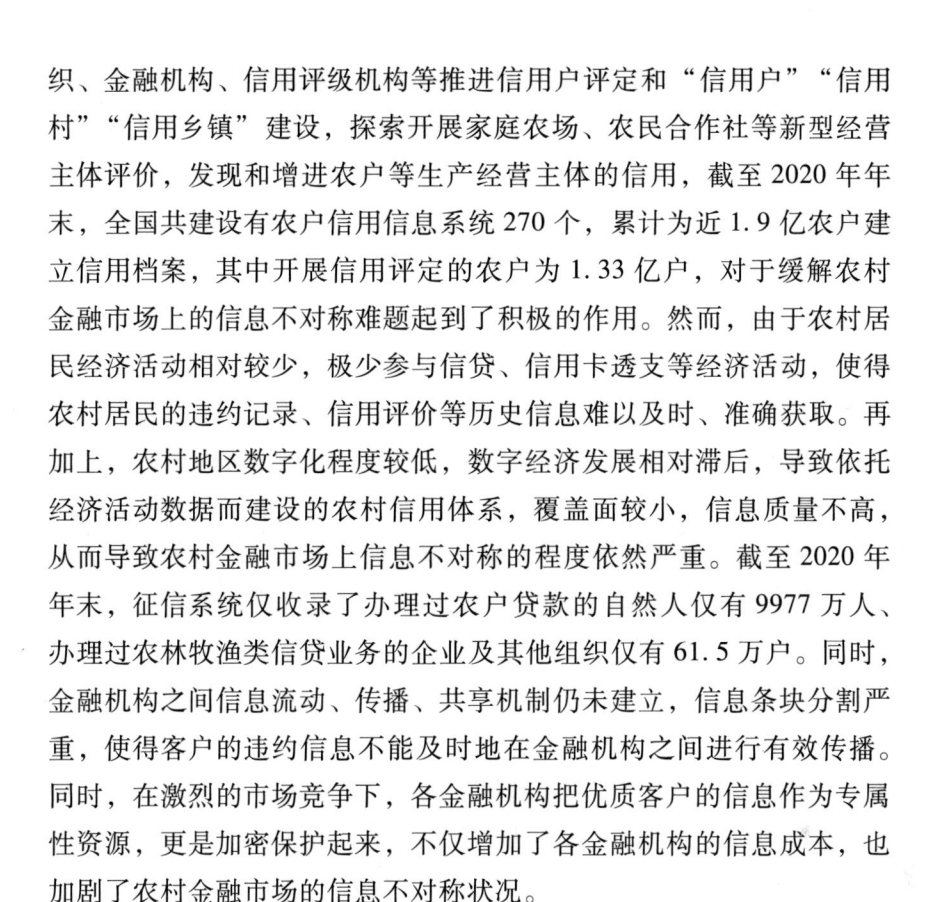

织、金融机构、信用评级机构等推进信用户评定和"信用户""信用村""信用乡镇"建设，探索开展家庭农场、农民合作社等新型经营主体评价，发现和增进农户等生产经营主体的信用，截至2020年年末，全国共建设有农户信用信息系统270个，累计为近1.9亿农户建立信用档案，其中开展信用评定的农户为1.33亿户，对于缓解农村金融市场上的信息不对称难题起到了积极的作用。然而，由于农村居民经济活动相对较少，极少参与信贷、信用卡透支等经济活动，使得农村居民的违约记录、信用评价等历史信息难以及时、准确获取。再加上，农村地区数字化程度较低，数字经济发展相对滞后，导致依托经济活动数据而建设的农村信用体系，覆盖面较小，信息质量不高，从而导致农村金融市场上信息不对称的程度依然严重。截至2020年年末，征信系统仅收录了办理过农户贷款的自然人仅有9977万人、办理过农林牧渔类信贷业务的企业及其他组织仅有61.5万户。同时，金融机构之间信息流动、传播、共享机制仍未建立，信息条块分割严重，使得客户的违约信息不能及时地在金融机构之间进行有效传播。同时，在激烈的市场竞争下，各金融机构把优质客户的信息作为专属性资源，更是加密保护起来，不仅增加了各金融机构的信息成本，也加剧了农村金融市场的信息不对称状况。

综上所述，农村信息体系的建设严重滞后，特别是针对农村经济主体的征信系统仍未起步，从而导致金融机构对于农村居民信息的收集难度较大，成本较高，在信息存在外部性、公共产品属性的情况下，金融机构不愿独立支付巨大的信息成本。因而，在信息存在缺陷而无法准确评估借款人信用状况时，往往采取不发放贷款，或者少发放贷款，使得农村的信贷约束更为严重。

三 农村地区制度创新不足

我国金融体制经过若干次的重大改革，金融制度也几经变迁，新制度经济理论也逐渐被引入金融领域，特别是莫顿和博迪[①]提出并明确（新）制度金融学（Institutional Finance）以后，制度因素逐渐被

[①] 转引用赫尔南多·德·索托：《资本的秘密》，华夏出版社2007年版。

引入我国金融理论体系之中，以解释我国的金融制度变迁。具体到农村金融领域，制度因素毫无疑问也会对农村金融市场的信贷效率、资源配置功能、正规金融发展及非正规金融的产生、发展等方面产生显著影响。

(一) 产权制度的影响

索托在其《资本的秘密》一书中论述了所有权制度与资本形成之间的逻辑关系，认为资本主义制度在西方成功的核心秘密在于引入了清晰的所有权制度，使得大量资产可以顺利、快捷地转化为"活"资本；而发展中国家因为缺乏清晰的所有权制度这一关键因素，使得财产的所有权缺乏恰当的凭证，资产不能够无限细分进而在市场上自由交易，也不能用作申请贷款的抵押品或交换投资股份，从而使得这些"死"资产不能顺利地转化为"活"资本，约束当地金融市场的活跃和金融深化。我国农村地区各项产权制度正在逐步确立和完善，资产不能完全顺畅地在市场进行交易，导致其抵押功能相对较弱，农村经济主体有效利用这些"死"资产获取信贷支持的难度仍然较大，阻碍资产顺畅地转化为资本。对于农村居民而言，最为重要的资产为土地和房屋。但目前，我国农村土地所有权被赋予集体，农民仅通过承包获取土地的使用权，并且，农村土地使用权长期缺乏有效的文件凭证，从而使得农村土地使用权交易功能较弱、范围较小、频率较低，进一步弱化土地使用权的抵押功能。党的十八大以后，农村土地使用权的确权工作逐渐展开，土地使用权的流转工作也在积极推进。但是，由于制度变迁是一个缓慢的过程，长期基于土地产权制度不完善形成的正式或非正式制度不可能马上发生变迁。同样，各种围绕土地使用权确权的各项配套政策仍不完善，土地使用权凭证的交易市场、拍卖市场难以迅速建立，土地使用交易制度、抵押制度也未完全形成。因此，土地使用权交易功能和抵押功能较弱的状况仍将持续较长的一段时期。

为了增强农村产权的抵押功能，政府积极推进农村金融制度创新，"两权"抵押贷款试点成为党的十八届三中全会确定的重点改革任务。2015年8月，国务院出台《关于开展农村承包土地的经营权和农民住房财产权抵押贷款试点的指导意见》，正式启动"两权"抵押贷款试点工作。2016 年，中国人民银行会同相关部委联合出台《农民住房财产权抵押贷款试点暂行办法》《农村承包土地的经营权抵押贷款试点暂行办法》，确立 232 个农地抵押贷款试点县（市、区）和 59 个农房抵押贷款试点县（市、区）。截至 2016 年年末，232 个农地抵押贷款试点县贷款余额 140 亿元，50 个农房抵押贷款试点县贷款余额 126 亿元。2018 年以后，金融机构积极推广农村承包土地的经营权、林权抵押贷款等业务，推出生态公益林补偿收益权质押贷款等产品创新，创新开展厂房和大型农机具抵押、圈舍和活体畜禽抵押、仓单和应收账款质押等信贷业务，探索开展集体资产股份等抵押融资。然而，受制于农村"两权"价值评估不规范、抵押价值低、抵押品难以处置、抵押贷款内生动力不足等方面的原因，农村"两权"抵押贷款的发展速度仍然较慢。截至 2018 年年末，试点地区仅有 1193 家金融机构开办农地抵押贷款业务，贷款余额 520 亿元，累计发放贷款 964 亿元。[①] 可见，农村土地使用权交易和抵押功能极弱，市场交易范围较窄、交易主体少，从而使得农村土地使用权市场无法充分吸收市场信息以形成合理、有效的市场价格，使得银行在不能充分估计土地使用价值和顺利进行违约抵押土地使用权拍卖的情况下，不愿向农户发放贷款。对于房屋和宅基地而言，虽然早已发放产权凭证，但其产权的交易功能是不完全的，被极大地弱化，主要表现为法律明确规定城市居民不能拥有农村宅基地及房屋的所有权，这就意味着农民的宅基地和房屋的产权凭证只能在较为狭隘的地域范围内进行交易，进而导致其抵押功能弱化，银行不愿接受房屋和宅基地作为抵押发放贷款。因而，农村"两权"抵押贷款的发展速度较慢，对于缓解农村金融供给约束的作用有限。

（二）制度供给模式的影响

在新制度经济学理论中的完全契约模型，隐含了一个假设前提，即存在制度的交易市场，存在制度的供求双方，双方就像在商品市场

[①] 中国人民银行：《农村金融服务报告（2020）》，中国金融出版社 2021 年版。

上进行交易一样，最后达到制度的均衡。而林毅夫则对制度变迁的两种模式进行论述，即诱致性制度变迁和强制性制度变迁，诱致性制度变迁是由下向上的制度变迁，推动制度变迁的主体来自基层，本质是经济主体在制度不均衡所带来获利机会时的自发行为；强制性制度变迁是由上向下的制度变迁，推动制度变迁的主体为政府，本质是政府基于产出最大化的目标通过法律、命令等手段的强制行为。具体到农村金融领域，则更多地表现为突变式的强制性制度变迁，制度主要由政府通过法律、命令等方式进行供给，其原因如下：农村金融资源匮乏，金融交易量不足，缺乏金融制度诱致性变迁的经济基础，再加上，农村市场经济发展滞后，农村居民契约精神不强，各项市场规则、交易制度等外部制度条件匮乏，也会抑制农村金融制度的诱致性变迁。同时，农村金融机构发展缓慢，使得农村地区缺乏具有丰富经营经验、较强创新能力与创新意识的金融企业家，导致由下向上的制度供给由于创新型人才匮乏而无法启动。因而，农村金融制度的供给主体很难通过诱致性制度变迁由其他经济主体承担，制度供给只能由政府通过法律、命令等强制手段完成。由于政府的有限理性与信息不完全，这种由政府推行的自上而下的强制性制度变迁，不是依据制度的需求引致出的制度变革，难以与农村经济主体对于金融制度的需求完全契合，也难以与农村外部制度环境相契合，从而导致农村金融制度效率较低。可见，农村金融制度供给的模式，使得金融制度供给难以满足制度需求，制度效果难以完全释放，不能有效地约束信贷违约行为、降低交易成本、促进金融机构发展，从而严重制约农村金融服务的供给能力和供给意愿。

（三）信贷制度的影响

制度会影响经济效率，同样，信贷制度也必然会影响信贷效率。农村金融市场上的金融机构，特别是正规金融机构，金融创新能力不强，基本上仍采取产生并发展于发达市场经济的信贷制度，与农村经济环境、制度环境的契合度较低，不能完全适应农村的现实状况，信贷发放的效率较低，对农村居民的信贷供给不足，导致大量的农村剩余资金不能通过信贷渠道转化为"活"资本。

第四章　中国农村金融发展的供给约束及其原因

1. 正规金融机构主要采取抵押型贷款制度，依靠抵押品防范信贷的违约风险，约束涉农信贷的供给

传统观念认为，对借款人的约束越强，信贷的质量越高、风险越小，利用抵押品能够最大限度地约束借款人。为了克服信贷市场上的信息不对称所隐含的巨大违约风险，正规金融机构通过发放抵押贷款，利用抵押品的有效价值来约束借款的违约行为，防范违约风险。抵押型信贷制度在相对发达的市场经济条件下，信贷需求者能够提供高质量的抵押品，因而，具有较高的信贷效率。然而，在农村地区市场经济发育不完全的情况下，居民积累的资产较少，质量较差，可交易程度不高，不能向银行等金融机构提供有效的信贷抵押品，从而使得金融机构对于农村居民的信贷供给受到极大约束。

2. 农村信用社等金融机构广泛采取的担保型贷款制度，也会约束对农村经济主体的信贷供给

为了克服农村金融市场上严重的信息不对称所带来的信贷风险，农村信用社等金融机构广泛采取了担保型信贷制度，通过有固定工资收入的公职人员对借款的担保，以减少借款人违约带来的损失，一旦借款人违约，担保人就要承担连带责任。然而，这种信贷制度在农村信贷市场上，却面临着担保人不足的现实，农村居民能够寻找到满足金融机构要求的公职人员数量极少，而愿意向农村居民提供担保的公职人员更少，从而使得多数农村居民由于缺少符合条件的担保人而无法获取金融机构的信贷支持，严重影响金融机构对于农村居民的信贷供给。

3. 小额信贷中的农户"联保贷款"制度，对于解决农村信贷供给约束的作用仍未充分发挥出来

受尤努斯小额信贷模式的启发，包括农村信用社在内的一些涉农金融机构，都引进了尤努斯小额信贷理念，对农户小额信贷采用了农户联保贷款制度。从严格意义上来说，农户联保贷款本质上也属于担保贷款，但其运行机理又具有一定的特殊性：通过农户之间的联保，不仅能够解决农户信贷中所遇到的担保问题，而且也能够通过联保小组的组成，发挥农户之间信息完全的优势，构建对信用质量较差农户的筛选机制，从而能够有效地克服农村信贷市场上的信息不对称问题。毋庸置疑,"联保贷款"制度的采用对于解决农户小额信贷问题起到了一定的积极作用,但其对于缓解农村信贷供给约束的作用仍未充分发挥出来。一方面,联保小组的形成仍存在较大困难。由于要承担连带责任,对于不急于融资的农户而言,组成联保小组的期望收益相对固定、较小(仅表现为社会资本积累的无形增加),但需承担联保小组其他成员的不确定性风险,承担的风险相对较高,收益与风险极度不对称,意味着无融资需求的农户不愿参加联保小组,为其他融资农户提供担保,从而导致联保小组难以成立,无法充分发挥联保贷款对于缓解农村信贷供给约束的功能。另一方面,农户联保小组建立的纽带为农户之间的信任关系或者社会资本,由于信任程度不够或者社会资本缺失,导致农户之间联保小组的建立并不容易,根据赵岩青、何光文对四川、河南等地的调研结果显示,在被问及为什么不愿参加联保小组时,70%以上的农户选择"担心联保小组的人不讲信用连累自己",[①] 反映出农户之间信任不够是影响联保小组难以成立的主要原因。由于社会资本只能在同阶层群体之间形成,不同阶层群体之间难以形成有效的社会资本,收入水平高、信用状况好的低风险农户,在收益和风险极度不对称的情况下,不愿与低收入、信用状况较差的高风险居民形成有效的社会资本,进而使得不同收入阶层的农村居民无法组成联保小组。因此,只有同阶层、有融资需求的农户之间才能形成联保小组,双重巧合下使得联保小组的建立存在较大困难。并且,有融资需求的农户之间形成的联保小组,特别是高风险农户之间形成的联保小组,融资需求较大,担保能力与融资需求之间极度不匹配,对于农户信贷违约行为的约束有限,大大减弱了联保贷款制度对于信贷风险的控制。由此可见,现行联保贷款制度,对于农村信贷供给约束的缓解作用仍然有限。

4. 金融机构对于涉农信贷业务员约束激励机制,也会起到约束农村信贷供给的作用

金融机构与涉农贷款的具体操作业务员之间,就形成了典型的委

---

① 赵岩青、何光文:《农户联保贷款有效性问题研究》,《金融研究》2007年第7期。

托—代理关系，农村金融市场更为严重的信息不对称，也使得金融机构与信贷员之间的委托—代理问题更为严重，信贷员可以利用自身的信息优势采取机会主义行为以使自身利益最大化。因而，为了有效约束信贷员的机会主义倾向，最大限度地降低委托—代理问题，金融机构往往对涉农信贷员采取贷款负责制，信贷员对涉农贷款的违约承担责任，违约贷款由信贷员负责追缴，否则进行严厉惩罚。这种对于涉农贷款业务员的约束激励机制，看似与对城市信贷业务员的激励约束机制并无二样，但实质上，却使得涉农信贷业务员，承担的风险更高，获取的收益更低，收益与风险之间严重不对称，极大地抑制了涉农信贷业务员发放贷款的积极性。一方面，涉农信贷的信贷规模较小，信贷员能够从涉农信贷中获取的奖励激励较低，再加上其收集信息的平均成本较高，从而导致信贷员能够从涉农贷款获取的收益较低。另一方面，由于农村信贷市场上信息不对称状况严重，信贷员对于农户违约风险的评估存在困难，再加上，农业的自然风险较大，农村经济主体的经营能力及对市场的把握能力较弱，从而导致涉农贷款所隐含的风险较大。可见，对于涉农信贷业务员而言，收益与风险不对称，出于回避风险的考虑，在没有确切把握的情况下，不愿向农村经济主体发放贷款，从而约束农村信贷供给的增长。

四 政策约束作用显著

我国农村金融市场，不仅存在着政府严格管制导致的金融发展约束，而且也存在着政府的支持力度不够而导致的金融发展约束，即我国农村金融约束既有政府越位的原因，也有政府缺位的原因。

（一）长期工业化、城市化偏向发展战略的影响

自中华人民共和国成立以来，我国面临着严峻的工业化压力，急需由落后的农业国向工业国转型，选择了重工业优先发展的工业化战略，由于重工业为资本密集型产业，需要大量的资本投入，在内部积累严重不足的情况下，农业成为工业资本的主要来源。为此，国家通过价格剪刀差、税收等政策获取农业经济剩余用以支持重工业为主导的工业化偏向战略，并通过金融体系动员农村金融剩余，并使之转移到工业领域。经济体制改革从农村开始，极大地释放了农村生产力，使得农村居民拥

有了更多的经济剩余，但伴随着国有企业改革等一系列经济体制改革的进行，国家逐步采取城市化、工业化倾向的不平衡发展战略。为此，为了满足经济体制改革、城市化、工业化巨大的资金需求，国家建立了以国有银行为主导的金融体系以最大限度地动员金融剩余，各金融机构逐渐把分支机构延伸到农村地区，农村信用社也逐步"银行化"，从而使得国家通过金融体系能够动员大量农村金融剩余，并通过银行信贷系统转移到城市地区、工业领域，导致农村地区长期金融资源不足，金融体系在长期金融资源匮乏的状态下发育不良、发展受限。

长期的城乡二元体制，使得农村地区经济社会发展严重滞后，为了支持农村发展，党中央先后提出城乡统筹发展、脱贫攻坚以及乡村振兴等支持农村发展战略，金融体系提高了对于农村地区的支持力度，使得农村地区经济社会发展速度加快，农村金融供给约束的情况有所缓解。然而，受经济结构、比较收益等因素的影响，长期工业化、城市化倾向发展战略的影响依然存在，农村地区资金外流、供给约束严重的状况也将在较长一段时期存在。

（二）严格的金融管制政策

农村地区经济社会环境复杂，居民市场经济知识，特别是金融知识不足，风险意识薄弱，不能够正确认识金融活动中的收益和风险，居民法制观念、契约意识不强，再加上，农村社会的封闭性，信息向外流动受阻，从而导致政府对于农村金融的监管难度较大，对于农村金融风险的识别、测算都存在一定困难。为此，政府为降低监管成本，采取"一刀切"的严格管制政策，通过抑制农村金融发展的办法减少金融监管成本。

1. 严格的准入管制

（1）农村地区金融监管难度较大，政府为了避免出现金融混乱，降低监管难度，特别是在20世纪90年代出现农村资金互助社的混乱以后，政府对于农村金融市场实行严格的准入管制。

（2）政府为了更好地动员农村金融剩余，集中使用有限的金融剩余以支持国民经济发展，对农村金融市场采取严格的准入管制制度。虽然这种状况在2006年放开农村金融市场以后有所改观，截至2020

年年末，全国村镇银行 1649 家，鼓励村镇银行在发起设立、增资扩股过程中积极引入民间资本参与投资，稳步提高民间资本的持股比例。积极鼓励小额信贷公司、互联网进入农村金融领域，但受到小额信贷公司、互联网金融整体风险的影响，对于金融机构准入的管制依然严格，特别是在 2015 年以后，小额信贷公司、互联网金融的发展从最初的快速扩张期步入调整期。

整体而言，农村金融市场准入制度仍然相对较严，不仅限制了农村金融市场上竞争性机构的发展，抑制农村金融服务供给能力；而且也会导致农村金融市场过于集中，抑制农村金融市场的供给效率。

2. 对民间金融的严加抑制

政府不仅对于农村金融市场金融机构的准入进行严格管制，而且对于基于市场经济原则、自发产生的民间金融活动也采取严格抑制政策。由于在农村地区非法集资、非法揽存等非法金融活动时有发生，区域性农村金融混乱或金融信用危机时有发生，从而导致政府为了控制金融风险，忽视民间金融活动对于活跃农村金融市场、增加农村信贷供给等方面的贡献，对民间金融活动采取严厉管制措施，使得大量有益的民间金融活动长期活动在非法与合法的灰色边缘地带，甚至有些民间金融活动被迫转入地下，进一步加大了监管难度。可见，政府对于民间金融活动的严厉管制，使得民间金融活动缺乏合法身份，隐蔽性较高，进一步加大监管难度的同时，也会使得一些有益的民间金融活动受到"一刀切"的抑制，降低农村金融市场整体供给能力。

（三）政策支持力度不够

农村金融生态的特殊性，导致农村金融市场难以完全依靠市场力量实现健康、快速发展，市场失灵严重，必须要依靠政府的力量才能实现农村金融市场的可持续发展。政府对于农村金融发展的政策支持力度不够，约束农村金融的快速发展。

（1）受农业的弱质性，农村经济的脆弱性，农户生产经营规模较小、信息不易被外部金融机构观测到、契约意识及法制观念不强等因素的影响，农村信贷规模小、收益低、风险大、成本高。金融机构在充分考虑到成本、收益、风险等因素的状况下，更愿意向非农领域发放贷款，而不愿发放涉农贷款。

（2）政府为了实现共同富裕目标，需要对处于弱势群体的农村居民，提供必要的发展支持，在金融领域，就表现为金融的普惠性。因而，金融机构目标的逐利性与政府目标的普惠性之间存在冲突。打破冲突的关键，就是政府通过政策支持、财政补贴等手段，弥补涉农贷款与非农贷款之间的风险、收益差距，弥补金融机构向农村地区与城市地区提供金融服务的成本差距，引导金融机构向农村地区提供信贷支持、增加金融服务。为了支持农村金融的发展，中国人民银行利用差别准备金、支农支小再贷款再贴现、扶贫再贷款等政策工具，财政部出台一系列农村金融财税支持政策，并于2015年设立普惠金融发展专项资金。然而，目前来看，政府对于农村金融的支持政策，效果并未充分发挥出来，导致金融机构向"三农"领域提供信贷支持的动力依然不足。主要表现在：

1. 政策支持与金融机构发展目标之间的激励相容不足

在中央部署下，财税、金融、监管部门出台了一系列扶持优惠政策，对解决农村金融"成本高、风险大"难题发挥了积极作用。政策在执行过程中，存在政策预期不确定、程序复杂、部门之间政策缺乏协调等问题，资金投入负担不断增大，金融机构执行政策的内生激励不足，从而使政策支持效果减弱。

（1）差别监管政策通过普惠金融差异化考核机制，引导大中型银行将资源向小微、"三农"领域倾斜，提升精准服务能力；推动商业银行落实提升不良贷款容忍度和小微企业授信尽职免责要求，完善细化内部制度和工作机制。本意是为了鼓励金融机构加大对农村地区的信贷供给，却有违市场公平原则，不利于投资者权益保护，存在道德风险，助长机会主义倾向，加大整个金融市场风险，政府部门之间、上下级政府之间也存在监管与发展职能错位的问题。

（2）政策支持目标与金融机构可持续发展目标之间容易出现冲突。事实上，无论是商业性金融机构还是政策性金融机构，都首先需要实现自身的可持续发展，特别是财务可持续。如果对金融机构投放涉农贷款比例、存贷比等指标加以硬性约束，但缺乏针对性的激励，效果就可能大打折扣，甚至反而逼迫金融机构最终撤离县域；也很容易出现道德风险，危及金融机构财务健康，长期看并不一定真正利于服务"三农"。

（3）货币政策工具过于碎片化，可能与其总量调控政策的基本属性出现冲突，部分财税政策容易出现违背反补贴规则或有违市场公平的状况，影响农村金融市场的公平、有序竞争，长远来看，会对农村金融市场的健康、协调发展产生一定的影响。

2. 政府监管政策仍有盲点

政府对于农村金融管制较严，主要体现在对于金融机构准入、利率浮动以及民间金融合法身份认定等方面，而在具体的业务性监管上却存在着极大的缺位现象，使得农村金融市场隐含着一定的信用风险，不仅容易导致农村金融市场的发展混乱，而且也约束农村金融服务的供给水平。

（1）受信息不对称因素的影响，作为外部主体的政府，对于受到政策支持的农村金融机构的日常业务监管不力，难以甄别金融机构的机会主义行为，导致大量支农信贷资金被暗中转移到高收益的非农领域，降低政府信贷支持政策的效果，降低农村信贷供给水平。

（2）政府虽然严格控制民间金融的发展，但对于地下或非法的金融行为，监控难度较大，监管容易缺位，再加上，农村居民金融知识不足，从而导致农村金融市场隐性风险相对较大，违法事件时有发生，不仅破坏了农村金融市场上正常的金融秩序，而且也使得农村地区大量金融资金通过非法手段而被转移出去，影响农村地区整体金融资源的供给水平。

（3）政府虽然赋予了小额信贷公司合法身份，对于业务范围也进行了严格限制，严禁小额信贷公司吸收公众存款。但是，对于农村小额信贷公司的监管规定较为模糊，导致政府对其监管不到位，再加上，政府对业务日常监管的难度较大，容易出现缺位现象，使得小额信贷公司的资产多数被投入房地产泡沫之中，大量贷款无法收回，致使农村金融资源流失，减少了农村地区的信贷供给资金。

第四节 农村金融发展供给约束的农村经济主体方面原因

农村经济主体根据组织模式和经营特征来划分，可分为农村居民家庭和农村企业。农村居民家庭是依靠血缘关系建立的紧密型生产经营组织和生活组织，具有生产经营和日常生活双重功能，在农村金融活动中既充当资金供给者又充当资金需求者的角色。而农村企业主要是依靠投资关系和劳动分工关系组成的半紧密型生产经营组织，一般多为中小微企业，在农村金融活动中多充当资金需求者和结算服务需求者的角色，在特定状况下，也会成为资金供给者。因此，农村经济主体作为最基础的农村金融参与主体，其发展状况及行为特征等方面也必然会对农村金融的供给约束产生重要影响。

一 经营规模小

随着农村市场经济的发展，传统伦理受到市场经济伦理的冲击，农村居民思想意识和行为模式都发生了重大转变，原有联系紧密的大家庭，由于监督成本、约束成本、激励成本和生产组织成本的逐步增加，也逐渐瓦解，从而使得原子式的家庭成为最为主要的生产、生活组织；再加上计划生育政策的实施，使得农村居民家庭的子女数量基本上保持在两孩儿以下，少数欠发达地区的少量居民还会突破两孩儿，但子女的数量相比较以前而言，已大幅度减少，这就使得农村居民家庭规模小、人口数量少、土地较少，从而使得农村居民家庭的生产经营规模较小。而对于农村企业来说，数量众多的农村企业多为个体、私营企业，生产经营的范围主要限制在乡村之内，投资规模不大，生产经营规模相对较小，多为小微型企业，在发达地区零星出现中型企业。较小的生产规模，一方面，意味着农村经济主体，实力较弱，市场竞争不强，对抗风险的能力较差，再加上农业及农村经济中所蕴含的自然风险、市场风险较大，从而使得农村经济主体借贷的违约风险较高，农村金融机构出于风险考虑的理性选择就是对农村经济主体采取信贷配给措施，不愿或减少向农村经济主体发放贷款；另一方面，农村经济主体的信贷规模较小，再加上，农村经济主体信息状况较差，收集信息的成本较高，从而导致金融机构信贷对于农村经济主体的信贷平均成本较高，出于成本考虑的理性选择是不愿或者减少向农村经济主体发放贷款。因而，农村经济主体规模较小，使得对其信贷的风险大、成本高，从而导致农村金融机构不愿或减少向其提供贷款，约束农村金融机构的信贷供给，信贷资金非农化现象严重。

二 资产状况较差

对于农村居民家庭而言，资产主要为房屋、农机具以及土地使用权。房屋的不可移动性，决定了农村房屋的可转让性较差，变现较难，再加上，其价值量较小，从而使得房屋的抵押能力较弱；土地作为农村居民家庭重要的生产资料，具有一定的增值功能，理论上可用于信贷抵押，然而，农村土地所有权属于集体，农户只能拥有土地使用权，不具备完整的权属，再加上，农村土地使用权转让市场仍未完全建立，土地的不可移动性，决定着农村土地使用权流转的范围较为狭隘，无法形成客观、准确的市场价格，在难以确定土地使用权真实价值的情况下，金融机构为了规避信贷风险，会尽可能地降低土地使用权抵押所能够获取的信贷资金，使其抵押功能大打折扣。可见，房屋、土地等农村资产，由于流动性不强，难以及时变现，从而导致农村金融机构不愿接受农村房屋、土地使用权作为抵押物品，向农户发放贷款。另外，拥有农机具的农户数量较少，只有少数较富裕农户或者专业从事农机具租用活动的农户，才拥有一定量的农机具；并且，农机具的专用性较强、价值量较低，能够用于抵押而获取的贷款数额不高，抵押功能不强。综上所述，农村居民家庭由于拥有的资产数量较少、质量较差，抵押功能较弱，从而导致农村金融机构不愿接受农户抵押资产而向其提供贷款。

三 社会资本匮乏

为了约束农村经济主体信贷的违约行为，克服农村金融机构贷款的安全性与农村金融主体信用无保障性的矛盾，除了采取资产抵押的方式外，还采取担保人担保的方式。在缺乏专业性担保机构的情况下，担保主要基于农村经济主体的社会关系网络及在此基础上所形成的社会资本，由关系较为紧密的个人或企业充当担保人。然而，农村经济主体的社会关系网络单一，社会资本相对匮乏，能够游说并同意担保的合格担保人较少，从而导致在缺乏充分担保的情况下，金融机构不愿或减少对农村经济主体的信贷发放。对于农村居民家庭而言，长期生活在一个狭隘的地域空间内，基于血缘、亲缘、地缘等简单人际关系形成极具乡土社会特征的"差序格局"社会关系网络，与之关系紧密的圈层内，往往具有一定的亲缘或地缘关系，经济状况基本类似，生产经营方式雷同，都基本上是收入较低、资产状况较差、急需信贷融资支持的农村居民，担保功能较弱，银行不愿接受这种功能较弱的担保。同时，形成社会资本的关系人，一般具有同阶层性特征。虽然低收入阶层有与高收入阶层形成社会资本的强烈意愿，但在成本收益的考虑下，高收入阶层的理性选择是不愿与低收入阶层形成有效的社会资本。可见，农户社会关系网络单一，社会资本匮乏，使其找到、游说并同意担保的合格担保人的难度较高，大多数农户缺乏能够满足金融机构要求的合格担保人，导致金融机构在缺乏担保的情况下，对农户采取严格的信贷配给措施，不愿或减少向农户的贷款发放。

对于一般企业而言，主要的担保人为与之有紧密业务往来或者投资关系的企业，既可约束信贷企业的违约行为，又可通过关系紧密的企业缓解借贷市场上的信息不对称状况。然而，对于农村企业来说，由于其规模小、业务简单、业务范围窄，无论是产业链上纵向联系的企业，还是通过投资关系横向联系的企业，都相对较少，即使有与之相联系的企业也基本上都是状况相似的小微型企业，担保的能力较弱，同时，农村小微型企业的小额信贷，虽然也可找寻关系紧密的农村居民进行担保，但由于农村居民自身资产、收入的限制，其担保能力更弱。这就使得农村企业无法找到高质量的担保企业，导致金融机构或者不愿向其提供贷款，或者根据担保人的担保能力不能满足其贷款诉求。

四 信息质量较差

（一）信息质量难以满足正规金融机构的信息要求

正规金融机构的信贷技术，基本上都是依赖于借款者的标准化、专用性信息，这就要求借款者必须要有标准化的财务信息以及社会征信系统中的历史信用信息。然而，无论是农村居民家庭还是农村小微型企业，都缺乏严格、严密、标准的财务制度，无法提供正规金融机构所要求的标准化财务信息，从而使得金融机构不能通过财务报表等标准化财务信息文件，来判定农村经济主体的生产经营情况，也无法以此来测算借款者到期还本付息的可能性。同时，农村居民难以被有效纳入个人征信系统，农村企业也未完全被纳入中小企业征信系统之中，使得金融机构难以从社会征信系统中获取农村经济主体的准确历史信用信息。因此，农村经济主体的信息质量，不能满足正规金融机构的信息要求，使得金融机构收集、加工农村经济主体信息的成本较高、难度较大，再加上，信息产品的外部性，使得金融机构不愿承担高昂的信息成本，从而约束其对农村经济主体供给贷款的积极性，导致农村信贷资金的非农化现象严重。

（二）信息透明度较差

从空间距离上来看，农村经济主体与正规金融机构之间空间距离较远，使得金融机构对于农村经济主体的观测难度较大。再加上，长期工作生活在城市地区的金融机构业务人员，对于农村主体的生产经营状况缺乏深入了解，对于农村地区经济社会基本状况及其变化规律更是缺乏准确认识。在此状况下，农村经济主体的基本信息难以被金融机构及其业务人员观测到，信息缺乏透明性，为农村经济主体隐藏信息提供了足够的便利，导致农村经济主体普遍采取隐藏信息的方式来获取金融机构的信任，以试图获取信贷支持，从而加剧了农村经济主体信息不透明的程度。一方面，农村经济主体通过隐藏自身的历史债务信息、违约信息、资产信息等手段，加剧农村信贷市场上的信息不对称，加大信贷项目中隐含的道德风险。另一方面，农村金融机构可以通过隐藏项目的真实信息，采取机会主义行为，把用低风险、收益稳定的优质项目申请的贷款挪用到高风险、高收益的项目中，或者把生产性信贷挪用于刚性较强的消费性资金需求领域，加剧农村信贷市场上的信息不对称，加大信贷项目中隐含的违约风险。在此状况下，金融机构由于难以甄别农村经济主体的隐藏信息，无法筛选出农村经济主体及其项目的真实信息，进而无法准确测算借款人的违约风险，从而在不确定性较大的情况下，不愿或减少对农村经济主体的信贷发放。

五　信用意识不强

农村信用文化建设滞后，导致农村地区包括商业信用、银行信贷在内的信用活动受到严重破坏，不能适应市场经济发展的需要。造成农村信用状况下滑的原因是多方面的，既有外部环境的客观原因，又有农村经济主体的主观原因，其中，作为内因的农村经济主体因素，对农村信用质量的影响是决定性的。

（一）契约精神不足

传统的农村社会为典型的封闭型"熟人社区"，居民长期共同生活在一个相对狭隘、封闭的地域空间之内，相互之间基于血缘、亲缘、地缘等简单关系，以村庄为单元构建成世代交往的社会关系网络，即费孝通先生所描述的乡土社会下的"差序格局"网络，成员之间世代生活在一起，相互熟悉、信息透明，具有无限次重复博弈特征。改革开放以前，农村经济的封闭、自给自足等自然经济特征仍然显著，居民与外部陌生"匿名社区"的交往极少，在长期自然经济状态下形成的交往模式更多地依靠"人缘信任"，无须契约约束；改革开放以后，农村市场经济得到一定发展，居民与外部匿名社会的交往增多，契约关系逐渐得到一定的发展。但是根据新制度经济学派的观点，非正式制度的演化都需要一个缓慢过程，农村地区长期基于封闭型"熟人社区"形成的行为模式仍将在较长一段时期内发挥作用，而基于发达市场经济"匿名社区"形成的契约文化、契约精神的培育仍需较长时间。因此，农村经济主体的契约意识不强，契约精神不足，在与外部"匿名社区"陌生主体的交往中，契约关系很容易被破坏，违约行为较为普遍。在农村经济主体普遍缺乏契约精神的情况下，契约对于农村经济主体违约行为的约束力大打折扣，再加上，法律在农村地区所面临的执法难、执法成本高等难题,对于违约行为的惩罚机制的效果大打折扣,使得农村经济主体的违约行为较为普遍,农村整体信用状况不高。因而,涉农金融机构在农村经济主体缺乏契约精神,整体信用状况较差的情况下,必然会出现对于农村地区的惜贷行为。

(二)信用培育意识不强

信用本质上是一种获取信任的资本,在经济社会活动中表现为承诺践约的能力,能够为所有者带来一定的收益,具有财富的性质。[1]然而,农村经济主体受经济视野较短、法制观念不强以及机会主义倾向等方面的影响,对于自身信用的培育意识较弱。首先,农村经济主体,特别是农户,经济视野较短,缺乏长期规划,在长期收益与短期收益之间,更加倾向于短期收益。而信用作为资本,其收益更多的是一种无形的预期收益,获取的收益具有较大的不确定性,不符合农村经济主体的短期收益倾向。因此,农村经济主体在追求短期收益的激励下,为获取自身短期收益最大化采取机会主义行为的可能性较高,不愿为了长期收益进行信用资本的培育。其次,信用作为一种资本,只能由拥有者自己生产、开发、创造和维护,不能采取赠与、继承、交易的方式获得。而信用主体对信用资本的生产、开发、创造和维护都需要支付较高的经济成本、较多的精力和较长的时间,在短期收益倾向下,农村经济主体不愿为了未来长期收益而承担信用资本的培育成本。最后,农村经济主体由于经营能力不足,项目选择的范围较小,一般只能从事一些简单的农牧业、农产品粗加工业、运输业、农村商业等方面的项目,技术含量较小,自然风险、市场风险都相对较高,市场地域空间较小。因而,农村经济主体为了更好地获取银行项目贷款,利用农村项目信息不容易被观测的有利条件,就会采取隐藏信息和欺骗的方式,获取到贷款之后再转移到高风险项目上。再加上,金融机构一般不会向农户发放消费性信贷,农户在消费性资金需求存在极强刚性的情况下,也会采取机会主义行为,把从银行以生产性信贷名义获取的贷款挪用到消费领域,加大违约概率。可见,农村

---

[1] 吴晶妹:《现代信用学》,中国人民大学出版社2009年版。

经济主体信息培育的意识较弱，普遍存在严重的机会主义倾向，采取隐藏信息和欺骗的方式，破坏自身信用资本。

第五节　农村金融发展供给约束的金融机构方面原因

金融机构作为农村金融服务的供给主体，对农村金融供给的约束作用更为直接和重要，农村经济主体与政府的因素也基本上是通过影响农村金融机构的行为选择，对农村金融供给约束产生间接影响。

一　内部治理结构不合理

农村地区经济社会发展相对落后，市场体系仍不完善，制度建设步伐较慢，再加上，公有金融机构的垄断性经营，使得农村金融机构的治理结构存在较大问题，制约农村金融机构的经营效率。

（一）存在严重的委托—代理问题

中国农业银行、中国邮政储蓄银行等大型金融机构虽然已经完成股份制改造，但是，股权结构较为集中，国有持股机构拥有绝对控股权。国有持股机构作为国有股权主体的代理人，并通过任命各级经理人作为代理人控制经营权，形成双层"委托—代理"结构。一层为公众与国有持股机构之间的代理关系，委托人为公众，代理者为国有持股机构；另一层为国有持股机构与经理层之间的代理关系，委托人为国有持股机构，代理者为经理人。每层委托代理关系中信息都是不对称的，代理人作为信息的优势一方，采取串谋、隐藏信息等机会主义行为，欺骗委托人，导致严重的委托—代理问题，双层"委托—代理"结构下，信息传递存在更大障碍，信息不对称状况叠加在一起，更容易形成道德风险和机会主义行为，在各级经营层越来越多地控制经营信息的情况下，更容易联合起来，通过隐藏信息形成"内部人控制"，使董事会、监事会和经理层之间的内部治理制度被严重削弱。

农村信用社产权结构极为分散，股东持股比例较小，并且，大量的资格股股东参股的最大目的仅是获取贷款资格，并不是基于成本收益考虑的市场自愿行为，从而使得股东的"责任、权利、义务"发生扭曲，作为委托人的股东缺乏参与监督的动力和能力，使得作为代理人的经理层更容易控制信用社全部经营信息，采取损害小股东利益的机会主义行为，加剧经理层与众多小股东之间的委托—代理问题。可见，金融机构经营中的委托—代理问题要比一般国有企业更为严重，从而无法建立合理的内部治理结构，使得所有者、经营者、职工等利益相关者之间的"责、权、利"难以协调，经营效率较低。

（二）激励机制容易失效

中国农村金融机构经营管理水平不高，激励手段单一，激励机制设计不合理，无法满足对于员工的有效激励，导致激励机制失效。首先，农村金融机构对于员工的激励仅有短期薪酬激励，长期激励不足，缺乏股权激励，导致员工的忠诚度不足，在员工积累到一定工作经验、提高工作技能以后就会选择离开，流向收益水平相对较高的城市金融市场，使得农村金融市场存在严重的劣质员工驱逐优质员工现象，剩下的则是业务水平低、经营不足、工作能力较差的员工。其次，农村金融机构激励机制设计不合理，制度不规范，标准的设计更多地考虑到作为制定者（领导层）的利益，岗位级别取代经营业绩成为激励划分的首要标准，级别差异对于激励的贡献远大于业绩贡献，无法起到对于优秀员工的激励，难以有效调动员工的工作积极性。再次，对于农村信贷业务员的激励较低，不能有效地弥补信贷员所承担信贷失败的风险损失，风险与收益严重不匹配，导致信贷员对于发放涉农贷款的意愿不强。最后，显性激励不足，权力的隐性激励极大。由于农村金融市场是严重的供给小于需求的卖方市场，这使得在农村金融机构拥有权力优势的员工，利用手中权力进行寻租行为，获取较大的隐性激励，导致农村金融机构的利益以及信贷者的利益受损，而无权力优势的员工，努力工作所能够获得的显性激励较低，丧失工作热情和工作积极性，导致工作效率下降，优秀员工则会选择向城市地区收益较高、激励机制合理的金融机构流动。可见，农村金融机构内部激励失效，不能够有效地激励员工的工作积极性，影响其信贷供给能力。可见，农村金融机构内部治理仍不合理，不仅会制约其运营效率、盈利能力以及财务可持续性，进而约束其供给能力；而且也会使得业务人员缺乏足够的激励，影响其向农村经济主体供给的动力。

二 自身行为偏好的影响

农村金融机构与一般理性经济主体一样，追求自身收益最大化为经营的首要目标。但是，农村金融机构所面对的金融生态环境相对特殊，使其不仅具有一般经济主体追求收益最大化的行为特征，而且还具有特殊的行为偏好，影响其金融服务的供给能力、供给水平以及供给方向。

（一）农村金融机构严重的"惜贷"行为偏好

如前所述，农村地区金融生态环境相对较差，信贷风险较高：宏观层面表现在经济社会发展滞后、整体信用状况不佳、信息缺乏透明性、农业自然风险大等方面；微观层面表现在农村居民收入较低、资产状况较差、机会主义倾向严重等方面。在此金融生态环境下，农村金融机构难以获取客户的真实信息，无法有效甄别、规避由于信息不对称而导致的道德风险和违约风险，再加上，缺乏有效的抵押、担保等控制违约行为的手段。因而，农村金融机构在面对农村经济主体的信贷申请时，难以测算借款人未来还本付息的可能性，对贷款风险的测算缺乏足够的信息基础。在此状况下，农村金融机构普遍选择"谨慎"行为，即涉农贷款发放条件更为苛刻、程序更为烦琐，在对农村经济主体信贷申请稍微存在疑问的情况下，就会毫不犹豫地选择拒绝信贷申请，导致对农村经济主体更为严重的"惜贷"倾向，抑制其涉农贷款的供给意愿。

（二）农村金融机构的"非农化"偏好

一方面，由于涉农贷款规模小，风险较大，包括信息成本、操作成本、监督成本以及违约处置成本都相对较高，从而导致涉农贷款平均成本较高、风险较高，收益不能完全覆盖贷款的成本和风险。另一方面，政府对于涉农贷款给予的扶持和补贴不足，政策红利较小，不足以弥补涉农贷款与非农贷款的风险收益差异,从而导致政府的政策激励无法转化为农村金融机构服务"三农"的内在激励和核心目标。因而,金融机构作为追求收益最大化的理性经济主体,在充分考虑到收益、成本、风险等因素的基础上,更倾向于把信贷资金投向收益较高、风险较低的"非农"领域,导致其对"三农"领域供给信贷资金的动力不足。2020年,全国涉农贷款总量389493亿元,占全部贷款总量的22.9%,其中,农林牧渔贷款仅为42678亿元,仅占全部涉农贷款的11%,占全部贷款总额的2.5%,远低于农村基础设施建设贷款(69629亿元)[1]。可见,虽然政府对于农村信贷给予较大的政策支持,但各金融机构仍然存在较强的"非农"倾向,在涉农贷款中,更加偏好农村基础设施建设贷款等其他"非农"产业贷款,导致农业贷款供给约束的程度较大。

(三)农村金融机构的机会主义行为偏好

农村金融机构的经营目标与其他理性经济主体一样,也以收益最大化为目标。但是,农村地区经济社会环境导致涉农信贷的收益较小,风险较高,使得农村金融机构的获利目标得不到保障。政府为了破解"三农"领域的融资难题,实现城乡统筹发展,采取差别存款准备金、支农支小再贷款再贴现、扶贫再贴贷款等货币信贷政策,设立普惠金融专项基金、政府性融资担保等财政税收政策,以及差别化的监管政策,试图通过政策红利激励农村金融机构向"三农"领域提供信贷支持。可见,政府的目标是要克服"三农"领域的融资难题,实现乡村振兴战略目标,与金融机构收益最大化目标之间存在冲突。目标的不一致性,也使得农村金融机构为了追求更高的收益,采取各种机会主义行为把名义上的涉农信贷资金挪用到收益相对较高的非农领域,或者把非农信贷包装成涉农贷款以获取政府的政策红利。另外,政府对于农村金融机构贷款投向的监管存在困难,涉农贷款的界限较为模糊,这就为农村金融机构采取机会主义行为提供便利,使其具有

---

[1] 于乃书等:《农村金融机构发展中的主体行为分析及激励机制构建》,《中央财经大学学报》2015年第10期。

较强的机会主义行为偏好。

借鉴博弈论模型来进一步分析农村金融机构的机会主义行为偏好，假设在政府与金融机构参与的博弈活动中，政府有监管与不监管两种选择，金融机构有发放涉农贷款和发放非农贷款（不发放涉农贷款）两种行为选择。金融机构发放涉农贷款则会获取一定的收益，设为 r，政府因此获取目标收益为 G，若金融机构发放非农贷款获取收益为 R，政府此时无目标收益，毫无疑问，涉农贷款的收益要远低于非农贷款收益，即 R > r。政府为了使得更多的信贷资金流向"三农"领域，就会选择对农村金融机构进行监督，监督的成本为 C，能够识别出金融机构不按照政府意愿发放涉农贷款的概率为 p，政府对其惩罚的支付为 D。

两者的支付矩阵如表 4-2 所示，对于金融机构而言，非农贷款的收益 R 远大于涉农贷款收益 r。由于信息不对称的存在，政府对于金融机构贷款投向的监督成本较高，能够识别出农村金融机构违反规定的概率较低，从而惩处金融机构的预期罚金 p×D 往往要小于监督成本 C，因而，政府的理性选择为不监督。对于金融机构来说，发放非农贷款的收益大于涉农贷款，只要 R-p×D > r，即：p <（R-r）/D，在政府能够识别出金融机构违规概率较低的情况下，金融机构的理性选择为发放非农贷款。因而，两者的纳什均衡为不监督、非农贷款。从以上分析中可以看出，由于信息不对称的存在，政府对于金融机构贷款投向的监督存在较大困难，金融机构转移资金投向很难被识别出，从而导致金融机构具有极强的机会主义倾向，减少对于"三农"领域的贷款供给。

表 4-2　　　　　　政府与金融机构的博弈支付矩阵

	涉农贷款	非农贷款
监督	G-C, r	-C+p×D, R-p×D
不监督	G, r	0, R

三　创新不足

2015 年脱贫攻坚战略的提出与全面实施，2018 年乡村振兴战略的提出与全面实施，金融机构积极开展金融创新，加大对农业农村重点领域支持，全力做好农业供给侧结构性改革和乡村振兴金融服务。一方面，积极创新抵押贷款模式，推出"两权"为单一抵押的贷款、"两权+多种经营权组合抵押"、"两权+农业设施权证"、"农户联保+两权反担保"等模式，进一步释放"两权"抵押担保权能。另一方面，积极开发服务乡村振兴的个性化、特色化农村金融产品，创新推出"果商贷""椒商贷""猕猴桃贷"以及高标准农田、土地高标准治理、国家储备林建设等项目贷款。然而，金融机构的创新滞后于乡村振兴多元化的金融需求。乡村金融产品体系仍以信贷、结算等基础服务为主，信贷产品以抵押、担保居多，信贷、保险和期货业务融合创新不足，涉农信贷供需的期限错配问题未得到根本解决，围绕拓宽农村抵（质）押物范围的探索实践也尚未成熟，真正契合不同农业产业、农村经营主体特点的创新产品不够丰富，适应乡村振兴新需求的综合性金融产品和服务还比较匮乏。

（一）从业人员文化素质不高，导致农村金融机构创新能力不足

具有专业知识、丰富经验以及创新意识的创新型人才是企业创新的基础。改革开放以来，在我国持续的货币化和金融深化进程中，金融体系长期维持粗放式扩张模式，缺乏足够的创新型金融专业人才，在银行业收入普遍低于证券、信托等金融行业的背景下，银行业从业人员的金融专业素质、创新意识普遍要低于证券、信托等其他金融行业。而长期的城乡二元体制下，农村地区经济发展水平、生活水平、公共服务等方面都要远低于城市地区，从而使得银行业金融机构素质相对不高的从业人员又进行了一次分流，素质稍微较好的从业人员留到城市，综合素质相对较低的从业人员走入农村信贷市场。在此状况下，农业金融市场从业人员普遍综合素质较低，金融专业知识储备不足，老龄化趋势严重，缺乏年轻金融专业人才，在知识、年龄、人员配备等诸多方面存在严重断层。因而，现有农村金融从业人员对于金融产品、金融服务的理解力有限，难以准确把握金融产品所蕴含的风险、收益、期限等金融要素，更不用说把风险、收益、期限等金融元素重新组合的金融创新活动，仅具有一定的重复、模仿能力，不具备

进行金融创新的素质和能力，从而导致农村金融机构的创新能力不足，创新速度极慢，难以根据农村经济主体、外部金融生态环境等农村现实状况设计出适销对路的金融产品和金融服务，约束农村金融机构的供给能力。

(二) 农村金融机构创新内在动力不足

一方面，农村金融市场上，农村信用社市场份额较大、网点分布广，农村经济主体对其认可度相对较高，能够较容易地占据并保持较大市场份额，再加上，农村金融市场属于严重的供不应求卖方市场，因而，农村信用社不存在拓展市场份额、找寻新利润点等方面的经营压力，缺乏进行金融创新的经济激励。中国农业银行等大型金融机构，经营重心不在农村信贷方面，再加上，在整个信贷市场优势明显，社会公众的认可度较高，因而，也缺乏通过农村金融产品、金融服务创新，增加收益的内在经济动力。另一方面，农村地区社会结构复杂，相对封闭的地域空间，使得农村地区之间的差异性较大，信息收集成本较高，从而导致基于各地现实状况的农村金融创新的适用范围较小，意味着创新的收益相对较小而成本较高，使得农村金融机构缺乏进行创新的动力。另外，农村金融问题本身就是世界性难题，现有解决办法不多，这也使得农村金融创新的不确定性较大，失败的风险较高。综上所述，农村金融创新收益较低、成本较高、风险较大，各金融机构在充分考虑成本、收益及风险的情况下，不愿进行必要的金融创新。一方面，导致农村金融市场上产品较少，服务同质化现象严重，使得农村金融供给难以满足农村经济主体的金融需求；另一方面，也使得农村金融机构照搬城市地区的金融产品和金融服务，使得金融供给难以适应农村地区的需求。

(三) 农村金融机构创新与金融生态环境的契合度较低

亚洲金融危机爆发后，为了控制金融信用风险，国有银行机构从农村地区撤出，大量乡镇网点被合并、撤销，大部分乡镇只有农村信用社和中国邮政储蓄银行两家经营网点，部分乡镇至今仍没有金融网点，金融服务无论是在空间意义上，还是品种意义上都存在真空地带。据统计，1998—2001年，国有独资银行就撤销基层经营机构或网点4.4万个，精简员工24万人，中国农业银行、中国邮政储蓄银行虽然都成立"三农"金融事业部，但营业机构也基本上为县级营业部。国有大型金融机构从乡镇撤出，使得经营网点远离农村地区，不能及时掌握农村地区经济社会的变动状况。因而，具有一定创新能力的国有大型金融机构，所设计、推出的新产品难以满足和适应农村经济主体的需要，不能与农村地区金融生态环境很好地契合。而在乡镇一级设有营业网点的农村信用社和中国邮政储蓄银行，金融创新能力较弱：农村信用社基本上是以县一级联社为单位的独立法人，规模相对较小，人才储备不足，不具备独立进行金融创新的能力；中国邮政储蓄银行虽然号称第五大商业银行，但其业务受到极大限制，再加上，成立时间较短，具有贷款资格的时间更短，缺乏足够的经验积累，也不具备金融创新的能力。可见，农村金融机构只能采取引进或模仿城市金融服务，新产品的推出也仅仅是对原有金融产品或同业金融产品的改进或优化，与农村地区金融生态环境的契合度较低，难以满足农村地区经济发展的需要，从而创新效果不佳。

四 发育不良

（一）农村金融市场业务过于集中

在国有大银行收缩战线，从农村金融市场退出之后的较长一段时期，农村地区只剩下农村信用社一家正规金融机构，市场集中度较高。在国家允许新型农村金融机构成立以及中国农业银行重返县域经济之后，农村正规金融市场仅有农村信用社一家机构的局面稍有松动。但是，农村信用社在农村金融市场上所占比重依然较大，特别是在乡镇及以下农村地区仍然一支独大，同时，中国农业银行、中国邮政储蓄银行在农村金融市场上也占据一定份额，使得农村金融市场上的集中度依然较高。截至2019年年末，农村信用社（含农村商业银行、农村合作银行）发放农户贷款余额为54637亿元，占全部金融机构农户贷款余额的53%，中国农业银行发放农户贷款余额为16152亿元，占全部农户贷款的16%，两者合计份额将近70%。农村信用社（含农村商业银行、农村合作银行）发放农林牧渔贷款余额为25083亿元，占全部金融机构总量的63%；中国农业银行为3239亿元，占比为9%；两者合计72%。①

可见，在农村金融市场上农村信用社、中国农业银行等金融机构市场份额较高，特别是欠发达的中西部地区农村居民家庭直接面对的正规金融机构基本上只剩下农村信用社一家，极少地区会有中国邮政储蓄银行、村镇银行等正规金融机构。农村信用社在农村地区的经营一支独大，使得农村金融市场缺乏竞争而活力不足，农村信用社可以利用优势地位，采取"信贷配给""差别服务""单一产品"以及"信贷障碍"等策略，损害农村经济主体利益、获取金融服务中的"消费者剩余"。而从农村县域经济的视角来看，中国农业银行、中国农业发展银行涉农政策性贷款业务专属性较强，存在严格壁垒，其他金融机构进入受到较大的限制，中国农业银行在县域经济的商业性涉农贷款，特别是对于大中型农村企业贷款，基本上也具有绝对的控制力。农村金融市场业务过于集中，不仅导致农村金融市场交易效率低下，农村金融机构向农村经济领域供给信贷的能力大打折扣；而且也会导致包括信用社在内的农村正规金融机构缺乏改善服务、利用金融创新开拓市场、培育优质客户等活动的动力，使得这些正规金融机构的存款—贷款的转化效率及其资源配置效率都相对较低。因而，市场的集中，导致农村金融市场交易效率、贷款转化及资源配置效率都相对较低，从而约束农村金融市场的发展，限制农村闲置资金向生产资本的转化。

（二）农村新型金融机构发育不良

2003年之后，农村金融市场逐步放开，特别是2006年，银监会放开农村银行业金融机构的准入政策以来，各类社会资本涌入农村地区，成立包括村镇银行、小额信贷公司、农村资金互助社等新型农村金融机构，不仅促进了社会资本进入农村金融领域，扩大农村金融供给，而且也逐步打破了农村信用社、中国农业银行的相对垄断地位，增强了农村金融市场的竞争活力。然而，农村新型金融

---

① 中国金融年鉴委员会：《中国金融统计年鉴（2020）》，中国金融杂志社有限公司2021年版。

机构发育不良，经营效率较低，发展较慢，严重影响其金融服务的供给能力。

首先，农村新型金融机构的成立、发展都受到较多的政策限制，从而导致农村新型金融机构规模较小、业务单一、业务空间范围较窄。这不仅严重影响农村新型金融机构的盈利能力，限制其发展速度，而且也使得农村新型金融机构资源配置、风险分散的效率较低，影响其经营效率。截至 2020 年年末，全国共组建村镇银行 1649 家，资产规模仅为 1.9 万亿元，平均 11.5 亿元，涉农贷款余额仅为 7706 亿元，平均每家 4.6 亿元；山东省共有 210 家合作社开展信用互助试点，累计发生业务 10026 笔，累计投放资金 3.86 亿元，平均每家仅 181 万元，平均每笔仅 3.8 万元。①

其次，农村新型金融机构信用状况不佳，吸收存款的能力有限。截至 2020 年年末，村镇银行共吸收存款 1.24 亿元，平均每家仅 7.5 亿元。一方面，中国农业银行、农村信用社等金融机构，在公众心目中的信用度较高，而农村新型金融机构，缺乏信用度，公众对其认可度较低。另一方面，农村新型金融机构缺乏长期发展战略，不注意自身信用资本的培育，再加上，政府对其监管不力，监管机构及其监管界限较为模糊，风险监管更多地关注事后的处罚，事前、事中的监管缺位。因而，新型农村金融机构在机会主义倾向的引导下，违约、违章、违法现象频繁发生，使得新型农村金融机构的整体信誉受损，信用资本耗损严重。

最后，农村新型机构的市场竞争力较弱。农村新型金融机构规模较小、业务受限、信用状况较差，农村经济主体对其认可度较低，而农村信用社、中国农业银行、中国邮政储蓄银行等公有金融机构不仅资产规模大、资金实力强、业务范围广，公众认可度较高。这种状况导致了农村金融市场上的不公平竞争，新型金融机构处在弱势竞争地位，经营发展空间受到其他金融机构较大程度的挤压，发展受阻，金融服务的供给能力受限。2018—2020 年，村镇银行数目仅增加 28 家，

---

① 中国人民银行：《农村金融服务报告（2020）》，中国金融出版社 2021 年版。

资产规模仅增加4000亿元；截至2020年年末，全国共有小额贷款公司7118家，较2018年年末减少1015家，各项贷款余额为8888亿元，较2019年减少221亿元；以山东省为例，2016—2020年，新型农村合作组织数目减少74家（2016年刚开始试点时为284家）。①

综上所述，新型农村金融机构的发展速度较慢，资产规模较小，信用状况不佳，涉农贷款的规模较小，对于缓解农村金融供给约束的作用还比较有限。

（三）农村金融机构之间缺乏信息共享机制

一方面，农村地区以村庄为单元形成的"熟人社区"，虽然内部信息充分、透明，但缺乏与社区外部进行信息交换的传输机制，信息收集的难度较大，农村经济主体往往采取隐藏信息、欺骗的方式来获取金融机构的信任，再加上，农村金融机构远离农村基层，收集信息、加工信息的成本较高。另一方面，信息存在较大的外部性，在业务竞争的压力下，农村金融机构为了保持自己的业务空间，不愿把自己花费较高成本获取的信息与其他机构共享，把信息作为私有资本而被隐藏起来，使得各农村金融机构的信息条块分割严重，缺乏系统性。因而，农村金融机构各自为政，对于自身花费巨大代价获取的信息，不愿与其他金融机构共享，缺乏信息的共享机制，不仅导致各金融机构无法获取信息系统的规模经济效应，难以降低农村金融市场的信息成本，而且也会使得各金融机构分割的信息系统，系统性不强、信息量较小，无法综合、真实地反映农村经济主体的信用状况，导致信息的使用效果较低。可见，农村金融机构之间缺乏信息共享机制，信息系统运作效率和使用效果较低，信息成本较高，导致金融机构在面对高昂信息成本时，对农村经济主体采取信贷配给策略，约束金融机构涉农贷款的供给能力和积极性。

---

① 中国人民银行：《农村金融服务报告（2016）》，中国金融出版社2016年版；中国人民银行：《农村金融服务报告（2018）》，中国金融出版社2019年版；中国人民银行：《农村金融服务报告（2020）》，中国金融出版社2021年版。

第五章

中国农村金融发展的需求约束及其原因

我国农村地区经济社会发展的特殊性，决定着农村经济主体的金融需求影响因素，并不仅仅是利率、获取金融服务的难度以及成本等一般性金融需求因素，还要受到农业弱质性、农村经济脆弱性等特殊因素的制约，从而使得农村金融发展的需求约束严重。

第一节 农村金融发展的需求约束程度

一 农村金融需求的基本状况

（一）农村金融需求主体

1. 农村居民家庭

农村居民家庭是以血缘关系为纽带建立的紧密型经济组织，是农村经济中最主要、最基本的经济单元。我国农村家庭特征可概括为：

（1）小型化。一方面，随着市场经济的发展，居民收入水平的提高，使得农村居民单个家庭对抗外部风险的能力增强，再加上外部储蓄市场、投资市场的活跃以及社会保障的完善，使得家族内部平衡跨期消费、对抗不确定性风险的内部隐含性金融合约，逐渐被外部信贷市场、社会保险等市场机制所取代，从而导致农村传统家族式组织逐步瓦解，最终被最简单的家庭模式所取代，家庭主要由两代成员构成，子女结婚成家后则独立为新的家庭，少数独生子女家庭由三代构成，家庭依靠血缘、亲缘关系的亲疏形成不同的松散型家族关系网络，不具备任何生产、生活功能。另一方面，随着农村计划生育政策的落实和深化，农村居民的生育观念发生重大转变，生育子女的数量急剧减少，从而导致家庭的规模逐步小型化，一般家庭多为三口之家、四口之家。

（2）集生产、生活功能于一体。农村居民家庭作为生活组织，依据家庭效用最大化原则，根据家庭收入状况在成员之间统一调配生活支出；作为生产经营组织，家庭成员外出务工或者以家庭为单位进行的农业生产经营活动，都是以家庭的风险最小化与收益最大化为目标，经济剩余积累、生产经营投入都是以家庭为单位的。

（3）风险厌恶。我国农村居民家庭规模小、收入水平低、经济剩余少，农业弱质性、农村经济的脆弱性隐含的巨大自然风险、市场风险，再加上社会保障制度、农业保险等外部风险分散机制的不完善，导致农村居民家庭对抗未来不确定风险的能力极弱，因而，小农经济状态下的农户遵循"道义经济"的行为逻辑，风险最小取代收益最大，成为农村居民的首要目标和原则。

（4）经济视野短期化。长期以来，我国农村居民家庭收入水平较低，经济剩余少，虽然温饱无忧，但消费仍未得到完全满足，消费具有较大刚性，对于农户来讲，短期消费所具有的效用较高，因而，小农经济状态下的农户更关注短期消费效用，进而引导其在生产经营中更加关注短期收益。

（5）乡土情结。中国漫长的农业社会，形成了浓重的乡土本色。农村居民长期依附在土地之上，封闭在以土地为基础的狭小地域空间之内，土地承载了农村地区文化、传统、风俗、习惯、社会关系等内容，成为农村居民家庭的精神寄托和内心世界的永恒避风港。并且，农户之间依托"生于斯、长于斯、死于斯"的土地，以各种血缘、亲缘、地缘等简单人际关系结成各种相对紧密的社会关系，并以个人为中心，根据远近亲疏形成紧密程度不同的关系圈层，即费孝通先生所描述的"乡土社会"下的"差序格局"，以人际信任、人际约束替代农村地区缺乏的契约信任、契约约束。

2. 农村企业

农村企业是对生产经营地点位于农村地区各类企业的统称。① 农村企业堪称改革开放后，中国农民伟大的创举之一，是在农村经济体制改革后农村居民需求快速增长的背景下，为了填补市场空白、满足当地居民市场需求而进行的制度创新，由于该制度创新是基于市场需求变化的"由下向上"式诱致性制度创新，能够较好地适应农村经济环境，从而使农村企业的发展速度极快，一举成为推动农村经济社会快速发展的重要推动力。与城市企业相比，农村企业的特征为：一是农村企业管理制度仍不完善。城市企业所处的经济环境为相对发达的市场经济，市场体系较为完善，市场经济下的正式制度、非正式制度都相对得到较大程度的完善。因而，城市企业更具现代企业特征，内部控制制度相对完善。而农村企业所处的农村经济环境为市场经济发展滞后、市场体系不完善、市场竞争不充分，市场经济下的正式制度、非正式制度仍未形成，因而，农村企业离现代企业的距离较远，管理制度仍不完善，内部控制更多地依靠人际关系而非管理制度。二是农村企业一般都是以农村当地资源为基础，以当地市场需求为引导，业务简单，市场空间范围较小。因而，农村企业成长性不强。三是农村企业内部员工多为当地劳动力，与企业主较为熟悉，甚至是具有血缘、亲缘关系的家族成员。因而，农村企业具有较显著的"乡土性"，人际关系在企业内部控制中具有较强作用。四是农村企业生产规模较小，资产质量较差，管理简单、缺乏规范性，特别是财务制度较为随意。因而，农村企业缺乏透明、标准的财务信息。

(二) 农村金融需求的总体特征

1. 具有动态演进特征

长期的城乡二元体制以及优先城市、工业的发展战略，导致农村地区经济社会发展缓慢，市场经济未得到充分发展，市场化程度较

---

① 米增渝：《农村企业对农村经济的贡献及影响因素》，《中国农村经济》2009年第12期。

低，居民市场活动较少、收入较低，长期为温饱问题不懈努力，导致农村居民存在小富即安思想。因而，农村居民的金融需求受到较大的抑制。随着城乡一体化发展战略的实施，农村地区市场经济发展不断加速，农村企业不断发展、壮大，居民收入水平持续提高，使得农村居民包括外出务工、商品交换等市场活动日益频繁，随之带来的是农村地区金融需求的持续增加，不仅体现在金融需求量上的增加，而且也体现在金融需求品种的增多。并且，农村地区作为经济发展缓慢的地区，与城市的巨大差异，使之成为追赶者的角色，随着追赶步伐的加快，必然会促使农村金融需求也会不断追赶城市金融需求，呈现出更为明显、突出的动态特征。

2. 以基本金融服务需求为主

农村居民收入层次较低，文化素质不高，学习能力不强，参与市场经济的深度不够。因而，农村居民市场经济知识、金融知识积累不足，难以正确理解金融产品、金融服务所包含的风险与收益，难以掌握或驾驭现代金融业务的操作流程。再加上，农村居民对于风险较为厌恶，自身经济剩余的积累较小。因而，农村居民对于金融需求多集中在风险较小、操作简便的基本金融服务领域。而对于农村企业来讲，资金实力有限，现代金融知识匮乏，融资途径较少，融资约束成为其发展过程中经常遇到的"瓶颈"问题。因而，对于农村企业而言，其金融需求突出表现为信贷需求，其他金融需求主要有结算、转账等金融中介服务需求，对于风险对冲、风险分散等金融扩展功能的需求几乎为零。根据《农村观察点调查数据汇编（2010—2015）》数据显示，2015 年，农村家庭总资产中，存款占比最高为 71%，而投资的比例较低，特别是股票、债券等金融投资的比例极低，股票投资占比 0.2%，债券投资占比 0.04%，年末借入余额为股票、债券金融投资总额的 28 倍。[①] 可见，农村地区金融需求主要以存、贷款等基本金融需求为主，更高层次金融需求还未完全演化出来。

[①] 中共中央政策研究室、农业部农村固定观察点办公室编：《农村固定观察点数据汇编（2010—2015）》，中国农业出版社 2016 年版。

3. 农村金融需求的多层次性

在我国多年的不平衡发展战略下，区域经济发展严重不平衡，相应地，农村经济发展也表现为巨大的区域性差异。鼓励一部分人先富起来，也导致农村内部收入差距逐渐被拉大。因而，不同的收入阶层，金融需求也存在较大差异，从而使得农村金融需求呈现出多层次现象，即在农村地区的金融需求有农村发展性金融需求、农村生产经营性金融需求、农民消费性需求三个层次。其中，农村发展金融需求是从农村经济社会发展的宏观层面出发的一种农村金融需求，主要侧重于农村基础设施、新农村建设、城镇化、教育、文化等有助于农村经济社会发展的金融需求。截至2020年年末，全国涉农贷款余额中，农村基础设施贷款余额69629亿元，占全部涉农贷款的17%，农田基本建设贷款2477亿元，占比0.63%。中国农业银行县域城镇化贷款余额达到8623亿元。中国农业发展银行全年城乡一体化贷款2224.33亿元，年末余额7521.68亿元，全年累计发放农村路网、水利、新农村建设等基础设施贷款7110亿元，年末余额33179亿元。从侧面反映出农村发展性金融需求状况。

农村生产经营性金融需求是指农户、农村企业在生产经营领域所形成的金融需求，主要指生产性信贷需求，是农村金融需求的核心部分，正规金融机构发放的贷款基本上都是用以满足生产性信贷需求。截至2020年年末，全国涉农贷款中农林牧渔贷款42678亿元，占比11%，农用物资和农副产品流通贷款26828亿元，占比6.9%，农产品加工贷款11924亿元，占比3%。

农村家庭既是生产组织又是生活组织，其生活金融需求（消费性金融需求）是指在日常生活领域为了平滑消费、应对不确定性风险所形成的金融需求，这种消费性金融需求没有未来收入保障，具有较强的刚性特征，在农村家庭获取的信贷资金时，被优先安排使用。截至2020年年末，农户消费贷款仅为58195元，占比不足15%，反映出中国农村居民仍然遵循长期文化传统熏陶下形成的"量入为出"原则，很少利用消费信用组织消费活动。

二 农村金融发展需求约束的程度度量

在长期的城乡二元体制下,中国农村地区经济社会发展缓慢,经济主体的市场经济意识不强、金融知识不足、投资意愿较低,从而导致农村地区经济主体的金融需求受到严重约束,进而阻碍农村金融体系的整体发展。为了更好地分析农村金融需求约束问题,就有必要对其约束程度及其变化趋势进行度量与分析。

（一）度量指标的设定

在"道义经济"的逻辑下,农户强烈的生存取向使其严格遵循"安全第一"原则,所遇到的消费性资金缺口,一般都通过压制消费的方式予以解决,只有在遇到临时性、突发性而又无法压制消费的支出赤字时,才会形成借贷需求。因而,农村金融需求中的消费性金融需求具有临时性、突发性及刚性特征,在难以得到正规金融体系满足的情况下,只能求助于非正规金融体系,从而使得农村金融的消费性需求及其约束程度难以进行准确的度量与刻画。基于此,本书在构建农村金融发展需求约束程度度量指标时,重点强调其生产经营性需求约束。考虑到农村经济主体金融需求主要用于固定资产投资,因而,用农村固定资产投资来反映农村金融的生产性需求,用农业贷款来衡量生产性需求通过信贷满足的额度,构建农村金融发展需求约束程度指标——$F_D CR$ 指标:

$$F_D CR = L_N / I_N \tag{5-1}$$

式（5-1）中,L_N 表示农业贷款,I_N 表示农村固定资产。该指标实质上是农村生产性投资资金中来自金融机构贷款的比例,进而间接反映农村金融需求约束程度,该指标越小,说明农村固定资产投资通过金融借款满足的程度较低,农村经济主体从金融机构贷款的意愿越低,进而说明金融需求约束的程度越高;反之,该指标越大,说明农村经济主体向金融机构贷款的意愿越高,从而金融需求约束程度越低。

（二）农村金融发展的需求约束程度度量

根据所构建的指标,对中国农村金融发展的需求约束程度指标——$F_D CR$ 的进行测算,如表 5-1 所示,1981 年我国农业贷款仅为

286亿元，到2019年则达到39695亿元，增长了138倍；1981年农村固定资产投资仅为249.9亿元，2019年达到9396.2亿元，增长37倍，远低于农业贷款的增长速度，意味着随着农村市场经济的发展，农村金融需求的约束程度总体上呈现缩小的趋势。如图5-1所示，农村金融发展的需求约束大致呈现出明显的三个阶段。

表5-1　　　　　　　　农村金融发展的需求约束程度

年份	金融机构农业贷款（亿元）	农村固定资产投资（亿元）	农村金融发展的需求约束（%）
1981	286	249.9	114.45
1982	333.65	329.9	101.14
1983	394.89	415.7	94.99
1984	722.58	553.9	130.45
1985	816.63	677.7	120.50
1986	1138.9	820.2	138.86
1987	1457.2	1061.1	137.33
1988	1722.8	1321.9	130.33
1989	1888.1	1276.4	147.93
1990	2412.8	1242.6	194.17
1991	2976	1536.6	193.67
1992	3868.5	2000.4	193.39
1993	4839.1	2768.9	174.77
1994	1143.9	3507.8	32.61
1995	1544.8	4375.6	35.30
1996	1919.1	5346.3	35.90
1997	3314.6	5746.9	57.68
1998	4444.2	5914.8	75.14
1999	4792.4	6122.7	78.28
2000	4889	6695.9	73.01
2001	5711	7212.25	79.18
2002	6885	8011.15	85.94
2003	8411	9754.91	86.22

续表

年份	金融机构农业贷款（亿元）	农村固定资产投资（亿元）	农村金融发展的需求约束（%）
2004	9843	11449.24	85.97
2005	11530	13678.51	84.29
2006	13208.2	16629.48	79.43
2007	15429	19859.47	77.69
2008	17629	24090.1	73.17
2009	21623	30678.38	70.48
2010	23043	7885.98	292.20
2011	24432	9089.07	268.80
2012	27261	9840.59	277.03
2013	30437	10546.66	288.59
2014	33394	10755.78	310.47
2015	35137	10409.79	343.30
2016	36627	9964.9	367.56
2017	38713	9554.4	405.19
2018	39424	10039.2	392.70
2019	39695	9396.2	422.46

资料来源：历年《中国金融年鉴》《中国统计年鉴》《中国农村统计年鉴》。

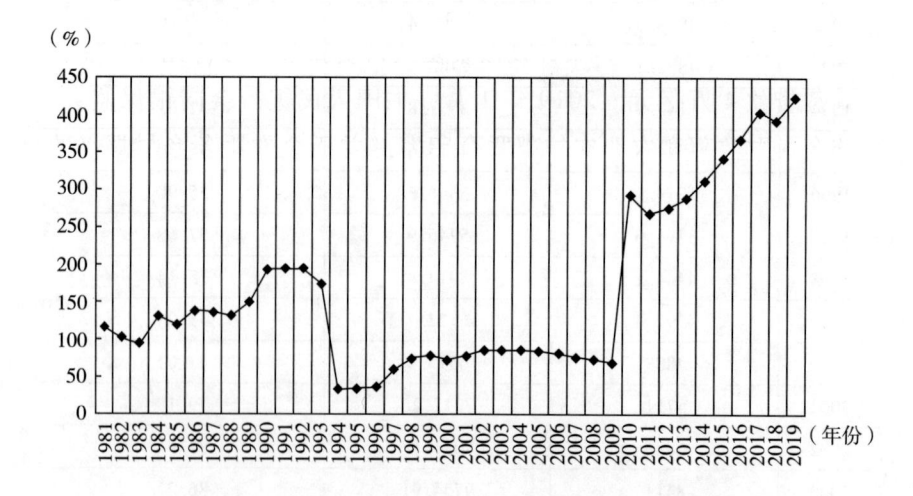

图 5-1 1981—2019 年农村金融发展需求约束程度

第一个阶段为 1981—1993 年，这一阶段为经济体制改革初期，为了支持作为改革试点的农村经济体制改革，政府采取了鼓励农业贷款的金融政策，使得农业贷款的量高于农村固定资产投资，F_DCR 指标的数值基本上都在 100% 以上，说明这一阶段农村金融发展的需求约束程度相对较低。

第二个阶段为 1994—2009 年，为农村金融发展的需求约束程度较高时期。1992 年邓小平南方谈话，加速了城市经济体制改革的步伐，为了动员农村金融剩余以支持城市经济体制改革对融资的需求，推行的金融体制改革更多地倾向于城市经济的融资需求，再加上推行的城乡不平衡发展战略，从而使得农村地区金融需求受到严重约束：农业贷款的量低于农村固定资产投资量，F_DCR 指标小于 100%。

第三阶段为 2010 年之后，农业贷款的量高于农村固定资产投资，F_DCR 指标都在 200% 以上，2019 年则达到 422.46%，说明这一阶段农村金融发展的需求约束程度较低。主要得益于 2010 年以来，政府对于普惠金融的大力推行，各商业银行均成立了普惠金融事业部，中国农业银行、中国邮政储蓄银行则成立了"三农"金融事业部，使得农业贷款增长较快。特别是，脱贫攻坚与乡村振兴战略提出与全面实施以来，各金融机构均提高了对于农村信贷的支持力度。2016—2020 年，累计发放贫困人口贷款近 3 万亿元和产业精准扶贫贷款 4 万亿元。2019 年 1 月，中国人民银行会同银保监会、证监会、财政部和农业农村部联合印发《关于金融服务乡村振兴的指导意见》，提出了金融服务乡村振兴的短期和中长期目标，明确了各类机构服务乡村振兴的差别化定位，要求银行业金融机构深化金融产品和服务创新，引导更多金融资源回流农村，同时建立健全多渠道资金供给体系，拓宽乡村振兴资金来源。因而，金融支持农业的力度提升，农业信贷增加，使得农村金融需求的约束程度得到较大幅度的缓解。

第二节　农村金融发展需求约束问题的表现

一　信贷需求整体偏低

农村地区经济社会发展滞后，金融市场发育程度较低，信贷市场功能较弱，不仅存在着严重的信贷供给约束，而且同时存在着经济主体对信贷有效需求不足的需求约束问题。突出表现在农村地区金融资源严重不足、资本严重匮乏的情况下，大量的农村信贷资金由于内部需求不足，而源源不断地流向城市地区。仅以正规金融体系为例，改革开放以来，除了1989年、1990年两年农村贷款高于存款外，其余各年农村信贷资金通过国家控制的银行体系大量流入城市，如图5-2所示，1978年，农村信贷资金外流的数量为159.7亿元，迅速扩大到2019年的88335亿元，占当年农村存款总额的32%，扩大了550多倍。并且，从资金外流占比上来看，2019年农村外流资金占当地农村存款总额的比例为32%，占农村贷款总额的比例为47%，存款的贷款转化率仅为68%。资金的外流，从侧面也反映出农村金融需求不足的现实，只能依靠外部需求来平衡多余的资金供给。余泉生和周亚虹调查研究数据表明，在1944户有效样本中，有借款需求的农户为1142户，占比仅为58.7%。[①] 张龙耀的调查研究数据表明，有信贷需求的农户占比为31.3%，不足1/3。[②] 可见，农村地区在金融资源严重不足的状况下，大量资金流向城市地区，充分说明了在信贷供给端存在严重的约束状况的同时，农村信贷需求不足，需求约束严重。

---

① 余泉生、周亚虹：《信贷约束强度与农户福祉损失——基于中国农村金融调查截面数据的实证分析》，《中国农村经济》2014年第3期。
② 张龙耀：《从脱贫攻坚到乡村振兴——中国农村小额信贷调查》，新浪网，https://k.sina.com.cn/article_1646697340_62269b7c00100lk3a.html，2019年12月6日。

(亿元)

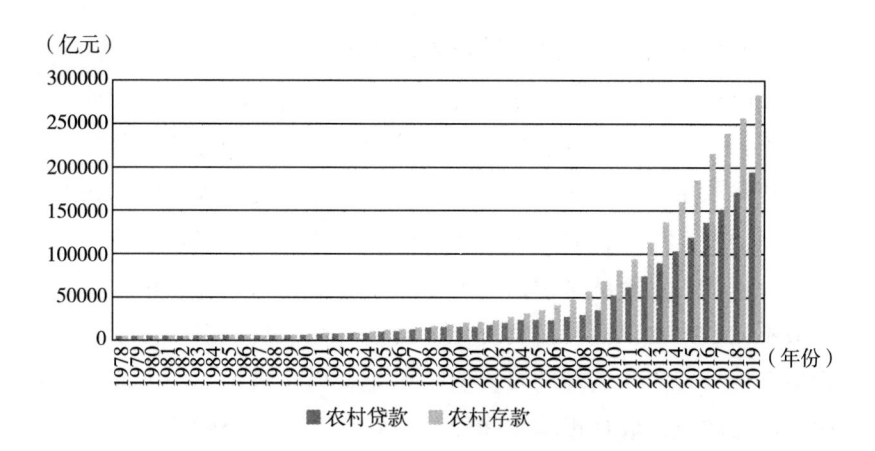

图 5-2 1978—2019 年农村信贷资金外流状况

二　金融服务（产品）的需求较为单一

随着我国市场经济的快速发展，金融市场上的金融服务、金融产品日益丰富，金融的功能随之向外快速延伸。特别是，城市居民随着收入的提高，对于投资理财产品、财富管理服务的需求日益旺盛，城市企业随着业务的发展、规模的扩大，更是对风险投资基金、股票融资、债券融资、众筹融资等直接融资产品或服务的需求快速增加。然而，农村地区的金融需求仍然集中在存款、贷款、转账、汇兑等几个较为简单的基本金融服务（产品）上，金融产品或服务的需求相对单一。一方面，农村经济主体对于投资理财产品或服务的需求严重不足。农村居民经济剩余较少，可用于投资的资金不足，再加上，农村居民的风险厌恶型偏好，从而使其对于金融投资的需求较低。而对于农村企业来说，资金实力有限，发展中资金约束严重，更难以拿出闲置资金进行金融投资。另一方面，农村企业由于规模较小，信用状况较差，盈利能力较低，发展潜力有限，缺乏标准化的财务信息，从而无法满足其他融资途径的基本要求。再加上，农村企业内部缺乏专业、高素质的金融专业人才，因而，也就无法形成对于非信贷融资产品的有效需求。可见，农村金融发展的需求约束，在很大程度上表现为对金融产品需求单一。

三 农村居民家庭生产性信贷需求不足

如前所述,农村居民家庭既是生产组织又是生活组织,因而,农村居民家庭的信贷需求则包括生产性信贷需求和消费性信贷需求。消费性信贷需求主要源于农户在日常生活中所出现的预算赤字,或者在发生大项消费支出、临时性消费支出时出现的资金缺口,一般具有较强的刚性特征,由于消费性信贷没有未来收益作为保障,正规金融部门一般不向农户提供消费信贷支持;而生产性信贷需求则源于农户在进行生产性投资时所遇到的投资资金不足,弹性较强。一方面,农业的比较收益较低,农村市场空间较小,农户的生产经营能力有限,从而导致农村投资的比较收益较低,农户的投资意愿不强,致使其生产性信贷需求不足。另一方面,在农户同时存在消费性信贷需求与生产性信贷需求时,消费性信贷需求由于刚性特征而被放在优先融资次序上,只有消费性信贷需求得到满足时,才会安排生产性信贷需求,进一步约束着农户的生产性信贷需求。黄祖辉等的调查数据显示,在农户获取的正规金融借款中仅有65.27%的金额用于生产领域,非正规金融借款者则仅有22.87%的金额被用于生产领域。[1] 截至2020年年末,在涉农贷款中,生产性贷款约为86111亿元,仅占全部贷款总额的22%。[2] 可见,农村居民家庭的生产性信贷需求严重不足,致使农村金融发展受到较大约束。

四 地区间金融需求约束程度不同

对于农村居民家庭而言,东部发达地区农户参与市场活动频繁,能够较好地理解金融市场,具有主动利用外部金融市场平滑消费、筹集投资资金、获取投资收益的意识和能力。因而,东部地区农村居民家庭金融需求约束程度最小。中部地区农户主要以从事传统农业为主,生产投资较小,具有一定的经济剩余积累,基本上能满足生产、生活中的资金需求;并且,中部地区农户受传统观念的影响较重,"量入为出""轻不言债"等观念根深蒂固,从而导致中部地区农户

---

[1] 黄祖辉等:《中国农户的信贷需求:生产性抑或消费性?》,《管理世界》2007年第3期。

[2] 中国人民银行:《农村金融服务报告(2020)》,中国金融出版社2021年版。

不愿通过举债进行平滑消费、筹集投资资金。因而，中部地区农户的需求约束程度最为严重。西部欠发达地区农户收入较低，经济剩余积累极少，长期生活在温饱线附近，生活中经常性出现资金不足的状况，自身积累也难以应对生产性投资需求，从而使得西部地区农户具有较高的消费信贷需求和生产消费需求。因而，西部欠发达地区金融需求约束程度介于东部地区与西部地区之间。从农业部农村固定调查点数据上可以看出，东部地区借款额度最高，为2791.07元/户，中部地区最低，为1806.44元/户，西部地区则为2619.1元/户。对于农村企业来说，东部发达地区市场空间大，发展机会多，资本收益率高，从而使得东部地区农村企业投资需求旺盛。因而，东部地区农村企业金融需求约束程度最低。西部欠发达地区市场化程度低，专业化分工不细，市场交易不活跃，从而使西部地区农村企业数目少，规模较小，发展潜力不大。因而，西部地区农村企业投资资金需求较少，进而金融需求约束程度最为严重。中部地区农村企业数目、规模、发展潜力等方面都介于东部地区与西部地区之间，从而其金融需求约束程度也介于两者之间。

五 正规金融信贷需求约束严重

农村经济主体的乡土特征明显，在一个相对狭小、封闭的空间范围内形成熟人社区，社区内部信息透明，声誉机制有效，从而使得农村经济主体在遇到资金缺口时，可以从社区内部成员、非正规金融机构获取信贷支持。同时，农村正规金融部门作为外部经济主体，与农村经济主体之间存在较为严重的信息不对称，再加上，农村经济主体资产状况较差，机会主义倾向严重，从而正规金融机构对于农村经济主体信贷资质的审查较为严格，手续较为复杂，审查的时间较长，贷款条件较为苛刻，大多数农村经济主体难以满足正规金融部门的要求，从而存在较为严重的正规金融信贷配给与信贷约束。因而，农村经济主体在充分考虑信贷的便利性、及时性、可得性及显性、隐性成本的基础上，会优先选择非正规金融部门进行信贷融资，从而使其对于正规金融部门的信贷需求约束严重。以农户信贷为例，在借款总额中，私人借款数量为1470.66元/户，占全部借款总额的61.7%，银行借款额396.47元/户，占比仅为16.6%，信用社借款487.90元/户，占比仅为20.5%。可见，农村正规信贷需求约束严重。黄祖辉的研究结果显示，在800户样本家庭中，向信用社申请过贷款的农户142户，占比仅为17.32%，从未申请过贷款的农户678户，占比为82.68%。① 钟春平对于安徽的调查数据显示，有18.84%的农户由于"觉得麻烦"而不申请贷款。② 余泉生和周亚虹的研究表明，在农户生产性信贷需求中有62.75%来自民间借贷，正规金融仅占37.25%；消费性信贷需求中，高达83.75%来自民间金融，仅有16.25%来自正规金融。③ 张龙耀调查显示，农户有信贷需求但由于各种原因未向银行申请信贷，这部分农户占到有信贷需求农户的35.55%。④ 可见，农村经济主体对于正规金融信贷需求约束严重。

第三节 农村金融发展需求约束的宏观层面原因

农村经济主体的金融需求主要取决于其对收益、成本以及风险等金融因素做出充分权衡的情况下，所作出的经济选择。对于"小农经济"下的农户而言，在进行决策时，除了考虑"收益最大化"或"效用最大化"目标外，更多地还要考虑"风险最小"或"安全第一"的行为目标。农村企业相对农户而言，更接近理性主体行为，在决策时仍以收益最大化为第一目标，兼顾风险目标。因而，农村金融市场需求约束的成因，要从以下三个方面加以分析：一是预期收益。

---

① 黄祖辉：《中国农户的信贷需求：生产性抑或消费性?》，《管理世界》2007年第3期。
② 钟春平：《信贷约束、信贷需求与农户借贷行为：安徽的经验数据》，《金融研究》2010年第11期。
③ 余泉生、周亚虹：《信贷约束强度与农户福祉损失——基于中国农村金融调查截面数据的实证分析》，《中国农村经济》2014年第3期。
④ 张龙耀：《从脱贫攻坚到乡村振兴——中国农村小额信贷调查》，新浪网，https://k.sina.com.cn/article_1646697340_62269b7c00100lk3a.html，2019年12月6日。

只有农村经济主体的预期收益高于信贷资金的利息成本、交易成本，并能够充分覆盖风险因素后，农村经济主体才会形成有效的信贷需求。二是成本因素。成本因素除了农村经济主体支付的利息、服务费等显性经济成本外，还包括其为了获取金融服务所要花费的包括时间成本、人情成本、谈判成本等在内的交易成本。三是风险因素。风险因素主要是指农村经济主体在享受金融服务时，所面临的未来不确定性及其损失。农村经济主体承受风险的能力较弱，普遍为风险厌恶者，特别是符合小农"道义经济"逻辑的农村居民，更是把"安全第一"作为首要行为准则和行为目标。因而，农村经济主体在进行金融需求决策时，对于风险因素赋予更高的权重。

一　农村市场化程度较低

市场经济的核心是交换经济和分工经济，交换越发达，分工越细，进而会演化出更多的产业。按照斯密的分工理论，专业化分工能够促进经济效率的提高，而分工源于市场交换的需要，分工水平取决于市场交换活跃程度。杨格在《收益递增与经济进步》中提出"劳动分工与市场规模之间相互促进、相互循环演化"的思想，杨小凯则发展了这一思想，提出内生经济增长理论，即分工的演进推动了市场交换的活跃及市场规模的扩大，而市场交换的发展、市场规模的扩大又反过来促进分工的细化。我国农村地区市场经济发展滞后，市场化程度较低，特别是在西部欠发达地区，自然经济犹存，农村居民部分消费品还未完全实现商品化，甚至有些偏远地区自然经济所占比重依然较大。这种状况的存在，就使得我国广大农村地区，市场交换不活跃、市场规模难以扩大，进而限制分工演化，专业化分工不细。一是专业化分工水平低，会造成农村地区产业的演化缓慢，农村经济主体可供选择的产业较少，基本上集中在传统的农业及农产品粗加工业上，进而导致农村经济主体投资渠道较少，投资需求较低，从而难以引致出更多的信贷资金需求。二是专业化分工水平低，会造成农村地区经济效率低下，进而投资收益率也相对较低，致使农村经济主体的投资动机不足，生产性金融需求不足。三是专业化分工水平低，市场交易不活跃，造成农村经济主体市场交易频率较低、交易额较小，从而约束农村经济主体因交易需求而引致的结算、转账及商业票据贴现等金融中介服务需求的有效提高。可见，农村地区市场化程度较低，分工不细，市场交换不活跃，不仅使得农村投资需求所引致的信贷需求不足，而且还使得交易需求所引致的金融中介服务需求受到显著约束。

二 农业的弱质性

农业的弱质性主要体现在收益低、风险大。一方面，我国人口众多，耕地较少，粮食安全的压力较大；农村居民人口较多，以家庭为单位的生产组织较小，导致农村家庭的土地规模较小、地块分散，使得我国农业生产投入较大，成本较高。同时，长期采取的价格"剪刀差"政策，使得大量农业剩余转移到工业领域，虽然通过价格体制改革，"剪刀差"得到一定的纠正，但这种"剪刀差"在一定程度上仍起作用，农产品价格偏低、工业品价格较高的状况仍未彻底改变。因而，我国农业生产的收益低、成本高。另一方面，农业生产面对的外部不确定性风险较高，主要包括自然风险和市场风险。农业生产除了劳动力、资本等经济资源外，自然环境因素在农业生产的作用也极为重要，农业生产更容易受到温度、日照、水分、气候等不可控的自然因素影响，从而使得农业生产中的自然风险极高；同时，农产品的生产周期长，供给弹性较大，供给主要由上一期价格决定，需求弹性较小，需求由当期价格决定，从而使得农产品具有典型"发散型蛛网模型"的特征，价格波动风险较高；再加上，农产品鲜活、易腐、易变质的特性，需要及时地销售出去，完成商品生产中的"惊险一跳"，从而导致农产品销售的市场风险较大，损失较高。可见，农业生产经营中存在较高的自然风险与市场风险，意味着农业生产投资风险较大，约束农村经济主体的农业投资冲动，进而使得农业生产性信贷需求约束程度较高。

三 农村地区基础设施建设滞后

基础设施的完善，不但能够有效地降低当地运输成本、交易成本以及居民的生活成本，还有利于知识、信息的传播及要素、商品的流通，从而有效地提高当地的经济效益、生活质量以及技术水平等。我国农村地区基础设施，虽然得到较大幅度的完善，对于农村经济社会的发展起到了有效的促进作用。然而，由于农村地区村庄之间距离较远，居民居住分散，距离中心城镇的距离偏远，特别是西部欠发达地区村庄多位于大山深沟之中，使得我国农村基础设施建设的任务重、困难多。

脱贫攻坚与乡村振兴战略的提出与实施，使得农村基础设施得到较大幅度的完善，2018年，全国农村99.47%的建制村通硬化路，行政村光纤和4G网络通达比例均已超过98%，贫困村的固网宽带覆盖率达99%，实现了全球领先的农村网络覆盖；80%的行政村建有生活垃圾处理设施，全国54.2万个行政村建有农家书屋58.7万个，62.2万个村卫生室。可见，农村地区初步完成最基本的基础设施建设，但基础设施的升级速度较慢，特别是数字化、信息化以及电子商务等新基建的建设步伐仍然滞后，不能完全满足农村地区经济社会发展需要。一方面，农村数字、信息化建设滞后，信息基础设施薄弱，投入少，城乡数字鸿沟明显，城乡网民比例是3.2∶1。据农业农村部信息中心监测，2018年全国县域用于农业农村信息化建设的财政投入，25.2%的县域低于10万元，仅有20.0%的县域在500万元以上，我国县域数字农业农村发展总体水平为33%。另一方面，电子商务新基金的建设仍处在初级阶段，农村电商"最后一公里"仍存在薄弱环节。我国农村地区，有高达74.9%的村没有农村电商配送站点，农产品分级包装、加工仓储、冷链物流、追溯体系等方面的基础设施仍不完善，从而导致农村电子商务缺少完善的质检、分级、包装、保鲜、仓储加工等线下服务链条的支撑。

可见，农村地区基础设施建设仍不完善，不仅使得当地包括运输成本、生产成本、交易成本等在内的生产经营成本较高，而且也严重影响农村地区生产要素、商品、信息的有效流动，不利于专业化分工的演化，从而使得农村地区投资机会较少、投资收益偏低。因而，农村经济主体投资需求不足，进而使得其生产性信贷需求受到投资动机的严重约束。

四　农村地区市场体系建设仍然滞后

农村地区市场建设虽然取得长足发展，然而，相对于城市地区仍有较大差距。第三次农业普查的结果显示，全国仅有68.1%的乡镇有商品交易市场，39.4%的乡镇有以粮油、蔬菜、水果为主的专业市场，10.8%的乡镇有以畜禽为主的专业市场，4.3%的乡镇有以水产为主的专业市场。① 可见，农村地区的市场体系建设仍不完善，市场化步伐滞后。首先，长期的城乡二元体制，严重割裂了城乡之间的经济社会发展，使得农村地区市场化水平、市场体系建设、市场制度等都与城市之间具有完全不同的特征和运行规律，严重阻碍了城乡之间商品、要素、信息、技术的自由流动，使得城乡之间市场相对隔离。再加上农村地区之间在技术水平、劳动生产率、投资收益率等方面低于城市地区，并且，两者落差巨大，这就使得城乡之间市场分割具有相对意义，劳动力、原材料、资本等生产要素主要由农村市场流向城市市场，工业制成品则由城市市场流向农村市场。因而，城乡市场之间的这种相对分割，严重挤压农村经济主体的市场空间，使其投资渠道受阻，生产性信贷需求约束严重。其次，农村地区村庄、乡镇之间相距较远，交通不便，特别是中西部地区，以乡镇为核心形成的市场具有较大的封闭性，乡镇市场之间、乡镇与城市市场之间都相对分割，资源、商品、信息难以快速、顺畅地流动，使得农村地区经济主体的市场辐射范围较小，发展空间不大，进而影响当地农村经济主体的投资动机，约束其所引致的生产性信贷需求。再次，不同区域之间，农村市场的差异性较大，再加上，当地居民对于来自外部匿名社区经济主体及商品缺乏信任感，从而阻碍商品市场空间的拓展，导致农村经济主体因投资需求不足而生产性信贷需求受限。最后，农村电子商务的发展相对滞后。农村电子商务的发展，能够有效突破农村市场物理空间的限制，打破市场分割。农村网络零售额由2014年的1800亿元增长到2019年的1.7万亿元，规模总体扩大8.4倍，示范地区建成农村电商公共服务和物流配送中心1700多个，乡村电商服务站点超过12万个。然而需要注意的是，农村电商中工业品向农村

---

① 国家统计局：《第三次全国农业普查主要数据公报》，国家统计局官网，http://www.stats.gov.cn/tjsj/tjgb/nypcgb/qgnypcgb/201712/t20171215_1563589.html，2017年12月15日。

地区输送的比重占据绝大多数，农产品在农村网络零售额中的比重依旧偏低，平均增长速度也低于农村网络零售额的增速，从而导致农村电商对于农村经济的拉动作用仍然较小，从而限制农村经济主体生产经营性贷款需求的有效提高。

五 农村土地投资不足

我国现有的农村土地制度实质上是在"人多地少"现实基础上，国家给予粮食安全、社会稳定的目标下，充分给予农村居民生存保障的一种制度安排。农村土地产权被分离为三个层次，国家拥有土地的处置权，集体拥有土地的所有权，农户通过承包的方式获得土地的使用权。

首先，现有土地产权制度使得农村土地过于细分化、分散化，进而使得农业生产"过密化""小农化"严重。我国人均耕地2亩，小农户生产是我国农业的基本特征，现在有农户3亿户左右，50亩以下农户耕地占全国耕地总面积的80%，全国户均耕种土地9亩，平均分布在4.1块土地上，不足一亩的土块占比最高，平均有2.41块；1—3亩的地块平均1.14块，3—5亩、5亩以上的地块分别有0.3块、0.25块，87%的土地都在3亩以下。这种过于细碎的土地，不利于农业的集约化、规模化经营，难以使用大型农用机械，导致农业资本有机构成较低，农户对于农业投资额不大，利用自有资金基本上可以满足农业生产性投资，从而使得农村居民对于农业生产性信贷约束严重。

其次，农村居民仅拥有土地使用权，农用土地转让、出租与抵押的功能较弱，不利于农村土地的资本化，并限制农用土地的集中，难以实现规模化、集约化经营，不仅使得农户对于农业投资的额度较小，而且也使得农村地区难以从传统的农业生产分化出现代产业体系，从而使得农村地区的投资渠道无法拓展。2019年我国主要农作物（小麦、玉米、水稻）耕种收综合机械化率69%，而设施农业机械化率仅31%—33%。因而，农用土地产权的内在缺陷，使得农村地区投资不足，进而无法引致出更多的生产性信贷需求。

再次，现有农村土地规模小，收益较低。对于农户来讲，土地不是其收入提高的主要途径，更多地成为农户的生存、养老保障，保障功能远强于收入功能，从而导致农户通过农业投资以提高收入的动机不足。

最后，农用土地所有权属于集体，而村、组集体基本上无任何财权，没有投资的能力，从而导致农业投资主体，特别是公共性投资主体严重缺位。因而，在农户无投资动机、集体无投资能力的情况下，农业投资严重不足，进而使得农业生产性信贷需求约束严重。

第四节 农村金融发展需求约束的金融体系方面原因

一 农村金融机构远离乡村

在1998年，国有银行收缩战线后，撤销、合并了大量农村基层分支机构和网点，使得国有银行机构从农村地区撤离。虽然在2010年中国农业银行重返县域经济以后，这种状况有所改善，但中国农业银行在农村的机构网点也仅仅布设在县城，或者较大些的乡镇。在此状况下，农村地区在乡镇的金融机构一般仅有农村信用社一家，少数乡镇还有中国邮政储蓄银行或中国农业银行，截至2020年年末，全国仍有892个乡镇仍为金融机构空白乡镇；乡镇以下农村基层地区，基本上无金融机构。而村庄与乡镇之间的距离较远，特别是西部欠发达地区，村庄到乡镇之间的出行难度较大、成本较高，进而使得农村经济主体获取金融服务的成本较高。可见，农村金融机构远离乡村，整个金融体系对于农村经济主体具有严重的"地理排斥"，加大农村经济主体获取金融服务的出行成本和时间成本，从而限制农村经济主体对金融服务的需求量。

二 贷款条件高、审查严格

农村金融机构远离乡村，使其难以获取农村经济主体的有效信息，导致农村信贷市场信息不对称状况严重。为了克服信息不对称下的道德风险和违约风险，各金融机构对于农村信贷者要求资产抵押或有效担保，以约束信贷者的机会主义倾向和违约行为，从而加大了资产状况较差、缺乏有效担保的农村居民及小微企业的信贷难度，影响其信贷可得性。张龙耀的调查研究结果显示，未向正规金融机构申请贷款的农户中，20%的农户是因为"抵押担保要求太高"。① 因而，农村金融机构的贷款条件较高、审查严格，使得农村经济主体信贷可得性较低，信贷成本较高，在综合考虑到信贷可得性、及时性以及信贷成本的基础上，会使得一部分农村经济主体或者减少信贷需求，或者优先考虑便利、及时、灵活的非正规金融信贷需求，降低对正规金融体系的信贷需求。

三 贷款手续复杂

一方面，由于存在严重的信息不对称，金融机构在农村经济主体提出贷款申请时，一般要经过极为严格的资格审查、信用审查以及资产审查等，手续复杂，时间较长，一般需要在村庄与信用社之间往返多次，在金融机构远离乡村的情况下，会极大地增加农村经济主体包括时间成本、出行成本在内的总信贷成本。因而，农村经济主体在申请包括贷款在内的金融服务时，需要严格按照金融机构的要求履行一系列的手续后，签订契约。在文化素质不高、学习能力不强、金融知识储备不足的情况下，农村主体难以正确理解、把握相关契约内容和条款，为金融机构及其业务员的机会主义倾向提供了存在空间，使得金融机构业务员利用信息优势，选择倾向性较强的信息告知，隐藏有效信息，干扰农村经济主体的经济决策。因而，在金融机构手续较为复杂的情况下，加大了农村经济主体享受金融服务的隐性成本和隐性风险，约束其对于正规金融部门金融产品和服务的需求。另一方面，由于农村经济主体距离金融机构较远，出行成本较高，复杂的手续会额外增加农村经济主体申请金融服务的时间成本和出行成本，约束其对于正规金融机构的金融需求。何琳和廖东声对广东省所做的调查发现，有16.9%的样本农户因不懂正规的贷款手续而未申请贷款；50%的农户认为农信社贷款不方便，72.7%的农户认为农信社贷款手续复

---

① 张龙耀：《从脱贫攻坚到乡村振兴——中国农村小额信贷调查》，新浪网，https://k.sina.com.cn/article_1646697340_62269b7c00100lk3a.html，2019年12月6日。

杂烦琐。[①] 刘西川等对内蒙古、河南、山西三省四县的调查显示，有12.39%的农户未申请农信社贷款的原因为"太麻烦"。[②] 钟春平等对安徽省的调查显示，有18.84%的农户由于"觉得麻烦"而不申请贷款。[③] 张龙耀的调查显示，未向金融机构申请贷款的农户中，40%的是由于"手续复杂、审批时间长"。[④] 上述实证结果都支持了正规金融机构贷款手续复杂，对农村信贷需求具有较强的约束作用。

四 非正规金融机构（主体）的约束严重

农村非正规金融的发展能够有效地弥补正规金融发展不力的空白，成为农村经济主体融资的重要来源。农村非正规金融由于其便利性、及时性，很受农村经济主体的欢迎，在农户借款中，有60%左右的借款来自私人借款。但是，农村非正规金融体系的发展，也存在着对农村金融需求产生约束作用的因素。一是农村非正规金融，特别是私人借款，主要以农户的社会资本为基础，而社会资本具有一定的阶层性，收入阶层不同的群体之间难以形成有效的社会资本，这就使得收入较低的农村经济主体，找到能够并愿意向自己提供信贷的主体难度较大，从而制约农村经济主体对于信贷资金的需求。二是农村私人借款，多数都发生在亲朋好友之间，以双方紧密关系下的人际信任为基础，虽然一般都不需要支付利息，但是，借款人的借款信息就会通过"闲言碎语"在一定的关系圈层快速传播，从而使得借款人要支付一定的"面子成本"或"声誉损失"。因而，巨大的"面子成本"或"声誉损失"，会导致借款人在进行借款决策时遵循"轻不言债"原则，借款比较谨慎，需求较少。三是小额信贷公司、典当行等非正规金融机构虽然手续简单，贷款及时便利，但是，利息相

[①] 何琳、廖东声：《农户借贷行为与农村金融供求均衡：241个样本》，《改革》2009年第3期。

[②] 刘西川等：《贫困地区农户的正规信贷需求：直接识别与经验分析》，《金融研究》2009年第4期。

[③] 钟春平等：《信贷约束、信贷需求与农户借贷行为：安徽的经验数据》，《金融研究》2010年第11期。

[④] 张龙耀：《从脱贫攻坚到乡村振兴——中国农村小额信贷调查》，新浪网，https://k.sina.com.cn/article_1646697340_62269b7c00100lk3a.html，2019年12月6日。

对较高，借款人的"剩余损失"更大，也会限制一些弹性较大的信贷需求。

第五节　农村金融发展需求约束的农村经济主体原因

一　生产经营规模较小

对于农村居民家庭而言，家庭成员较少，土地规模较小。2019年，全国农村家庭人口平均仅为3.74人/户，家庭劳动力平均为2.82人/户，户均土地仅为7.12亩，农业生产规模极小，农业保障功能高于收入功能。兼业农户，也多为家庭式作坊，生产规模较小。因而，农村居民家庭生产规模较小，从而所需投资额较低，全国农户平均拥有生产性固定资产原值仅为9405.6元/户，粮食作物生产费用投入仅为1794.69元/户，[①] 农户依靠自身积累，基本上能满足生产性投资需求，导致其生产性信贷需求较低。对于农村企业而言，基本上都为小微企业，雇用劳动力数量较少，多集中在农业或农产品粗加工行业，生产规模较小，生产设备简单，所需投资额较小。再加上，农村企业以当地资源为主，市场空间较小，日常生产所需流动资金不多，扩大规模、追求更高发展的投资冲动不足。因而，农村企业的投资动机不足，导致投资性生产信贷需求约束严重；农村企业日常流动资金需求也相对较小，临时性生产经营资金需求不多，导致临时性信贷资金需求也相对较小。

二　农村居民文化素质较低

相对于城市居民而言，农村居民文化素质相对偏低，不仅影响农村居民职业转换的难度，降低外出务工收入，而且也影响当地农村地区产业的发展和升级。再加上，我国城市化及工业化进程中，表现出

[①] 国家统计局农村社会经济调查司：《中国农村统计年鉴（2020）》，中国统计出版社2021年版。

的农户显著"逆向淘汰"趋势,即优秀的农户会不断地离开农业、农村,留下的农户多为素质相对较低的农户,从而使得农村地区劳动力的整体素质随着城市化的进程而逐步下降。第三次农业普查数据显示,在农村经营人口中,未上过学的人口占比6.4%,小学文化程度的人口占比37%,初中文化程度的人口占比48.4%,高中及以上文化程度的人口占比仅为8.2%。绝大多数农村居民都为初中及以下文化程度,占了农村居民总人口的91.8%。[1] 可见,农村居民文化素质整体低,学习能力较弱。一是较低的劳动力素质,使得农村地区整体劳动生产率较低,进而导致农村地区投资收益率较低,约束农村地区投资增加而引致的生产信贷需求。二是较低的劳动力素质,使得农村居民学习能力较弱,市场知识积累不足,严重影响当地居民的生产经营能力,限制当地居民生产经营规模扩大而引致的投资信贷资金需求。农村居民家庭户主是生产经营决策的主要决定者,文化素质的高低,直接影响生产经营能力。2019年,未上过学的户主占比3.6%,小学程度占比32.5%,初中程度占比50.8%,三者合计为86.9%;高中及以上程度仅占比13.1%。[2] 可见,家庭户主文化程度较低,学习能力不强,导致农村家庭生产经营能力有限。三是农村地区劳动力素质较低,金融知识不足,导致农村居民不能正确地理解成本、收益、风险等金融要素,对于一些金融产品和服务的接受能力较弱,从而制约其对于这些金融产品和服务的需求。四是农村劳动力素质低,也反映在劳动者技能单一、职业转化速度较慢上,农村地区居民缺乏创新能力和创业意识,从而导致农村地区专业化分工演化较慢,专业化生产发展缓慢,使得农村地区投资渠道较少,减少当地居民的金融需求。

三 农村经济主体传统观念较强

我国农村地区长期处在传统农业社会,市场化进程缓慢,传统乡

---

[1] 国家统计局:《第三次全国农业普查主要数据公报》,国家统计局官网,http://www.stats.gov.cn/tjsj/tjgb/nypcgb/qgnypcgb/201712/t20171215_1563589.html, 2017年12月15日。

[2] 国家统计局农村社会经济调查司:《中国农村统计年鉴(2020)》,中国统计出版社2021年版。

土社会特征显著，现代市场经济意识和市场经济观念还未完全被农村经济主体所接受，传统观念和传统意识的影响仍然较大。一是传统农业社会形成的"量入为出""勤俭节约"等消费观念，使得农村居民缺乏依靠借贷来平滑消费、提高消费水平的意识，在消费资金出现赤字时，农村居民的第一选择是忍耐与缩减消费，只有在消费赤字存在无法忍耐、推迟的刚性时，才会选择借贷。因而，受传统文化的影响，农村居民对于消费信贷需求约束严重。二是在农村传统观念里，无负债成为家庭资产状况、富裕程度的重要标志，借贷则会使得农村居民遭遇重大的"声誉损失"，从而形成了农村居民根深蒂固的"轻不言债"传统观念，在农户遇到资金不足时，或者推迟、缩减消费，或者推迟投资。因而，"轻不言债"的传统观念，使得农村金融需求约束严重。三是农村居民受传统农业社会"勤劳致富"传统观念的影响，对于利息缺乏正确认识，总是把利息看成不劳而获，或者不必要的无效支出。因而，农村经济主体对于存在利息支出的借贷，具有强烈的排斥心理，在能够找到克服资金难题的其他途径时，绝对不愿举借资金。

四 农村经济主体多为风险厌恶者

农村居民长期为温饱问题而不懈努力，在实现温饱之后，对于温饱状态无比珍惜。而农村经济主体收益较低，经济剩余的积累有限，农业生产自然风险与市场风险都相对较高，收益具有较大的脆弱性，一旦遇到收入大幅度降低或者支出大幅度上升的不确定事件时，生活水平就很可能重新回到温饱线以下。而农村社会保障程度相对较低，不足以弥补农村居民不确定事件的风险损失，从而使得农村居民对于不确定性风险特别敏感。因而，农村经济主体多为风险厌恶者，在进行经济决策时，会把风险的考量放在尤为重要的位置，所赋予的权重也相对较高。在此状况下，农村经济主体更多地采取保守主义行为，小富即安，不愿承担投资风险，投资冲动被严重压制，从而导致农村经济主体的信贷需求被严重约束。另外，农村经济主体对于风险的厌恶，也体现在其对于股票、债券等金融投资产品的偏见，以及对于存款的极度偏好上，从而使得农村经济主体对于金融投资产品的需求严重被抑制。

第六章

中国农村金融发展的结构性约束及其原因

第一节 农村金融的供给异质性特征

一 正规金融机构的供给异质性特征

（一）中国农业发展银行的供给特征

成立于1994年的中国农业发展银行，是我国农村金融市场上最为重要的政策性金融机构。2020年年末各项贷款余额为61452亿元（其中90%以上为政策性贷款），比2019年增长了10%，占全部金融机构涉农贷款的15.8%。金融服务供给特征可以概括为：

1. 信贷结构单一

从结构上看，2020年，发放粮食收储贷款5786亿元，年末余额17803亿元，占全部贷款的29%；新型城镇化、农村人居环境整治、生态环境整治等开发性基础设施建设贷款7110亿元，年末余额33179亿元，占比为54%；两项合计达到83%。可见，中国农业发展银行信贷支农的力度逐年大幅度增强，信贷业务的种类有所扩大，信贷结构中开发性基础设施贷款占比最高，说明中国农业发展银行的政策性金融业务已经由以农产品收储贷款为主向农村开发性贷款转变。① 但针对农村企业及农户的贷款严重不足，2020年农林牧渔贷款余额978亿元，仅占1.6%，对于农户贷款为零，农村贷款（县及县以下）余额26601亿元，占比仅为43%。可见，中国农业发展银行的信贷结构较为单一，贷款下沉程度不够，对于农业、农户的支持力度极不明显，严重影响其在农村金融体系中的功能。②

2. 信贷资金来源结构单一

中国农业发展银行的运营资金主要来源于金融债券发行、央行提供的再贷款资金、财政支农资金、企事业单位的存款以及境外筹资五个方面，其中金融债券发行、企事业单位存款、央行再贷款是最为重要的资金来源途径。2020年，中国农业发展银行所有者权益1935亿元，比2015年增长将近1倍；负债总额为72667亿元。其中，各项存款余额仅为10699亿元，占负债总额的比例为15%，应付金融债券余额为52587亿元，占比为72.4%，向中央银行借款7773亿元，占比为10.6%。说明中国农业发展银行的资金来源途径较为单一，主要以金融债券为主，资金来源具有较强的刚性硬约束特征，需严格按照到期日进行还本付息。从变化趋势上可以看出，金融债券融资的比例逐渐在提高，由2010年的54.4%提高到2020年的72.4%；各项存款所占比例在基本保持稳定的状态下略有下降。从这种变化趋势上可以看出，中国农业发展银行通过金融市场进行融资的能力在逐渐增强，资金自筹率达到87.4%，中央银行再贷款渠道对于中国农业发展银行的输血作用在逐渐弱化。③

3. 信贷供给的社会效益较高

中国农业发展银行的业务更多地以政府的农业政策为导向，通过

---

① 中国农业发展银行：《中国农业发展银行年度发展报告（2020）》，中国农业发展银行官网，http://www.adbc.com.cn/pdfToJpg/2020ndbg/2020ndbg/mobile/index.html，2021年发布。

② 中国人民银行：《农村金融服务报告（2020）》，中国金融出版社2021年版。

③ 中国农业发展银行：《中国农业发展银行年度发展报告（2020）》，中国农业发展银行官网，http://www.adbc.com.cn/pdfToJpg/2020ndbg/2020ndbg/mobile/index.html，2021年4月27日。

利率、期限以及融资条件等方面的优惠，向"三农"领域提供信贷支持，贯彻、执行政府农业、农村等方面的经济政策。并且中国农业发展银行的政策性金融业务还具有较强的告示效应与引导功能，通过对政府政策扶持领域的资金投入，间接引导商业性信贷、民间资本投资等方面的资金进入政策支持的"三农"领域，形成对国家"三农"政策支持的杠杆效应。另外，中国农业发展银行的业务活动作为政府推行农村经济政策的重要手段，其业务目标更多地体现对于农村经济发展的支持功能，强调信贷项目的普惠性而非营利性，营利性目标从属于信贷资金的社会效益与可持续性。2020年，累计发放扶贫贷款5243.55亿元，年末扶贫贷款余额15011亿元，占全部贷款余额的24.2%，其中，全年投放产业扶贫贷款3478亿元，"三保障"和饮水安全贷款750亿元，后续扶贫贷款442亿元，对于贫困地区、贫困人口的全面脱贫发挥了重要作用。全年新增绿色信贷项目1134个，累计发放绿色贷款3177亿元，绿色信贷余额8484亿元，占全部贷款余额的14%，主要投向节能环保、清洁生产、清洁能源、生态环境、基础设施绿色转型以及绿色服务六大绿色产业，有力地推动我国经济整体绿色转型与高质量发展。粮棉油收购贷款余额7586亿元，收购粮棉油超过全社会收购量的50%，对于稳定农业生产、保障粮食安全起到关键作用。[①] 因而，中国农业发展银行的信贷业务主要集中在对于农村地区整体福利水平提高功能较大的领域，信贷资金的社会效益较高，能够充分发挥杠杆效应，带动农村地区经济社会的整体发展。

（二）中国农业银行的供给特征

大型国有商业银行自1999年以来，对县域金融机构进行合并、撤销，纷纷从县域经济中撤出。再加上，为了有效地降低不良贷款率和控制信用风险，大型国有商业银行大幅度降低涉农贷款投放比例，把业务重点逐步集中在城市地区、集中在非农产业。中国农业银行虽然没有完全从县域经济中撤出，而在县域内保留了大量的机构、网

---

① 中国农业发展银行：《中国农业发展银行社会责任年度报告（2020）》，中国农业发展银行官网，http://www.adbc.com.cn/pdfToJpg/2020shzrbg/2020shzrbg/mobile/index.html，2021年4月27日。

点，但是其贷款业务权限被上收到省级分行，县域机构逐步演化为只有存款而没有贷款业务的专职储蓄机构，贷款非农化十分严重，导致农村资金通过农行系统大量流向城市地区。随着城市地区金融业竞争的加剧，县域经济的逐步繁荣，中国农业银行从2008年开始"三农"金融事业部改革，使得其成为农村金融中最为重要的商业性金融机构。截至2020年年末，中国农业银行发放的涉农贷款余额达到37547亿元，占"中资全国性大型银行"涉农贷款余额的30%，占全部金融机构涉农贷款总余额的11%，从而成为农村金融市场上的中流砥柱，起到农村金融市场上"稳定器"的作用。

从涉农贷款结构来看，截至2020年年末，中国农业银行发放农户贷款余额为16152亿元，涉及农户800多万户，占全部涉农贷款余额的43%；[①] 支持农业龙头企业贷款余额1433亿元，增长17%，占其全部涉农贷款余额的3.8%；对省级以上农业龙头企业的覆盖率分别达到61%，向农业专业大户、家庭农场等新型农业经营主体发放贷款余额1198亿元，占全部涉农贷款余额的3.2%。另外，中国农业银行扶贫贷款余额10914亿元，占其全部涉农贷款余额的29%。[②] 中国农业银行作为我国农村金融体系中的支柱性金融机构，其涉农金融业务主要具有如下特征：

1. 信贷资金供给能力较强

中国农业银行作为我国四大国有商业银行，资金实力较强，截至2020年年末，股东权益为1.9万亿元，远高于中国农业发展银行、中国邮政储蓄银行等涉农金融机构的资本量，再加上中国农业银行机构、网点优势所衍生出的强大储蓄动员能力和较高的市场信誉，使得中国农业银行吸引外来资金的能力较强，资金实力雄厚，截至2020年年末，负债及所有者权益总计为24万亿元，远高于中国农业发展

[①] 中国金融年鉴委员会：《中国金融统计年鉴（2020）》，中国金融杂志社有限公司2021年版。

[②] 中国金融年鉴委员会：《中国金融统计年鉴（2020）》，中国金融杂志社有限公司2021年版。

银行、中国储蓄银行、农村信用社等主要的涉农金融机构水平。[①] 较强的资金实力，一方面，可以为中国农业银行发展农村金融业务提供足够的资金保障；另一方面，还可通过产品、主体的多样化以及区域、产业的分散化，对农村金融中较高的风险进行有效的分散和转移，以降低农业生产中较高的自然风险、市场风险等所衍生出的区域性、行业性信用风险的冲击。2019年年末，发放贷款总额超13万亿元，涉农贷款37547亿元，占全部金融机构涉农贷款的11%，占自身全部贷款总额的28%。因而，中国农业银行较强的资金实力，不仅有助于提高整个农村金融市场的供给能力，而且还能够有效分散风险，冲抵农业信贷的高风险，截至2020年年末，中国农业银行不良贷款率仅为1.57%，远低于涉农贷款不良贷款率的平均水平（2.7%）。

2. 专业性、示范性较强

中国农业银行虽然经过多次金融改革的业务调整，但始终未放弃农村金融业务，一直发挥在县域金融体系中的主导地位。长期坚持的农村金融业务，使其积累了丰富的专业性业务技能、操作规范以及业务经验，在实践操作中也锤炼出一支专业性的农村金融业务人才队伍，具有其他大型商业性金融机构开展农村金融业务所不具有的专业优势、人才优势。再加上其雄厚的资金实力，较强的金融创新能力，能够较快地学习、吸收国内外先进的信贷管理理念和技术，从而使其在农村金融体系中具有较强的示范效应。一方面，通过金融创新及信贷风险管理手段的提高，不断开发出适合农村实际情况的金融产品，为其他农村中小型金融机构提供学习、模仿的模板，以推动农村金融创新，丰富农村金融产品。另一方面，通过自身的业务操作，为农村金融市场提供有效的示范效应，引导其他金融机构进入相关的农村金融领域。

3. 商业性贷款以固定资产抵押与担保型贷款为主

固定资产型贷款技术主要是依靠客户所能够提供抵押资产的价值来决定贷款额度的发放。中国农业银行除了政策性的扶贫贷款之外的

[①] 中国金融年鉴委员会：《中国金融统计年鉴（2020）》，中国金融杂志社有限公司2021年版。

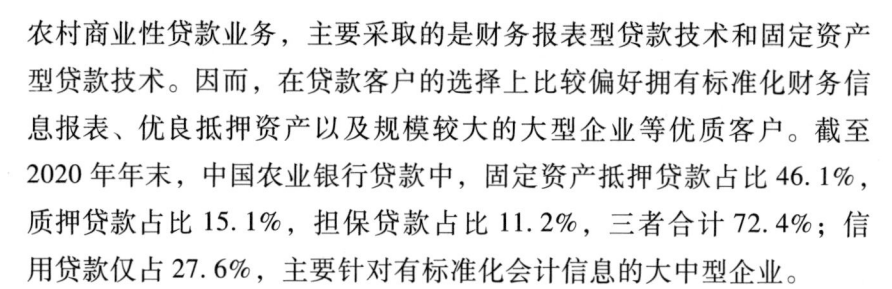

农村商业性贷款业务，主要采取的是财务报表型贷款技术和固定资产型贷款技术。因而，在贷款客户的选择上比较偏好拥有标准化财务信息报表、优良抵押资产以及规模较大的大型企业等优质客户。截至2020年年末，中国农业银行贷款中，固定资产抵押贷款占比46.1%，质押贷款占比15.1%，担保贷款占比11.2%，三者合计72.4%；信用贷款仅占27.6%，主要针对有标准化会计信息的大中型企业。

4. 业务对象更多地偏好于经营状况好、资产实力强的大型企业

作为四大国有商业银行之一的中国农业银行，不仅拥有巨大的资金优势，而且也具有其他大型国有银行在农村金融业务上所不可比拟的网点优势，从而成为农村金融发展中较为重要的金融机构。然而，国有银行的身份，使得中国农业银行与大型国有企业具有天然的亲密感，更偏好于向国有企业发放贷款；其机构布设重心在城市地区，信贷的审批权被上收到省级机构，再考虑到农村地区投资比较收益较低、风险较大、成本较高的现实，使得其信贷资金更多地投向城市地区。因而，中国农业银行对于农村信贷的供给意愿较低，供给的数量受到严重约束。中国农业银行的农村网点相对农信社、村镇银行等金融机构而言，距离农村经济社会较远，对农村地区分散的局部知识不具比较优势，而对大型企业规范、标准化的局部知识的占有具有较强的比较优势，从而导致中国农业银行为更好地控制信贷风险、降低信贷成本、提高盈利水平，在涉农贷款的发放上，更加偏好于农村地区规模较大、实力较强的企业，对于小微企业及农户的贷款支持力度较低。截至2020年年末，中国农业银行支持农业龙头企业贷款余额1433亿元，增长17%，占其全部涉农贷款余额的3.8%，对省级以上农业龙头企业的覆盖率达到61%。可见，中国农业银行贷款发放中，偏好规模较大、实力较强的农业龙头企业。

（三）农村信用合作社（农村商业银行、农村合作银行）的供给特征

农村信用社是我国农村金融体系中最为重要的金融机构，在整个农村信贷中所占比例较高，特别是在乡镇、村等基层地区居民的基本金融服务方面，具有不可替代的作用。2003年国务院启动以产权制度

和管理体制为核心的农村信用社改革试点，2011年开始逐步将有条件的农村信用社组建为农村商业银行，2019年国务院印发《深化农村信用社改革试点方案》，农村信用社经过多次改革，不断深化产权改革和创新公司治理，不断创新和深化"三农"金融服务，对保持我国农村金融的稳定发展、提升农村金融服务能力、推动美丽乡村建设发挥了重要作用。农村信用社机构、网点众多，分布较广。截至2020年年末，农村商业银行法人机构1539家，营业网点60156个；农村信用社的法人机构数为641家，营业网点14138个；农村合作银行法人机构27家，营业网点771个。三者合计法人机构2207家，营业网点75065个，绝大多数的营业网点布设在乡镇一级，甚至成为许多乡镇中唯一的金融机构，能够有效缓解农村地区金融排斥程度，解决农村地区基本金融服务严重紧缺的问题，使得广大农村居民能够较为便利地获得金融服务。

1. 农村信贷供给的主力军

从农村信贷业务上来看，截至2020年年末，农村信用合作社涉农贷款余额17086亿元，占其贷款余额总量的62%，农村商业银行涉农贷款余额94198亿元，占其贷款余额总量的53%，再加上农村合作银行，三者涉农贷款余额总量为112392亿元，占全部金融机构涉农贷款总额的近30%，高于中国农业银行的比重，反映出农村信用社在我国农村金融市场上的重要作用。其中，农户贷款余额三者合计为58016亿元，占三者全部涉农贷款余额总量的52%，反映出农村信用社贷款发放中更加倾向于农村居民，占全部金融机构农户贷款的49%，反映出农村信用社是我国农村居民家庭获取信贷支持的主要途径。农林牧渔贷款余额三者合计25307亿元，占全部金融机构农林牧渔贷款余额总量的60%，远高于其他涉农金融机构农林牧渔贷款的总和，说明农村信用社是我国农业贷款的主要发放机构，对于稳定农业生产的作用至关重要。农村贷款余额三者合计为101902亿元，占全部金融机构农村贷款的32%。[①]可见，农村信用社在我国农村金融体

---

① 中国人民银行：《农村金融服务报告（2020）》，中国金融出版社2021年版。

系中的地位突出，贡献较大，特别是在其他金融机构很少涉足的农户贷款及农林牧渔业贷款方面起到骨干性作用。

2. 信贷资金来源主要为吸收存款，供给实力相对较强

农村信用社具有商业银行的特征，居民存款也就成为其重要的资金来源。截至2020年年末，农村信用社吸收存款余额达到42204亿元，占其全部负债总额的74.6%，其中，居民存款34469亿元，占存款余额的81.7%，农村商业银行吸收存款总额234711亿元，占全部负债总额的80%，其中，居民存款164030亿元，占全部存款的70%，反映出农村信用社能够为广大农村居民提供便利的基本存款服务，有利于把农村居民的闲置资金更快地转化为可信贷资金。一方面，可以看出存款业务是农村信用社最为主要的资金来源，规模巨大、占比较高，再考虑到农村居民存款的期限较短，从而充分反映出其资金来源的流动性较高，成为其业务操作中存在较高潜在流动性风险的主要原因。另一方面，也反映出农村信用社筹资手段单一，缺乏弹性较强、自主灵活的市场融资手段，截至2020年年末，发行债券余额也仅为0.6亿元，国外负债仅为0.88亿元，对其他金融公司的负债余额仅为317亿元，对其他存款性金融机构的负债余额稍多，为7277亿元，仅占总负债的12%。较为单一的融资手段，不仅限制供给能力的提高，而且也容易爆发区域性挤兑风险。[①]

3. 贴近农村社区，信贷供给专业性较强

农村信用社的机构网点主要布设在乡镇等基层政府所在地，一般在各村都有信贷员负责本村居民与信用社之间的连接与沟通，相对于中国农业银行的县域机构网点而言，更贴近农村、农业与农民，不仅使得金融业务更具普惠性，而且还使其能够更便利地获取农村地区的各种"软信息"。因而，农村信用社机构、网点优势能够有效地降低信贷风险和信息成本。而且，由于专职从事涉农金融业务，长期扎根于农村基层地区，因而积累了丰富的专业性业务经验和农村信贷技能，储备了大量的能深入了解农村经济社会现实的金融专业人才，拥

---

① 中国人民银行：《农村金融服务报告（2020）》，中国金融出版社2021年版。

有可观的农村信用"软信息",具有较强的农村分散性、局部性知识的比较优势。

4. 农户联保等担保型贷款技术的比例较高

农村信用社由于面对的客户都是乡镇及以下的农村居民和农村微型企业,缺乏必要、优质的抵押资产以及规范、标准化的财务信息,再加上农业的弱质性所隐含的信用风险,导致农村信用社在涉农贷款方面在大多情况下都难以使用以标准化信息为基础的财务报表型贷款技术及以资产抵押为基础的固定资产型贷款技术。因而,农村信用社在涉农贷款过程中,往往倚重于农村乡土社会结构特征所特有的"村庄信任"和"软信息",采用以农村居民相互之间的信任纽带和充分信息为基础的农户联保贷款技术和其他主体担保贷款技术(主要以公职人员担保为主)。

5. 风险较高

农村信用社涉农业务的风险相对较高,从而导致较高的不良贷款率。一方面,农业的弱质性以及农村经济的脆弱性,都会使得农村居民和企业面临较大的自然风险与市场风险,从而使得农村信用社针对农村地区的贷款隐含着较高的系统性信用风险。另一方面,农村信用社一般都是以县级机构为单位的独立法人,业务区域范围较小,金融产品单一,总体规模较小,客户主体集中在农户和农村微型企业。因而,农村信用社无法充分利用业务的拓展,来有效地分散和转移风险,从而隐含了较高的地区性、行业性信用风险。从资产质量上来看,2020年农村信用社涉农不良贷款率为8.9%,农村商业银行涉农不良贷款率4.9%,农村合作银行高达13.2%,均远高于银行业金融机构涉农贷款不良贷款率的1.84%的平均水平,也高于全部金融机构涉农贷款的2.7%的平均水平。可见,农村信用社贷款风险相对较高,严重影响资产的整体质量,进而损害农村信贷的盈利性与财务可持续性。[①]

(四)村镇银行的供给特征

村镇银行作为我国农村金融改革的一项重大制度创新,自2017

---

① 中国人民银行:《农村金融服务报告(2020)》,中国金融出版社2021年版。

年成立首家村镇银行以来，发展极为迅速，已经成为我国农村金融市场上重要的供给主体。截至2020年年末，全国共有1637家村镇银行法人机构，较2014年年末增加了484家，营业网点4847个，较2014年年末增加了1759个，从业人员达到107979人，较2014年年末增加了48944人。在全国4602家银行业金融机构中数目最多，机构已覆盖全国31个省份1306个县，县域覆盖率超过70%。可见，村镇银行发展迅速，逐步成为农村金融体系中重要的供给主体，除为广大农村居民提供便利的存款、贷款、转账、结算等基本金融服务外，还面向农村居民提供政府债券承销、保险业务代理、票据承兑与贴现等其他金融服务。具体来说，村镇银行的农村金融业务具有如下特征：

1. 乡土特征

村镇银行诞生于农村基层地区，扎根于农村基层地区，其营业网点主要布设在乡镇及以下的农村基层地区，与农村居民的关系更为紧密，对农村经济社会状况以及农业的生产经营状况更为了解。因而，村镇银行具有显著的乡土特征，拥有其他机构所不具有的较大信息收集优势，特别是一些特定"软信息"的收集方面优势更为明显，从而成为农村征信系统建设的关键一环，为我国农村普惠金融体系的建设提供必要的"软信息"支撑。村镇银行由于面对的客户主体都是无标准化财务信息，缺乏足够资产抵押的农户和微型企业，无法采用财务报表型贷款技术，固定资产型贷款技术也偶尔适用，在多数情况下只能采取担保型贷款技术，利用农村乡土社会中依据亲缘、血缘以及地缘等关系网络所形成的信任关系，促使农户之间形成紧密的联保关系。

2. 信贷的支农倾向显著

从村镇银行的信贷业务总量上来看，截至2020年年末，全国村镇银行共发放各项贷款余额为1.19万亿元，同比增长14%，仅相当于农村信用社（含农村商业银行、农村合作银行）贷款余额的6.6%。其中，涉农贷款总额为8726亿元，相当于农村信用社涉农贷款余额的7.7%，占其全部贷款总额的73%，这一比例高于农村信用社59%的水平；农户贷款6202亿元，占全部贷款余额的52%，占涉农贷款余额的71%，农户和个人贷款余额占全部贷款余额的比例高达

90%，位列全部县域金融机构之首。可见，村镇银行的主要信贷业务定位于服务"三农"的涉农贷款上，在涉农贷款的发放上尤为倾向农户个人贷款，能够有效弥补其他金融机构农户贷款倾向不足所留下的市场空白，使得农村金融体系的功能更加完善。

3. 信贷业务呈现显著的"小额、分散"特征

村镇银行贷款主要对象为农户和个人，信贷规模具有显著的小额、分散特征。2020年，村镇银行户均贷款30.5万元，连续9年下降，单户500万元以下贷款占比85%、单户100万元以下贷款占比47.3%，较去年同期上升了0.84个、3.38个百分点。在农户贷款持续上升的情况下，说明村镇银行的信贷主体更为分散。小额、分散的信贷特征，较为契合农村经济主体的信贷需求特征，又能更好地分散信贷风险，截至2020年年末，村镇银行不良资产余额295亿元，不良贷款率3.4%，虽然超过全部涉农金融机构的平均水平（2.4%），但却远低于农村信用社（8.9%）、农村商业银行（4.9%）、农村合作银行（13.2%）的水平。[①]

4. 信贷供给能力有限

村镇银行整体规模较小，实力较弱，信贷供给的能力较弱。村镇银行平均注册资本金基本上都在1亿元以下，多达1298家，占比将近80%；注册资本金5000万元以下的342家，占比9%，规模最小的注册资本金仅有600万元。可见，村镇银行整体规模较小，在契合农村地区金融需求特征的同时，导致其在发展中存在一定的公众认知偏见，吸收存款的难度较大，利率较高，进而约束其金融供给的能力。2020年，村镇银行平均吸收存款额为9.4亿元，平均发放贷款额为7.2亿元。可见，村镇银行的规模较小，在业务经营中虽然具有经营灵活、决策简单、审批及时等优势，但是较小的规模意味着吸收存款能力较弱，信贷供给能力较小，不利于分散风险。从村镇银行存款业务总量来看，截至2020年年末，全国村镇银行共吸收各项存款余额1.48万亿元，仅相当于农村信用社存款总额的5.3%，其中，单位存

[①] 中国人民银行：《农村金融服务报告（2020）》，中国金融出版社2021年版。

款与个人存款两项占据存款余额的绝大部分，占比分别为51.9%和47.9%。① 可见，村镇银行发展时间较短，农村居民对其缺乏足够的信任，吸收存款能力较低，对于农村信贷的资金供给能力不足。

5. 业务覆盖的空间范围较小，客户主体单一

村镇银行的业务多集中在一个相对较为狭小的空间内，业务主体多为当地农村居民家庭和微型企业，客户主体多集中在农业、养殖业、农产品简单加工业、运输、零售业等少数产业。一方面，使得村镇银行工作人员更容易了解客户信息、行业经营状况，有利于降低信息不对称所引起的信用风险；另一方面，也使得村镇银行的业务更容易受到区域性自然风险、行业性市场风险以及小范围债务信用危机的冲击，不利于跨地区、跨行业进行信贷风险的分散。

6. 以生产经营性贷款为主，贷款短期化倾向严重

从贷款用途上来看，村镇银行的贷款主要为生产经营性贷款。截至2020年年末，个人贷款中生产经营性贷款占比为90.6%，企业贷款中生产经营性贷款占比为98.2%。村镇银行由于受资金规模的限制，比较偏好于短期信贷。2020年年末，短期贷款余额4091亿元，占其全部贷款余额的84.1%。② 贷款期限短，虽然能够较好地保持资产的流动性，但却使资产的盈利能力受到限制。因而，对贷款主体来说，贷款期限较短使其不能在生产经营过程中合理地配置、利用信贷资金，导致贷款支农作用大打折扣。

二 农村非正规金融供给的异质性特征

（一）小额贷款公司供给的异质性特征

2008年试点以来至2015年，小额贷款公司机构数量和业务规模扩张快、业态和资金投向多元化，在支持县域经济发展、服务"三农"和小微企业、提升金融普惠性、引导民间融资"阳光化"等方面发挥了积极作用。截至2014年年末，小额信贷公司机构数由2009年的1334家上升到8791家，5年增长了5.6倍；从业人数也由2009

---

① 中国人民银行：《农村金融服务报告（2020）》，中国金融出版社2021年版。
② 中国人民银行：《农村金融服务报告（2020）》，中国金融出版社2021年版。

年的1.46万人上升到11万人，5年增长了6.5倍。小额信贷公司的总体规模和贷款业务逐渐壮大，截至2014年年末，小额信贷公司实收资本额由2009年的817亿元上升到8210亿元，5年增长了9倍多；贷款余额由2009年的766亿元上升到9420亿元，5年增长了11倍多。从数据分析中可以看出，我国小额贷款公司的发展速度相对较快，已经成为县域及以下农村地区农村信贷的重要供给力量。2016年以后，受实体经济不景气、经营管理偏粗放、风险防控能力弱等因素影响，全国小额贷款公司机构数量和贷款余额逐步减少。截至2018年年末，全国共有小额贷款公司8133家，比2015年年末减少777家，从业人员约9万人，比2015年年末减少2.6万人，各项贷款余额9550亿元，全年减少190亿元。截至2020年年末，全国共有小额贷款公司7118家，较2018年年末减少1015家，各项贷款余额为8888亿元，较2019年减少221亿元。[①] 可见，小额贷款公司从最初的快速扩张期步入调整期，发展速度趋缓，发展质量在逐步提升。小额信贷公司金融供给的总体特征如下。

1. 单个规模较小

截至2020年年末，全国小额贷款公司注册资本金8060亿元，平均每家小额贷款公司的资本额仅为1.13亿元，1亿元以下的占比为79.2%，3亿元以上的占比仅为2.3%，整体规模较小，实力较弱。小额贷款公司主要是个人或公司综合消费贷款，单笔贷款金额一般在20万元以下，平均发放贷款余额为1.21亿元。[②] 较小的规模，不利于降低信贷过程中包括信息成本在内的交易成本，也不利于小额信贷公司分散信贷风险。

2. 只贷不存，资金来源有限

按照相关规定，小额信贷公司只能从事放贷业务，不能吸收公众存款，再加上其他融资手段匮乏，导致小额信贷公司的资金来源不足，无法扩大信贷规模。2020年，小额信贷公司实收资本8098亿元，

---

① 中国人民银行：《农村金融服务报告（2018）》，中国金融出版社2019年版；中国人民银行：《农村金融服务报告（2020）》，中国金融出版社2021年版。
② 中国人民银行：《农村金融服务报告（2020）》，中国金融出版社2021年版。

较上一年减少266亿元。① 根据2020年《中国银保监会办公厅关于加强小额贷款公司监督管理的通知》的要求，小额贷款公司通过银行借款、股东借款等非标准化融资形式融入资金的余额不得超过其净资产的1倍；通过发行债券、资产证券化产品等标准化债权类资产形式融入资金的余额不得超过其净资产的4倍。可见，融资手段受到严格的限制，导致小额信贷公司的资金来源途径单一，资金不足，不仅无法拓展贷款业务，而且也会使得小额信贷公司面临严重的资金量断裂等流动性风险。

3. 贷款对象主要是农户和农村小微企业，手续简单

小额贷款公司作为诞生于民间的草根金融机构，与县域及其以下的农户、农村中小企业具有天然的亲密关系，贷款主要是发放给农户的个人贷款和中小企业的单位贷款。截至2014年年末，发放个人贷款余额5946亿元，占比为62.5%；单位贷款3560亿元，占比为37.5%。② 在小额贷款公司的信贷中，消费性贷款的比重较高。小额贷款公司一般规模较小，内部管理结构较为简单，业务区域范围较小，业务人员对客户情况相对较为熟悉。因而，贷款审批程序较为简单，审批链条较少，操作简便，运用方式灵活，能够方便、快捷、及时地为客户提供贷款服务。

4. 贷款主要依赖于农村乡土社会结构中的"软信息"和特殊"信任关系"

小额贷款公司面对的客户对象主要是农户和农村中小企业，缺乏标准化的财务信息和足够的资产抵押。然而，由于其业务区域范围较窄，农户和农村中小企业根植于农村乡土社会结构网络之中，在一个狭小的空间范围内，相互信息透明，具有维持紧密信任关系的无限次博弈机制。因而，小额贷款公司的贷款方法主要依赖于农村社会中的各种"软信息"及特殊信任机制，以担保型贷款技术为主。截至2014年年末，小额贷款公司发放担保型贷款（保证贷款）余额为

---

① 中国人民银行：《农村金融服务报告（2014）》，中国金融出版社2015年版。
② 中国人民银行：《农村金融服务报告（2014）》，中国金融出版社2015年版。

4941亿元，占其全部贷款余额的60.3%；信用贷款占其全部贷款余额的比例为17.1%，而抵押型贷款余额占比仅为21.9%，反映出小额贷款公司主要发放担保型贷款和信用贷款。[①]

5. 贷款短期化、非农化

小额贷款公司受资金实力与融资能力的限制，在贷款的发放上偏好于临时性短期贷款，长期贷款的比例极低。再加上，农业的弱质性、小农经济的风险性，村镇银行在保障充分享受农村金融的政策红利条件下，从成本收益以及风险的角度考虑，更倾向于把贷款发放给非农产业部门。在2014年的贷款余额中，农林牧渔业贷款余额313亿元，仅占其各项贷款余额的15.7%，投向制造业、批发零售业的贷款余额则分别占39.2%、21.4%。[②] 同时，小额贷款公司的贷款利率基本上按照市场利率由借贷双方商议确定，利率以基准利率的4倍作为上限标准，具有较强的弹性，从而使得其贷款利率水平能够反映农村信贷市场上的供求状况、风险因素以及成本因素。

（二）新型农村合作金融组织的供给特征

2008年，全国仅有10家农村资金互助社，各项存款余额为1.8亿元，贷款余额为0.38亿元；而到2014年3月末，全国共有49家农村资金互助社，6年间仅新增26家，存款余额16.4亿元，贷款余额13.1亿元，服务社员3.8万人。[③] 自2006年开展试点以来，全国共组建扶贫互助社20700家，参与社员191.4万人，筹资金额49.6亿元，放款余额18.1亿元。[④] 2014年，经国务院批准同意山东省政府农民专业合作社信用互助业务试点方案；与此同时，在农村改革试验区框架内，农业部、银监会等部门联合批复了河北玉田、安徽金寨和湖南沅陵3县开展了相关试点，其宗旨是为农民专业合作社成员发展生产提供信用合作资金，以合作社成员自愿出资入股为主要资金来源。坚持成员制、封闭性，服务对象仅限于合作社成员。截至2020

---

① 中国人民银行：《农村金融服务报告（2014）》，中国金融出版社2015年版。
② 中国人民银行：《农村金融服务报告（2014）》，中国金融出版社2015年版。
③ 中国人民银行：《农村金融服务报告（2014）》，中国金融出版社2015年版。
④ 中国人民银行：《农村金融服务报告（2014）》，中国金融出版社2015年版。

年年末，山东省共有210家合作社开展信用互助试点，参与社员1.76万人，累计发生业务10026笔，累计投放资金3.86亿元；河北省玉田县共有3家合作社开展信用互助试点，参与社员2411人，入股资金4821万元，累计投放资金3.07亿元；安徽省金寨县共有18家合作社开展信用互助试点，参与社员9391人，入股资金2.46亿元，累计投放资金6.8亿元；湖南省沅陵县有1家合作社开展信用互助试点，参与社员126人，入股资金400万元，累计投放资金1750万元。新型合作金融的发展，不仅能够有效地解决农村地区的资金融通问题，填补当地金融服务的空白，为广大农村基层地区的居民提供一定的基本金融服务；而且还具有推动农村地区金融创新（特别是组织创新）、信用体系建设、金融知识普及以及契约意识培育等多方面的作用。具体来说，新型合作金融具有如下特征：

1. 规模极小

农村新型合作金融组织大多数都是基于行政村为单位组建而成的，业务固定在一个相对狭小的空间范围之内，客户主体多为小农经济状态下的农户或农村微型企业，无论是闲置资金的供给还是信贷资金的需求规模都相对较小。因而，农村新型合作金融组织的规模都不大。截至2020年，河北省玉田县开展试点的3家合作社，入股资金4821万元，平均每家1607万元；安徽金寨县试点的18家合作社，入股资金2.36亿元，平均每家1311万元；湖南省沅陵县试点的1家合作社，入股资金仅有400万元。可见，农村新型合作金融的规模极小，基本上是农村金融市场上最为微小的金融组织之一。

2. 贷款数额较小

农村新型合作组织的规模极小，资金实力有限，又不能够吸收存款，从而导致信贷供给能力有限，贷款的规模较小，能够较好地契合小农经济状态下农户的信贷需求。以山东省试点的210家信用社为例，截至2020年年末，累计发生业务10026笔，累计投放资金3.86亿元，平均每家发放贷款184万元，每笔仅为3.85万元。可见，农村新型合作组织的贷款金额相对较小，仅能满足小农经济状态下农户临时性小额资金需求。

3. 封闭性

农村新型合作金融组织的业务对象仅限于组织内部的社员，而社员构成或者为一个行政村范围内具有紧密地缘关系的居民，或者为县或乡镇空间范围内同一行业或相关行业具有紧密业缘联系的居民，从而业务被限制在一个相对封闭的空间或行业范围之内。这种封闭性特征，使得社员之间具有熟人社区或乡土社会的典型特征，从而保障了组织内部的信息充分、对称，信用风险严密可控。

4. 互助性、便捷性

农村新型合作金融组织发展模式虽有所区别，但其建立的初衷、生存和发展的基础都是资金的互助性，是组织内部社员之间调配资金余缺、提高资金配置效率的平台和机制。可以说，互助性是其最为鲜明的组织特征，是其组建的出发点和归属。而互助性以及封闭性特征，能够保障内部社员关系紧密、信息透明，从而使得贷款的贷前、贷时、贷后以及抵押担保等诸多环节的审查简化、操作便捷，能够及时、高效地发放贷款，降低贷款过程中的时间成本和操作成本。

5. 自愿性、民主性

农村新型合作金融组织采取"自愿、自主"的入社原则，实行民主管理、互助互利的运行模式。由于社会资本充裕、信用状况较好的居民，都不愿与社会资本状况或信用状况较差的居民进行合作，以防自身社会资本流失或经济利益受损。因而，入社自愿、自主，社员在充分甄别、反复考察的基础上进行入社决策，在日常经营管理中采取民主管理原则，能够使得社会资本薄弱、信用状况较差的主体被有效剔除，从而能够保障成员的基本信用状况良好，组织内部信息透明。

6. 内部存在有效的履约保障机制

一方面，农村新型合作金融组织的封闭性，使得成员之间具有熟人社区和乡土社会的基本特征，内部信息透明、流动顺畅，成员的违约信息能够很快地在组织内部传播，成员之间关系紧密，世代在一个狭小的空间范围内生活、生产，拥有无限次博弈特征。因而，组织内部的"闲言碎语"及"声誉机制"，能够有效约束成员的违约行为。另一方面，农村新型合作金融组织的互助性，使得每个成员与组织之间具有较强的利益一致性,贷款人的违约,会使每个成员的利益受损。因而,组织成员具有监督履约的内在动力和自觉性。

(三) 民间自由借款的供给特征

农村民间自由借款也成为农村居民获取外部融资的重要补充,理应成为我国农村普惠金融体系的重要组成部分。具体来说,农村民间自由借贷具有如下特征:

1. 农村民间自由借贷是低级金融活动

农村民间自由借贷活动一般都是基于一定的社会关系网络而发生的互助性金融活动,多数仅凭口头约定,缺乏规范的操作程序,发生经济纠纷或违约事件后,缺乏法律协调、解决手段,往往仅凭简单、粗暴的手段解决,甚至采用极端暴力手段。

2. 供给范围极小,单笔借款数额小

由于农村民间自由借贷仅发生在关系十分密切的亲戚、朋友之间,或者是由供求双方共同的熟人作为中间介绍人而发生的借贷活动,从而其供给范围较小,仅限于有紧密关系纽带的供求双方才能够发生借贷活动。这就使得双方在期限结构、借款数量、供需时间点等方面进行相互匹配的难度较大,导致借贷活动仅成为临时性金融活动,在无法合理匹配的情况下,要么出现供给方的资金闲置,要么出现需求方的资金紧缺,从而不利于闲置资金能够及时、优化地进行配置。同时,由于农村居民整体收入水平较低,从而闲置资金的数量有限,导致其资金供给能力不足,单笔借款金额较小,一般都集中在几百元至几万元之间,笔者于2015年在甘肃临夏州所做的调研表明,5万元以下借款农户占比为78%,而10万元以上的借款农户中多数也是从多个供给主体筹措而来,单笔借款数量依旧很小。

3. 具有优越的信息优势和履约保障机制

农村民间自由借贷仅发生在具有紧密血缘、地缘或业缘关系的主体之间,供给方对于需求方的收入状况、经营前景、资产状况、信用状况以及还款能力都相对比较熟悉,这就使得资金供给方在进行借款决策时拥有较为透明的信息优势,能够有效克服金融市场上广泛存在的信息不对称及其带来的道德风险、违约风险。并且发生在具有紧密关系主体之间的农村民间自由借款活动，还具有较强的履约保障机制：一方面，表现在重复博弈机制和声誉机制上。供求双方具有长期紧密关系网络，在网络内部，信息传播速度较快，信息几乎透明，长期、多次的交往过程就形成了重复博弈机制，一次的违约收益要远小于交往中断的总损失。并且在一定的关系网络内，闲言碎语的存在，使得主体的违约信息能够极快地在关系网络中流传，违约人的声誉受损，进而受到关系网络内部群体的集体"市场制裁"。另一方面，表现在违约的惩处机制上。农村社区普遍存在的"闲言碎语"，会使得违约人的违约信息被不断地扩散，从而使得违约人受到严厉的道德、舆论谴责，使其及其亲属的声誉受到巨大损害。因而，农村民间自由借款中的履约保障机制，能够有效约束借款人的违约行为，从而使得资金供给方在预期对方不会违约的情况下而愿意提供借款支持。

4. 期限、利率灵活

农村民间自由借贷的期限较为灵活，大多数都没有明确限制日期，偿还根据双方资金的充裕程度或资金使用的紧急程度，有短至几天也有长至几年，在期限安排上较为灵活。在利率安排上，根据借贷双方的关系进行协商确定，相对较为灵活：友情借款一般不规定利率，利息主要体现在人情成本上，通过实物、礼品以及隐性的预期人情收益等多种方式进行偿还。非友情借贷一般要议定利率水平，基本上介于银行同期限定期存款利率与贷款利率之间，具体的确定还要根据双方关系的紧密程度、市场资金供求状况、银行借贷的难易程度以及借款人的声誉、信用状况等因素确定，利率水平灵活、市场化程度较高。

5. 借款程序简单快捷，多为临时性消费贷款

由于双方关系的紧密性，相互信息的透明性，使得农村民间自由借款程序极其简单，无须其他放贷行为的各项审查程序，也无须签订协议合同，多数场合下只需口头协议，或者一声招呼即可，从而使得贷款具有简便、快捷的特征。另外，民间自由借贷多数是无法从正规金融机构获取贷款的消费性资金需求，用途主要包括建房、医疗支出、子女教育支出以及婚丧嫁娶等方面，只有少量借款是为了弥补银行借款不足的生产经营性借款。

可见，农村金融供给主体由于机构性质、资产规模、网点布局等方面存在差异，比较优势不同，从而其在农村金融市场上的客户选择、贷款规模以及利率水平等方面也存在较大差异。一般而言，正规金融机构主要供给生产经营性贷款，非正规金融更多的是为了满足农村主体临时性的消费性信贷。大型金融机构对标准化信息的收集与加工方面拥有优势，再考虑到贷款平均成本的因素，比较偏好有标准化财务信息、规模较大的企业，贷款规模相对较大；小型机构及个人在农村社会软信息的收集与加工方面拥有优势，再考虑到自身资金实力的因素，放贷主要集中在关系相对紧密的农户及小微企业，贷款规模较小。正规金融机构贷款的程序较为复杂、时间周期较长，而非正规金融供给主体在软信息优势的基础上，贷款程序较为简单、快捷，具有较强的时间优势。

第二节 农村经济主体的需求异质性特征

农村经济主体主要分为农村居民家庭和农村企业，两者的组织模式、内部关系以及经营模式、经营目标等方面都存在极大差异，从而导致两者的金融需求特征具有显著差异。并且，由于不同区域经济发展水平不同，进而使金融生态环境不同，也将导致不同区域的农村居民家庭、农村企业之间，金融需求特征存在较大差异，表现为显著的异质性。同一区域内部，由于农村家庭生活水平不同，企业生产规模不同，从而导致同一区域内不同类型的农村家庭之间，不同类型的农村企业之间，金融需求特征也存在较大差异，表现为显著的异质性。

一 农村居民家庭金融需求的异质性特征

与农村企业相比，农村居民家庭金融需求具有如下异质性特征。

(一) 以消费性金融需求为主

农村居民家庭既是农村经济中最基本的生产经营组织，又是生活组织，兼具生产、生活双重功能。再加上，农村居民收入水平整体不高，经济剩余积累较少，难以应付生活中由不确定性事件所引起的临时性消费支出以及婚丧嫁娶、建房、购买耐用消费品、子女上学等大项生活支出，导致经常性出现资金紧张、难以应对的状况，形成金融需求。并且农村居民消费性支出一般都具有较大的刚性特征，导致其消费性金融需求的刚性较大，在农户融资次序上，优先考虑消费性金融需求，在消费性支出未得到满足时，会暂缓生产性投资。因而，农村居民家庭的金融需求，主要以消费性需求为主，生产性需求居于从属地位。根据笔者2020年对甘肃临夏州、武威市、张掖市等地做的调查显示，农户平均累计借款金额为2384.32元/户，生活性借款为1467.51元/户，占全部借款总额的61.5%，生产性借款仅为916.81元/户，占比为38.5%。

（二）农村居民家庭对于非正规金融需求较大

由于农村居民家庭对于消费性需求旺盛，但由于消费性需求无未来收益作为保障，正规金融机构一般不提供消费信贷支持，在农户消费性金融需求存在较大刚性的情况下，只能求助于非正规金融，形成对于非正规金融的较大需求。在农户的借款中，来自非正规金融的私人借款为1470.66元/户，占比为61.7%，可见，农村居民对于非正规金融的需求较为旺盛。

（三）农村居民具有较高的人情信贷需求

农村地区传统的乡土社会结构下，形成了以血缘、亲缘、地缘等简单人际关系为纽带的社会关系网络，网络中较为紧密的人际关系类似于隐性金融合约，利用该隐性金融合约，农户之间相互帮助、相互扶持，起到平滑消费、应对临时性资金不足的作用，信贷利息被人际收益、社会资本增加等收益所取代。因而，农村居民家庭在面对刚性消费需求无法通过正规金融机构予以满足时，会优先考虑通过人际关系获取信贷支持。农户私人借贷中，无息人际信贷借款额为972.29元/户，占全部私人借款的66.1%，反映出农户对于人际信贷的需求较高，印证了农户在面临消费信贷约束时，会优先考虑人情借贷。

（四）农村居民家庭参与市场交易的频率较低，交易额较小，多采用现金支付的方式进行交易

农村居民家庭对于金融中介服务的需求较少，多集中在现金的存

取业务上，对于转账、结算等服务的需求较少。另外，农村居民整体对于金融投资、商业保险等金融产品、服务的需求不足，农村居民人均农业保险支出仅为 1.71 元/人，债券投资户均 11.25 元/户，股票投资 67.88 元/户。因而，农村居民家庭对于金融服务的需求主要表现在对于存取等基本金融服务需求上。

农村市场经济发展的必然结果，就是农村居民家庭逐渐分化，一部分农户由于人力资本素质较高、吃苦耐劳、富有创新意识与拼搏精神，率先富裕起来，成为富裕型农户；另一部分农户人力资本较差、发展机会较少、子女较多或者受大病拖累，长期入不敷出，成为贫困型农户，2020 年全部实现脱贫后，这部分农户可持续发展能力有待提升，收入水平不高，返贫风险较大；大多数农户经过多年的努力，全面步入较为殷实的小康生活，成为占比最大的维持型农户。不同类型的农户，具有不同的行为特征，从而其金融需求也呈现出显著的异质性特征。

（一）富裕型农户金融需求的异质性特征

富裕型农户一般生产经营能力较强，具有相对较高、较稳定的生产经营性收入，经济剩余积累较多，资产较优。与其他类型农户相比，其金融需求的异质性特征主要表现在以下几个方面。

1. 富裕型农户生产性信贷需求极为旺盛

富裕型农户具有较强的创新意识、拼搏精神，资产状况较好，风险承受能力较强、风险容忍度较高，具有强烈的发展性投资需求。再加上，较高的人力资本，学习能力较强，在长期、频繁的市场活动中，不仅积累了丰富的市场经济知识，而且也更容易从市场活动中寻找到发展机会，具有利用金融市场信贷进行投资的意识与冲动。因而，富裕型农户强烈的投资意愿，引致出较为旺盛的生产性信贷需求。

2. 富裕型农户消费性信贷需求也较为旺盛

富裕型农户生产经营能力较强，具有相对稳定、较高的预期收入，消费水平和层次较高，消费理念也发生重大转变。因而，富裕型农户也具有一定的消费性信贷需求，通过金融市场信贷平滑消费。值得注意的是富裕型农户消费性信贷需求，更多的是基于短期、长期消费效用的权衡所作出的跨期消费预算，是主动利用信贷支持所作出的主动平滑消费行为。

3. 富裕型农户金融需求日益多样化

随着富裕型农户收入水平的持续提高，经济剩余积累逐渐增加，资金实力逐步增强，市场活动更为频繁，市场交易额也随之提高。因而，富裕型农户随着收入水平的提高，逐步增加对于金融投资、理财及其咨询、结算、转账、风险分散等较高金融产品和服务的需求，一些较富裕农户已经具有股票等投资品以及互联网金融服务等现代金融需求。

（二）维持型农户金融需求的异质性特征

维持型农户是我国农村中占比最高的一种农户类型，该群体已全面步入殷实的小康生活，有一定的经济剩余积累，传统观念、传统文化的影响较大，较重视信誉的维持。与其他农户群体相比，维持型农户金融需求具有如下异质性特征：

1. 维持型农户生产性信贷需求偏低

一方面，维持型农户长期以农业生产经营为主，生产经济规模较小，资本积累严重不足，具有极强的"道义经济"命题逻辑下的行为特征，不具备舒尔茨所提出的"理性小农"行为特征，"风险最小"取代"收益最大"成为维持型农户首要行为目标，因而，出于风险的考虑，维持型农户对于生产经营性投资较为保守，自身积累成为投资决策最为重要的影响元素。另一方面，维持型农户学习能力不强，在长期农业生产活动中，积累了丰富的农业生产技术和技能，具有浓厚的乡土情结，从业领域的转化成本较高，具有严重的路径依赖，生产经营性投资多集中在农业领域，因而，维持型农户生产经营性投资基本上都集中在农业及农产品初加工业领域，投资规模不大。在此状况下，维持型农户生产经营性投资的规模较小，自身积累基本上能够满足投资需求，投资资金缺口不大，从而使其生产性信贷需求较小。

2. 维持型农户的消费性信贷需求也相对较小

一方面，维持型农户长期处在传统农业领域，全面步入殷实的小康生活，但仍未实现消费升级，消费仍以基本消费为主，再加上，其收入的脆弱性以及未来的各种不确定性风险，使其预防性储蓄动机较强，因而，维持型农户的消费仍维持在一个较低的水平之上。另一方面，维持型农户长期处在传统农业领域，商品化程度有待提升，农业生产经营在满足自给自足的生活需求之后，剩余部分才会作为商品进入市场交换领域，因而，维持型农户参与市场经济较少，市场经济思想的冲击较小，传统思想、传统文化的影响仍然较为深刻，在"勤俭持家""轻不言债"等传统文化的影响下，维持型农户消费预算的首要原则为"量入为出"。在此状况下，维持型农户认为举债消费会付出巨大的"面子成本"和"声誉损失"，从而导致维持型农户利用信贷市场平滑消费的需求较小。

3. 维持型农户对于存款业务需求具有较强偏好

维持型农户经济行为偏保守，多数属于风险厌恶者，缺乏进行对外投资的动机。在中国漫长的制度演化史中，几千年以来的社会管理模式，使得社会公众形成了对国家政府的无限信任，进而使其对国有商业银行具有极强的信任感。在维持型农户有一定的资金剩余、具有较强的预防性储蓄、缺乏必要金融理财知识、缺乏投资动机的状况下，维持型农户对于商业银行（特别是国有商业银行）存款业务的需求极强。

（三）脱贫农户金融需求异质性

与其他类型农户相比，脱贫农户具有如下异质性特征：

1. 脱贫农户融资需求相对较大

脱贫农户收入水平不高，返贫风险大，容易出现入不敷出的情况，难以应对较大的不确定性风险。一旦遇到相对较大的消费支出项目，就会出现资金缺口，形成强烈的消费性融资需求。另外，脱贫农户对于提高自身收入水平的生产经营性投资能力严重不足，长期因资本匮乏，导致发展机会较少，发展严重受阻。因而，脱贫农户还具有较强的发展性生产融资需求。

2. 脱贫农户较强的融资需求，与富裕型农户融资需求存在本质上的差异

如前所述，富裕型农户消费性融资需求的产生，源于相对较为旺盛的消费下，农户出于消费升级、平滑消费的目的，在进行不同时期消费效用权衡后的理性选择。生产性融资需求则源于富裕型农户，出于追求更高发展的目标下，进行成本、收益、风险权衡后，形成的旺盛理性投资需求。而脱贫农户的消费融资需求并不是源于旺盛的消费需求，生产性融资需求也不是源于旺盛的投资需求，两种融资需求主要源于自身资金不足而导致的经常性资金缺口。

3. 脱贫农户对于消费性信贷融资需求具有优先偏好

脱贫农户存在经常性的资金缺口，消费性信贷需求与生产性信贷需求同时存在。但脱贫农户的消费都是刚性较强的基本生活消费、医疗消费等，具有极强的消费刚性，从而使得脱贫农户的消费性信贷需求具有极强的刚性特征，而生产性信贷弹性较强。因而，在脱贫农户融资需求中，消费性信贷需求具有优先次序，在消费性信贷需求满足的情况下，才会考虑生产性信贷需求。在存在消费性信贷约束的情况下，脱贫农户会延缓生产投资，采用机会主义行为，把从正规金融机构以生产性信贷名义获取的信贷资金，优先安排、转移到消费领域。

4. 金融需求规模较小

脱贫农户由于生产经营规模较小，消费层次较低，无论是消费性信贷需求还是生产性信贷需求的规模都会受到生产经营规模与消费规模的限制，规模一般不大。同时，脱贫农户消费规模、生产经营规模较小，参与市场交易活动的机会较少、交易额较小，从而使得脱贫农户的资金往来数量较小，再加上长期资金紧张的状况致使其缺乏投资能力和投资动力。因而，脱贫农户的金融需求较为简单，仅对存取款、贷款等基本金融服务形成有效需求，对转账、汇兑等简单中间业务服务产生零星需求，对金融投资及非信贷融资服务等复杂金融服务需求基本为零。

二　农村企业金融需求的异质性特征

农村企业与农村居民家庭之间存在着本质性的差异，使得两者之

间存在较大的经济行为差异，进而引发出两者之间金融需求也存在显著差异。与农村居民家庭相比，农村企业金融需求具有如下异质性特征：一是农村企业的信贷需求都是生产性信贷需求。由于农村企业仅为生产组织，不具备消费功能，从而农村企业信贷需求都为生产性信贷需求，有未来收益作为一定保障的信贷需求。二是农村企业信贷需求是基于收益最大化目标下的理性选择。农村企业从本质上来讲，是不折不扣的理性决策主体，以收益最大化为生产经营目标。因而，农村企业对于生产性信贷需求的决策是在充分权衡、考量利率成本、收益、风险的技术上，所作出的理性决策。三是与农村居民家庭相比，农村企业的金融需求种类更多、功能更为复杂。一方面，农村企业市场交易活动更为频繁，交易金额相对较大，商品出售与资金流动之间存在时间上的不一致性，从而使得农村企业形成更为频繁、复杂的资金结算、转账，以及更为复杂的商业票据发行、保证、承兑、兑换、贴现等金融需求。另一方面，由于生产周期的影响，农村企业会形成周期性的资金闲置与资金紧缺状况，也容易出现资金链断裂的风险，因而，农村企业为了加强财务管理，更好地组织企业资金流，就形成对于不同期限金融投资产品、金融风险分散产品的有效需求，以获取资金投资收益及跨期分散流动性风险的功能。四是农村企业比农村居民家庭的信贷需求规模大。与农村居民家庭相比，农村企业的生产经营规模较大，资本投入较多，资金往来数量较大。因而，农村企业所面临的资金缺口也相对较大，从而形成的信贷需求也比农户的规模大。

不同类型的农村企业之间，由于经济行为不同，也引致出不同的异质性金融需求特征。因而，为了更好地掌握农村企业金融需求的异质性，还必须要对不同类型企业的金融需求特征进行对比研究。

(一) 农村小微企业金融需求的异质性特征

农村小微企业生产经营规模较小，资产状况不佳，盈利能力有限，营业收入中扣除生产成本、经营费用之后的经济剩余不多，进入、退出市场自由，缺乏真实、透明的内部信息，整体信用状况较差。因而，农村小微企业的这些典型特征，势必会对其金融需求行为产生影响,形成独特的金融需求特征。

1. 农村小微企业对外部融资需求意愿较强

一方面,农村小微企业存在于当地市场大型企业的夹缝之中,经营中的安全边际率较低,议价能力、市场竞争力都相对较低,经常受到大型企业的挤压。因而,农村小微企业为了提高实力与竞争能力,获取规模经济效应、降低生产成本,存在较强的规模扩大冲动。另一方面,农村小微企业盈利能力有限,扣除成本收益之后的经济剩余较少,内源性融资能力较弱,通过积累实现生产规模的扩张难度较大、时间较长,只能通过寻求外部融资资金支持,实现规模扩张。可见,农村小微企业存在较强的规模扩张冲动,靠自身积累难以实现规模扩张,从而其对外部融资需求意愿较高,且具有一定的刚性。借鉴王定祥等的抽样调查结果可以从侧面反映出农村小微企业的融资需求意愿,在1062家有效样本企业中,有信贷融资需求的小微企业数目为744家,占总数的70%。[①]

2. 农村小微企业外部融资需求主要是信贷需求

一方面,农村小微企业生产经营规模较小,盈利能力较弱,市场空间较小,发展潜力不大,内部管理不规范,缺乏透明、真实、标准的内部信息,不能满足其他融资途径的要求。另一方面,企业主文化素质不高,企业家才能较低,金融知识积累不高,对于非信贷融资缺乏深刻理解,导致其运用其他非信贷融资途径的主动性不强。因而,农村小微企业可利用的其他非信贷融资途径较少,只能选择信贷融资。

3. 农村小微企业信贷融资的规模小,以中短期信贷需求为主

农村小微企业生产经营规模较小,基本上都是以当地农村资源为基础,多是进行简单生产的农业、农产品加工业、养殖业等,技术水平相对落后,资本有机构成较低,从而所需投资额的规模较小,其信贷需求主要表现为小额的资本投资需求及周期性流动资金需求。因而,农村小微企业信贷的需求规模较小,并且多为中短期信贷需求。

---

① 王定祥等:《小微企业信贷需求与信贷行为实证研究》,《软科学》2014年第12期。

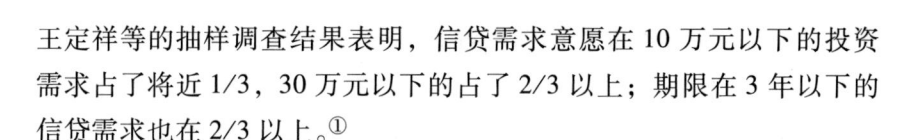

王定祥等的抽样调查结果表明,信贷需求意愿在10万元以下的投资需求占了将近1/3,30万元以下的占了2/3以上;期限在3年以下的信贷需求也在2/3以上。①

4. 农村小微企业对于非正规金融的信贷需求具有较强偏好

一方面,农村小微企业以当地农村经济资源和消费市场为基础,生于乡土社会、成长于乡土社会,乡土社会气息较浓,企业主本身就是当地乡土社会关系网络中非常重要的成员,在当地乡土社会中具有一定的社会威望和社会声誉,从而农村小微企业能够利用在当地的影响力和信任感,获取到一定的信贷支持。另一方面,农村小微企业由于规模小、资产状况不佳、信息不透明,从而面临严重的正规金融信贷融资约束,从正规金融部门获取贷款的隐性成本较高、手续复杂、难度较大,使得农村小微企业在遇到资金缺口时,首先想到的是非正规金融部门的信贷融资。因而,当地非正规金融部门信贷的便利性、可得性,使得农村小微企业对于非正规金融部门的信贷需求具有较强偏好。

5. 农村小微企业对其他金融服务的需求偏低

农村小微企业所面对的多为当地市场,交易量相对较小,多为现金支付,从而其对于结算、转账、商业票据等中介金融服务的需求较小。再加上企业主金融知识匮乏,缺乏利用金融市场的主动意识和有效能力,企业内部流动资金较少,无足够的闲置资金参与金融市场活动,从而使得农村小微企业对于金融投资、理财、信托等金融产品的需求严重不足。

(二)农村龙头企业金融需求的异质性特征

农村龙头企业实力较强,规模较大,市场空间更为广阔,内部管理规范,盈利能力强,发展潜力较大,对当地经济社会发展的带动作用较强。因而,农村龙头企业与小微企业的差异性较大,从而两者之间金融需求也存在显著差异。

1. 农村龙头企业的信贷需求单次规模较大

一方面,农村龙头企业生产经营规模较大,技术水平较高进而资

---

① 王定祥等:《小微企业信贷需求与信贷行为实证研究》,《软科学》2014年第12期。

本有机构成也相对较高，生产设备的价值量高，从而其为了扩大生产规模、技术升级、产品创新、固定资产重置等生产性投资，所引致的信贷需求规模都相对较大。另一方面，农村龙头企业生产经营规模较大，对于日常生产中原材料的需求数量较多、价值量较高，因而，在其生产经营过程中，由于生产周期、产品销售、商业信用周期等方面的影响，而出现的生产原材料采购、职工工资发放、账款支付等临时性资金缺口的规模也相对较大，所引致的信贷资金需求规模也相对较大。

2. 农村龙头企业的融资需求以正规金融部门融资为主，并逐渐呈现多样化趋势

农村龙头企业资产优良，内部管理规范，有标准化的财务信息报表，财务控制制度科学、严密，能够满足银行等正规金融部门的信息要求，不存在农村小微企业所面临的正规金融信贷约束，从而成为银行所极力争取的优质客户。因而，农村龙头企业的融资需求主要以对银行的信贷需求为主。另外，随着农村龙头企业的不断发展，实力不断增强，在充分考虑到财务风险、流动性风险以及融资成本、融资规模的情况下，农村龙头企业逐渐对包括股权融资、债券融资等融资工具产生有效需求，使其融资需求具有多样化趋势。

3. 农村龙头企业对于金融中介服务的需求较为旺盛

农村龙头企业日常交易量较大，资金流动数量较多，利用商业信用较为频繁、金额也相应地较大，从而使得农村龙头企业对结算、转账、工资发放以及商业票据发行、承兑、贴现等金融中介服务的需求较为旺盛。

4. 农村龙头企业对金融投资、风险分散等金融工具的需求意愿初步形成

农村龙头企业资金流动数量巨大，会经常性地出现资金剩余的情况，闲置则会影响资金的利用率及收益水平，从而形成对于不同期限金融投资产品的需求。另外，农村龙头企业生产原材料多为农、林、牧、渔等产业产品，市场风险、自然风险都相对较高，生产周期性较强，使得农村龙头企业会面临巨大的流动性风险，从而农村龙头企业

逐渐开始重视风险的分散，初步形成了对于一些简单的风险分散金融服务的需求。但是，由于农村龙头企业缺乏专业的金融人才，企业管理人员利用外部金融市场上的金融投资产品、期货产品、期权产品，合理安排资金使用、分散风险的意识不强，整体需求偏低。

第三节　农村金融发展结构性约束的表现

农村金融市场供求结构型约束主要是指农村金融供求结构的不匹配，导致的金融需求缺口与金融供给过剩，同时存在的结构性失衡现象。供求结构型金融约束的产生，主要是由于我国金融市场的不完善，使得金融供给结构跟不上农村金融需求结构的变动，导致农村金融市场上供需双方在信贷数量结构、信贷期限结构、产品品种结构以及地区结构等方面存在难以完全匹配的状况。从实质上来说，农村金融市场供需结构型约束，并不是供给或者需求的绝对不足，而是一种双方存在的结构性矛盾引致的相对不足。

一般而言，大型国有商业银行资金实力雄厚，贷款发放规模较大，再加上，远离农村地区，难以拥有有效的农村"软信息"，但具有加工金融市场标准化信息的比较优势，从而在信贷供给中匹配有标准化财务信息、资产质量较好、规模较大的农村龙头企业，或一些实力较强、有充足抵押和担保、借款规模较大的富裕型农户。信用合作社作为农村金融市场上最为重要的金融机构，资金实力较强，但远低于国有大型金融机构，距离农村社会相对较近，拥有一定的农村"软信息"，从而匹配社会资本较高（有担保或者联保）或者有抵押资产、历史信誉状况较好的富裕型农户、部分维持型农户，以及农村龙头企业、部分财务状况较好的小微企业。村镇银行资金规模较小，根植于农村基层地区，拥有较好的农村"软信息"，从而匹配周边较小范围内的社会资本较高、资产相对较好、借贷规模小、期限短的富裕型农户、维持型农户、农村小微企业。小额信贷公司、农村资金互助社等非正规金融机构，资金实力有限，贷款规模较小，具有较优的农村"软信息"，信贷匹配借贷规模较小、信誉度较高的维持型农户或小微企业。私人借贷多发生在熟人之间，匹配的是农村居民小额、临时性借贷需求。

一 信贷资金供求之间的数量结构不匹配

农村金融市场中，国有大型银行的实力最强，信用高，动员储蓄的能力较强，再加上，中央银行再贴现贷款的支持，从而使得国有大型银行的资金规模最大。但国有大型银行的机构网点基本上都在县城及以上城市地区，与之相匹配的需求主体基本上都是拥有标准化财务信息或充足抵押担保的少数农村龙头企业或极少数家庭经营规模较大的富裕型农户，虽然单笔信贷规模较大，但由于客户对象较少，导致国有大型银行向农村地区发放贷款的总数量较少、比例较低。截至2020年，中国农业银行发放的涉农贷款余额达到37547亿元，仅占全部金融机构涉农贷款总余额的11%；农林牧渔贷款余额3414亿元，仅占全部农林牧渔贷款余额的8%；农户贷款余额为16152亿元，仅占全部农户贷款余额的14%；支持农业龙头企业贷款余额1433亿元，增长17%，对省级以上农业龙头企业的覆盖率分别达到61%，向农业专业大户、家庭农场等新型农业经营主体发放贷款余额1198亿元，两项合计相当于全部农户贷款的17%。可见，中国农业银行对于农业和普通农户的支持力度，与其资金实力并不相符。

农村信用社、农村商业银行、农村合作银行作为我国农村金融市场上的支柱，能够与之匹配的需求主体为富裕型农户、部分维持型农户以及农村小微企业，数目众多，对于农村金融的发展具有无可替代的重要作用，但其动员储蓄的能力以及获取中央银行再贷款支持的能力都要远低于国有大型银行，资金规模有限，全国有2207家农村信用社（含农村商业银行、农村合作银行）法人机构，存款总余额仅为276915亿元，平均每家仅为41.7亿元，资金实力远不如中国农业银行。发放涉农贷款余额112392亿元，占全部金融机构涉农贷款比重近30%，远高于中国农业银行。其中，农户贷款余额58016亿元，占其涉农贷款余额总量的52%，占全部金融机构农户贷款的近一半；农林牧渔贷款余额25307亿元，占全部金融机构农林牧渔贷款余额的

60%。可见，农村信用社是我国农村金融的供给主体，对于农业与中小农户的支持作用巨大，但资金实力有限。

村镇银行、贷款公司以及农村资金互助社等新型农村金融机构，具有优势的农村"软信息"，可匹配的需求主体范围最广，主体最多，理应成为农村金融市场上最为重要的供给主体，但是其经营网点较少，覆盖范围较窄，吸引存款的能力较弱，资金实力严重不足。截至2020年年末，全国共有1637家村镇银行法人机构，共吸收各项存款余额1.48万亿元，仅相当于农村信用社存款总额的5.3%，平均每家仅吸收存款9.4亿元，发放贷款1.19万亿元，仅相当于农村信用社（含农村商业银行、农村合作银行）贷款余额的6.6%，平均每家仅为7.2亿元。村镇银行贷款更多地倾向农户和个人，农户贷款6202亿元，占全部贷款余额的52%，占涉农贷款余额的71%，农户和个人贷款余额占全部贷款余额的比例高达90%，位列全部县域金融机构之首。可见，村镇银行贷款对于破解农户资金约束、完善农村金融市场功能的作用巨大，但受制于自身规模和资金实力的影响，信贷供给能力显著不足。

综上所述，中国农业银行资金量最大，但非农化倾向严重，涉农的比例较低，特别是，对中小农户的贷款，比例更低。信用社发放贷款主体相对较多，但资金实力小于中国农业银行，难以满足众多主体的贷款需求。新型农村金融机构能匹配的农村金融需求主体范围最广、主体数目最多，但其可信贷资金数量最少，无法满足数量众多中小型信贷主体的需求。因而，农村金融市场上金融机构的资金实力呈"倒三角"排列，而其匹配的需求主体结构呈现"正三角"排列，从而使得信贷资金供给结构与需求结构之间存在不匹配，导致供给剩余与需求短缺同时存在。

二 同质化金融制度安排与主体异质性之间的矛盾

如前所述，长期的城乡不平衡发展与区域不平衡发展战略，使我国经济社会表现为双重二元体制，一重为城乡之间的二元结构，另一重为东西部之间的二元结构，从而使得我国城乡之间、东西部之间金融市场表现为显著的结构性差异。再加上，改革开放以来，农村居民的收入水平、从业结构以及市场知识等个人特征方面的差异被逐渐拉大，农村企业也得到较快发展，从而使得同一区域内的农村经济主体也具有较大的异质性。然而，我国现行金融制度具有显著的一体化制度安排特征，忽视了不同金融市场之间的结构性差异，也不顾金融市场需求主体的异质性，而将全国作为整体市场安排完全一致的金融体制和金融交易制度，使得全国金融市场上的产品、功能、组织制度等完全同质化。一方面，忽视主体异质性的一体化金融制度，使得一部分经济主体由于不满足限制性条件，而被排斥在金融市场交易之外。按照全国统一安排的金融制度，将使得农村经济主体处在不公平竞争地位，特别是农村低收入阶层由于不满足限制性约束条件，而被排斥在金融体系之外，严重影响金融体系的普惠性。另一方面，忽视城乡差异、东西部差异的一体化金融制度，将使得市场化程度较低、金融体系不完善的农村金融市场、西部金融市场，特别是西部农村金融市场，由于配套制度不到位、金融生态环境相对较差等方面的原因，出现金融制度与当地经济社会基础不完全适应的情况。因而，一体化金融制度安排与主体异质性之间存在较大矛盾，导致处于弱势地位的群体被排斥在金融体系之外，并且也导致西部地区、农村地区，特别是西部农村地区，出现金融制度与当地环境不相适应的情况，从而导致一些主体的金融需求得不到有效满足，同时农村金融机构又有信贷资金过剩或者外流的情况。

三　金融机构信贷要求与需求主体条件的不匹配

基于发达市场经济的现代信贷制度，主要依靠契约信任，通过资产抵押和担保来对信贷者的违约行为进行约束，以克服信息不对称带来的信用风险。因而，我国金融机构在发放贷款时，普遍要求提供抵押和担保。大型国有银行机构会发放一些信用贷款，但要求贷款人必须提高真实、有效的标准化财务信息。然而，我国农村经济主体普遍不能满足这些信贷条件。对于农村居民家庭来说，大多数农户收入水平较低，可用于积累的经济剩余较少，资产状况较差，缺乏足够的抵押资产。银行所要求的担保人一般要具有固定收入的公职人员，或者农户联保小组，但是，愿意承担连带责任向农户提供贷款担保的公职人员极少，而无信贷需求的农户结成联保小组的意愿较低。因而，农村居民家庭难以满足金融机构的贷款条件，而被排斥在金融体系之外，导致其金融需求无法得到满足。对于农村企业来说，绝大多数都为小微企业，缺乏完善的财务管理制度，无法向银行提供真实、有效的标准化财务信息。同时，农村小微企业盈利能力有限，资本投入较少，资产状况较差，也难以达到金融机构所要求的抵押或担保条件。可见，农村经济主体由于难以满足金融机构所要求的信贷条件，而被排斥在金融体系之外，其信贷需求与金融机构的信贷供给之间难以形成有效匹配，出现供求结构性约束现象。

四 信贷资金供求之间期限结构不匹配

农村金融市场上的信息不对称情况更为严重，农村经济主体在面临严重信贷约束的情况下，机会主义倾向较高，存在把生产性信贷资金转移到无收益保障的刚性消费领域的倾向。再加上农业的弱质性（隐含较高的自然风险和市场风险）、农民收入的脆弱性以及农村经济的波动性，这些不确定性风险最终都会转嫁到农村经济主体的信贷风险中。因而，农村金融市场上的信贷风险较高。农村金融机构为了有效地分散、控制信贷风险，比较偏好发放期限较短的涉农贷款，试图利用资金的流动与分散，做到降低整体信贷风险。然而，农业投资周期长、回收慢，特别是农业机械投资、基础设施投资，需要的投资信贷资金的期限较长。因而，这部分期限结构较长的投资信贷需求，与农村金融机构短期偏好的信贷期限结构之间就存在难以匹配的问题。

五 消费性信贷需求刚性与满足程度较低之间的矛盾

农村居民家庭既是生产组织又是生活组织，从而使农户具有双重经济行为目标，即生产功能的收益最大化目标和生活功能的消费效用最大化目标。由于农村居民收入较低，能够用于积累的经济剩余较少，再加上农村地区社会保障程度较低，从而使得农户难以应对大项或临时性消费支出，经常会出现消费性资金缺口，需要利用金融市场上的信贷资金用以平滑消费、对抗不确定性风险，从而形成消费性信贷需求。再加上农村居民长久以来恪守"勤俭节约"的传统观念，出现的消费性信贷需求难以通过压抑消费进行调整，因而消费性信贷需求具有较强刚性。然而，农村正规金融机构出于风险考虑，基本上不愿向农户提供无未来收入保障的消费性信贷，从而农户在消费性信贷存在刚性的情况下，只能求助于非正规金融信贷，而非正规金融的信贷资金供给有限、规模较小，不能完全满足农户的消费性信贷需求。因而，农村金融市场上出现农户消费性需求不能完全得到满足，同时正规金融机构存在信贷资金供给剩余的状况。

第四节 农村金融发展结构性约束的原因

一 农村金融体系的功能分工弊端

根据哈耶克（Hayek）的知识分工理论而形成的农村金融局部知识论可知，农村地区分散、特定、局部的知识，由于收集难度较大，只能被不同的农村金融机构所掌握，意味着存在较大异质性的各金融机构所具有局部知识的比较优势也存在较大差异。因而，农村金融机构之间应该根据局部知识优势，进行有效的功能分工。然而，目前农村金融体系中，各金融机构功能趋同，不符合知识分工的原理。

第一，诞生、发展并服务于农村基层地区的村镇银行、合作金融机构、小额信贷公司、合会等中小型金融机构，具有农村金融市场上局部、分散知识的不同优势，在农村金融体系中，具有直接向农户或小微企业发放贷款的优势，但资金实力有限，因而，应该根据各自的信息优势，进行有效分工，分别面对不同的客户对象，直接提供零售贷款。

第二，大型国有银行拥有资金实力，具有整理标准化财务信息的优势，但不具有农村分散、局部信息优势，因而，在知识分工中，应该更多地充当贷款批发人或再贷款者，为资金缺乏的各中小金融机构提供融资支持，并利用自身超强的实力，主导农村信息体系的建设。然而，目前农村金融体系中，大型国有金融机构与中小型金融机构的功能分工仍不完善，从而使得金融机构的功能趋同，相互之间缺乏必要的纵向连接，不能充分发挥各机构的功能优势，出现直接发放贷款的中小机构资金不足,资金充裕的大型国有金融机构却很少向农村经济主体发放贷款,从而出现结构性约束问题。

二 金融机构所能获得的融资支持差异性较大

农村中小型金融机构嵌入农村经济社区,具有农村经济社会的信息优势,从而成为直接向农户和农村小微企业提供贷款的主力军。然而,中小型金融机构自身实力较弱,所能够获得融资支持不足,从而导致其资金供给较小,难以满足数量众多的小微企业与农户的融资需求。

第一,与国有大型金融机构相比,公众对中小型金融机构认可度和信任度都相对较低,从而严重限制其动员公众闲置资金的能力,因而,所能够获得的存款资金较少,难以满足广大农户与小微企业的融资需求。

第二,中央银行对于中小型金融机构的再贴现与再贷款的融资支持力度不够。中央银行对于国有大型金融机构提供便利、充足的再贷款与再贴现的融资支持,而对于资金严重匮乏的农村中小型金融机构提供再贷款的融资支持不够。虽然2015年以来,中国人民银行采取下调支农再贷款利率的支持政策(支农再贷款利率2.75%),并创立扶贫再贷款,实行比支农再贷款更为优惠的利率(一年期扶贫再贷款利率为1.75%),专门用于引导地方法人金融机构扩大贫困地区信贷投放,在一定程度上有助于解决农村金融机构资金来源不足、资金成本较高的问题,但整体而言支持力度仍然不够,特别是对于农村信用社、村镇银行等中小型农村金融机构的支持力度较少,难以满足农村地区巨大的信贷需求。截至2020年年末,农村信用社再贷款余额仅为552.6亿元,而中国农业银行的再贷款余额6085亿元,是农村信用社的11倍。[①] 可见,农村客户对象较少、资金实力充裕的大型国有金融机构的资金较为充裕,农村客户对象多、授信范围广而资金匮乏的中小型金融机构,所能获得的中央银行再贷款的数量较少,资金更

---

① 中国金融年鉴委员会:《中国金融统计年鉴(2020)》,中国金融杂志社有限公司2021年版。

为匮乏，加剧农村金融发展中的供求数量结构的失衡程度，出现结构性的约束问题。

第三，大型国有银行除了吸收存款、获取央行再贷款的融资途径外，还拥有股票融资、债券融资、同业拆借等融资手段，从而使其资金优势更为明显。而中小型金融机构融资渠道单一，除了自有资金、吸收存款外，其他融资渠道的资金支持力度较弱。截至2020年，中国农业银行同业存放款项15039亿元，同业拆借拆入资金3254亿元，金融债券11082亿元，三者合计29375亿元；而农村信用社除去居民存款后的总负债仅有17528亿元，仅相当于中国农业银行上述三项的60%。[①] 可见，以农村信用社为代表的中小型金融机构所能获取的融资资金支持严重不足，加剧农村金融供给数量结构与需求数量结构之间的不匹配状况。

三 农村金融制度供给的影响

在长期历史演变中，我国的制度变迁主要来自中央政府"由上而下"的强制性制度变迁模式。这种"由上而下"的强制性制度变迁模式，难以考虑到各地的异质性特征，也难以兼顾不同阶层、不同类型的经济主体的异质性特征，从而使得制度出现与各地、各群体现实状况不相适应的情况。具体到金融制度来说，也主要采取"由上而下"的强制性制度变迁模式，从而使得金融制度具有显著的同质化特征，与经济主体的异质性之间存在较大矛盾。

第一，出于优先工业化、城市化发展战略的考虑，为了动员农村金融剩余，构建了基本类似的城乡金融制度，从而使得城乡之间的金融制度具有较强的同质化特征。对于农村地区的基本现实考量不足，导致现有农村金融制度与农村经济社会环境的契合度较低，使得农村金融市场上的制度性摩擦问题严重，进而导致农村金融市场出现摩擦性结构失衡问题，即农村金融资金供给与需求之间出现难以顺畅匹配的状况。

---

① 中国金融年鉴委员会：《中国金融统计年鉴（2020）》，中国金融杂志社有限公司2021年版。

第二，农村金融制度改革更多地考虑全国性的现实基础，对于各地的异质性现实特征考量得较少，导致全国农村金融制度同质化现象严重，从而使得制度在各地区的适用程度存在较大差异。适用程度较低的地区，市场效率较低，容易出现由于市场摩擦造成的结构性失衡问题。

第三，"由上而下"的强制性制度供给模式，难以完全与农村金融市场的制度需求相一致，从而导致其适用性大打折扣。另外，"由上而下"供给的金融制度，也很难考虑到所有参与主体的异质性特征。因而，农村金融制度的整体适用性较低，加剧了金融市场的摩擦而导致的结构性失衡问题。

四 农村金融市场上的信息不完全

农村社区相对封闭，信息向外流动的渠道不畅，再加上，农村金融市场信息体系建设滞后，各金融机构之间缺乏信息流动、共享机制，信息条块分割严重。同时，农村金融市场集中度较高，金融机构数目较少，再加上，农村金融需求主体金融知识匮乏，收集信息的能力较弱，从而导致农村金融需求主体对于市场供给主体的收集成本较高、难度较大。因而，农村金融市场上供求两端都存在严重的信息障碍，从而导致市场上信息不完全状况极为严重。一方面，市场的信息不完全，使得农村金融市场上供求双方相互之间的搜索成本较高、难度较大，从而使得双方在供需数量结构、期限结构、条件结构等方面难以匹配，出现严重的供需结构性失调。另一方面，农村金融市场上金融机构之间缺乏客户信息的有效共享机制，使得相对远离农村地区、资金实力较强的大型国有金融机构，无法利用嵌入农村社区的中小型金融机构的有效客户信息，从而使得拥有大量闲置资金的大型金融机构，难以甄别出信用状况较高的优质客户，从而出现供给剩余与资金紧缺并存的结构性失衡问题。

第七章

农村金融发展约束的效应实证研究

从本质上来讲，中国农村金融发展约束的重要原因，为长期城乡二元体制下，农村经济社会发展严重滞后。同时，农村金融发展约束反过来也会制约农村经济社会发展，进而起到固化或者强化城乡二元体制的作用。因而，在对农村金融发展约束问题的表现、程度以及形成原因研究之后，需要更进一步地研究其对于城乡二元体制的效应及其作用途径。考虑到，学术界多数都用城乡收入差距作为指标，来反映城乡二元体制。本书也以城乡收入差距来反映城乡二元体制，主要研究农村金融发展约束对城乡收入差距的效应及其作用的途径。

第一节 农村金融发展对城乡收入差距的效应

金融发展与经济增长之间的关系，又会间接地表现在金融发展与居民收入之间的关系，意味着城乡金融发展水平的差异必然与城乡居民收入差距之间具有一定的逻辑关系，即金融二元体制与城乡居民收入差距之间也必然具有相对较为复杂的相互影响机制。

一 农村金融发展对城乡收入差距效应的理论分析

（一）正效应

1. 排斥效应

金融机构作为独立经营的市场组织，收益性、安全性、流动性成为其经营过程中所要遵循的基本原则。因而，金融机构出于成本、收益以及风险等因素的考虑，会对不同的主体采取不同的贷款策略，从而对一些主体产生金融排斥现象，加大其融资难度及融资成本，进而使得不同主体之间产生收入差距。克拉森和佩罗蒂（Classens and Perotti，2007）指出发展中国家存在着人为的或经济的融资障碍，使得低收入阶层或小微企业等弱势群体受到严重的金融排斥，贷款比率显著较低，从而在不同阶层之间产生严重的收入分配不均等。我国农村地区经济社会发展严重滞后于城市地区，农村居民收入水平较低、缺乏可抵押性资产，农村金融市场信用制度建设步伐滞后、信息不对称现象严重，再加上单笔借款数额较小、成本较高，从而使得金融机构对农村居民产生严重的金融排斥现象。因而，在城乡二元金融体制下，农村居民受到严重的金融排斥，使得农村居民能够获得金融支持以提高其收入水平的难度较大，从而推动着城乡收入差距的拉大。金融排斥具有多维特征，即地理排斥、条件排斥、评估排斥、价格排斥、营销排斥和自我排斥六个维度，它们之间相互影响，不断强化和累积，导致农村地区陷入金融发展与收入水平较低相互强化的恶性循环之中，也成为贫困地区"贫困陷阱"不断强化的重要诱因。相反，城市地区居民受到的金融排斥要远低于农村居民，能够享受到包括融资在内的便利的金融服务，通过降低整体交易成本、平滑消费以及进行多样化投资等途径，促进城市居民收入水平的提高，从而进一步拉大城乡收入差距。

2. 门槛效应

城乡二元金融体制对城乡收入差距的门槛效应，主要表现在两个方面：一方面，金融机构的产生要满足门槛值的要求。Greenwood 和 Jovanovic[1]、King 和 Levine[2] 以及 Greenwood 和 Smith[3] 相继提出并扩展

---

[1] Greenwood, Jeremy and Boyan Jovanovic, "Financial Development, Growth, and the Distribution of Income", *Journal of Political Economy*, No. 98, 1990.

[2] King, Robert G., and Rose Levine, "Finance and Growth: Schumpeter might be Rirht", *Quarterly Journal of Economics*, No. 108, 1993a.

[3] Greenwood, Jeremy and Bruce D. Smith, "Financial Markets in Development, and the Development of Financial Markets", *Journal of Economic Dynamics and Control*, No. 21, 1997.

金融中介产生的"门槛效应"（threshold effect），其基本逻辑：金融企业（中介）的出现并不是免费的，需要试图利用金融企业的当事人分摊一笔固定成本（"门槛值"）。因此，一个地区金融机构的产生、成长乃至整个金融体系的演进，都取决于当地居民分摊固定成本的能力，而这又取决于当地居民收入水平的高低。[①] 农村地区由于经济社会发展严重滞后，居民收入水平较低，金融交易极不活跃，无法承担金融机构产生、成长所需要的"门槛值"（金融机构成立的固定成本），会导致农村地区金融机构的数量较少，甚至有些偏远地区的农村金融机构几乎空白，农村居民无法享受到足够、便利的金融服务，严重影响农村居民通过金融体系平滑消费、选择金融投资品、降低交易成本以及获取创业所必需的信贷资金等，并且也会影响当地整体信息体系、信用制度的建设，从而制约当地居民收入水平、福利水平的提高。另一方面，金融服务也有最低门槛要求，只有这样才能弥补金融服务的成本和风险。农村居民收入水平较低，投资收益率也相对较低，资产状况较差，缺乏足够的抵押资产，无法承担金融机构所要求的贷款成本。因而，大量农村居民（特别是欠发达地区的农村居民）无法达到享受金融服务的"门槛值"，难以获得金融机构提供的金融服务，进而拉大与城市居民的收入差距。

3. 间接效应

城乡二元金融体系也会通过影响城乡之间的经济增长差异以及就业差异，进而影响城乡之间居民收入差距。一方面，农村金融体系发展滞后，使得金融体系对农村地区的储蓄动员能力较弱，进而影响农村地区闲置资金向生产资本的转化，再加上金融体系的排斥性，使得金融机构在农村地区存在严重的"惜贷"现象，大量农村资金通过金融体系的"虹吸效应"而流向城市地区，导致农村地区出现长期系统负投资，资本形成不足，阻碍农村地区经济的健康、可持续增长，从而制约农村居民收入水平的提高。而大量资金由农村地区流向城市地区，增加城市地区的资本总量，推动城市经济以更快的速度增长，会

---

① 张杰：《制度金融理论的新发展：文献述评》，《经济研究》2011年第3期。

导致城市居民的收入增长速度远高于农村居民的收入增长速度，拉大城乡收入差距。另一方面，农村居民人力资本素质较低、职业转化难度较大，再加上养老、户籍等因素的影响，导致农村劳动力入城就业也往往集中在对劳动力素质要求较低的私营、个体等小微企业。城乡二元金融体制也会使得农村地区居民及小微企业的融资难度较大、成本较高，限制农村地区居民的创业及小微企业的发展，使得农村居民就地、就近就业受阻，影响农村居民非农收入的提高。同时，高度国有化的金融体系，导致大量金融资源流向国有企业，使得城市经济中的中小私营企业面临严峻的"融资难"问题，限制其健康、快速发展，进而阻碍农村居民入城就业。因而，城乡二元金融结构间接拉大城乡收入差距。

（二）负效应

城乡二元金融体制的发展也会对城乡收入差距带来一定的负效应，即城乡二元金融体制发展到一定阶段将会对城乡收入差距的缩小产生一定的影响。具体来说，这种负效应主要表现在以下几个方面：

1. 就业效应

城乡二元金融体制中随着城市金融体系的发展，必然推动着城市金融体系的市场化进程，逐步打破以国有银行为主导的金融结构，中小型银行机构、小额信贷公司、信托投资公司、风险投资公司等金融机构在金融市场的份额逐步增大，直接投融资也必然逐渐活跃，使得众多处在创业期、成长期的中小微型企业的融资机会增多、难度降低、成本下降。在提高我国整体资金使用效率及资本收益率的同时，也会促进中小微型企业的快速发展，有利于吸引更多的农村劳动力入城就业，资本收益率的提高也有利于推动非农就业领域整体工资水平的提高，从而使得农村居民非农收入提高，降低城乡居民收入差距。

2. 引致效应

如前所述，城市金融体系的发展、完善，特别是金融结构的变动，会对中小型企业的发展具有极强的促进作用。城市中小型企业的发展，在活跃城市经济的同时，也会引致出众多的相关上游产业、原材料产业以及相关服务产业等，这些产业的活跃在增加农村居民非农就业机会的同时,也会为农村地区引致出众多的创业机会以及产业发展机遇,繁荣农村市场,进一步推动农村地区分工细化,在提高农村整体经济效率的同时,也会进一步促进农村地区相关产业的衍生、发展,从而有利于农村居民整体收入水平的提高,缩小城乡收入差距。

3. 涓滴效应

城市金融体系的发展,在提高资金配置效率的同时,也会使得城市金融市场的竞争加剧。一方面,资金配置效率的提高,推动整体资本收益率的提高,必然推动利率以及金融投资品收益率的提高,从而有利于提高农村居民的存款收益及投资收益。另一方面,城市金融市场竞争的加剧,必然推动城市金融机构为了寻找新的利润空间,逐步向郊区、农村拓展业务空间,扩大对农村居民的金融服务,为农村居民提供更多的理财服务、金融投资品,有利于提高农村居民的存款收益、投资收益。因而,城市金融的发展,会通过"涓滴效应"提高农村居民收入,缩小城乡收入差距。

可见,城乡二元金融体系的发展,对城乡居民收入差距的影响效应并不明确,主要取决于上述多重效应的共同作用,作用机制也较为复杂。一般而言,短期内,由于我国仍处在发展阶段,面临严峻的"中等收入陷阱"的威胁,经济发展进入中速发展的新常态,城市化进程仍未完成,城乡二元体制特征依然突出。因而,在这一阶段城乡二元金融体制与城乡二元体制相互影响,具有内在强化作用,城乡二元金融体制对城乡收入差距也主要以正效应为主。长期来看,随着城市金融体系的完善、发展,新一轮金融体制改革的启动,也会使得城乡二元金融体系对于城乡收入差距的负效应,开始显现并逐渐加强,并与城乡二元体系自身的弱化,叠加在一起共同促进城乡收入差距的缩小。

二 模型设定、指标选取与数据来源

(一) 模型设定

根据本书研究的目的,可以把影响城乡收入差距的因素大体上分为三类:金融因素(M)、经济增长因素(Y)和就业因素(X)。即:

$$CRI = f(M, Y, X) \tag{7-1}$$

考虑到金融因素主要包括金融规模(F)和金融效率(FR)。

$$M = f(F, FR) \tag{7-2}$$

分别对式 (7-1) 和式 (7-2) 两边取全微分得微分方程为：

$$d(CRI) = \partial f/\partial M \times dM + \partial f/\partial Y \times dY + \partial f/\partial X \times dX \tag{7-3}$$

$$dM = \partial M/\partial F \times dF + \partial M/\partial FR \times dFR \tag{7-4}$$

分别把式 (7-5)、式 (7-6) 代入式 (7-4) 整理可以得到：

$$d(CRI) = \partial f/\partial F \times dF + \partial f/\partial FR \times dFR + \partial f/\partial Y \times dY + \partial f/\partial X \times dX \tag{7-5}$$

分别用 β_1、β_2、β_3、β_4、β_5、β_6 取代上式系数表示各变量对于自变量的边际影响，上式可转化为：

$$d(CRI) = \beta_1 \times dF + \beta_2 \times dFR + \beta_3 \times dY + \beta_4 \times dX \tag{7-6}$$

由于差分量是水平量前后两期的差值，可以简单看出，水平量与差分量同样具有相对稳定的关系，因而，可以得出本书研究的基本计量模型：

$$CRI = \beta_0 + \beta_1 \times F + \beta_2 \times FR + \beta_3 \times Y + \beta_4 \times X \tag{7-7}$$

（二）变量选取及说明

1. 城乡收入差距（CRI）

在既有的研究中，城乡收入差距主要使用城镇居民人均可支配收入与农村居民人均纯收入的相对比值来衡量，这一指标不仅具有可比性、可持续性的特征，而且也能够有效地剔除物价因素的影响，因而使用相对比较普遍，本书也选择这一指标衡量城乡收入差距。

2. 农村金融发展水平

参考国内外学者研究的通行做法，本书选取农村金融发展规模（RF）、农村金融效率（RFR）两个指标：①农村金融发展规模（RF）。金融发展规模主要采用农村存贷款总额与农村 GDP 之比来衡量。②农村金融效率（RFR）。主要采用农村贷款与存款的比值来刻画，主要反映农村金融体系把存款转化为贷款的效率。

3. 经济增长因素（Y）

本书为了更好地考察农村金融发展对于城乡收入差距的影响，选取农村人均 GDP 增长（RGDP）作为反映我国农村经济增长指标，考虑到数据的可得性，采取用第一产业产值与乡镇企业增加值之和来计算农村 GDP，并通过消费物价指数进行折算后，除以农村人口数计算所得。

4. 就业因素（X）

选取乡村就业人数（REM）作为研究的就业因素变量。

(三) 数据来源

农村存贷款、城市存贷款的数据主要来自历年《中国金融统计年鉴》，农村 GDP 中第一产业增加值来自历年《中国统计年鉴》，乡镇企业增加值来自历年《中国乡镇企业统计年鉴》（后改名为《中国乡镇企业及农产品加工年鉴》、《农产品加工年鉴》）。本书选择研究的时段为 1981—2019 年。考虑到后面对于中介效应的研究，要求各变量的均值都需要中心化（即均值为零），分别对各变量进行标准化处理（分别用 Z 做前缀，表示变量已做标准化处理）。

三 平稳性检验及协整检验

(一) 平稳性检验

由于时间序列数据的经验研究都必须要以时间序列的平稳性为条件，只有满足平稳性条件，才能避免实证研究中出现的谬误回归现象。因而，在应用时间序列数据进行实证研究时，就必须要对序列的平稳性进行检验，并在辨明经济变量之间存在真实关系之后，才能有效避免谬误回归现象。从变量的趋势图中可以简单地观察到，各变量都不是平稳性时间序列。进一步进行单位根检验（ADF 检验），检验结果如表 7-1 所示。可以看出，除了农村人均 GDP（ZRGDP）外，其余变量都是 0 阶不平稳而一阶平稳。用农村人均 GDP 增长率（ZRGDPR）取代农村人均 GDP，在进行平稳性检验后发现，城乡就业差异的差分（ZCRI）0 阶不平稳，而 1 阶平稳。因而，通过变化后，所有变量都是一阶单积序列，满足协整检验的条件。

表 7-1 各变量平稳性检验结果

变量	0 阶		1 阶差分	
	t-Statistic	Prob. *	t-Statistic	Prob. *
ZCRI	-1.688683	0.0859*	-3.350304	0.0016***
ZRGDP	4.296342	1.0000	-0.156313	0.9906
ZREM	-0.220236	0.9893	-5.316013	0.0010***

续表

变量	0 阶		1 阶差分	
	t-Statistic	Prob.*	t-Statistic	Prob.*
ZRF	-2.775311	0.0747*	-4.498511	0.0015***
ZRFR	-4.498511	0.3544	-4.970206	0.0004***
ZRGDPR	-3.334148	0.0829*	-3.969026	0.0003***

注：*表示10%置信水平下显著，**表示5%置信水平下显著。

（二）协整检验

为了反映两个变量之间具有真实的长期关系或者均衡关系，还有必要对变量的时间序列做协整检验。上述各变量都是一阶单整时间序列，符合协整检验的基本条件，本书采用 Johansen 协整检验法进行协整检验，以验证其余变量的时间序列与城乡收入差距之间的协整关系，利用 EViews6.0 进行估计，估计结果如表 7-2 所示。从估计结果上来看，无论是迹检验还是最大值检验的结果都显示其余变量整体上与城乡收入差距之间在 5% 的置信水平下具有长期协整关系。因而，可以对时间序列进行后续研究。

表 7-2　　协整关系检验结果：Johansen 检验（trace）

Hypothesized No. of CE（s）	Eigenvalue	Trace Statistic	0.05 Critical Value	Prob.
None*	0.888004	117.2090	69.81889	0.0000***
At most 1*	0.639602	55.90886	47.85613	0.0073***
At most 2	0.389667	27.33359	29.79707	0.0937*
At most 3	0.325923	13.50858	15.49471	0.0974*
At most 4	0.084274	2.465058	3.841466	0.1164

注：*表示在10%置信水平下显著，**表示在5%置信水平下显著，***表示1%置信水平下显著。

四　回归分析

变量具有长期协整关系，可以有效避免伪回归问题。为了更准确地反映农村金融发展对城乡收入差距的具体影响，本书对其进行回归分析，结果如表 7-3 所示。

表 7-3　　　　　　　　　　　回归结果

Variable	Coefficient	Std. Error	t-Statistic	Prob.
ZRGDPR	0.083707	0.089638	0.933830	0.3593
ZREM	0.745784	0.100454	7.424117	0.0000***
ZRF	0.419072	0.090344	4.638612	0.0001***
ZRFR	-0.648635	0.099217	-6.537538	0.0000***
C	1.02E-06	0.086431	1.18E-05	1.0000

R-squared	0.806803
Adjusted R-squared	0.775891
F-statistic	26.10040
Prob（F-statistic）	0.000000

注：*表示10%置信水平下显著，**表示在5%置信水平下显著，***表示1%置信水平下显著。

从结果来看，农村经济增长对于城乡收入差距的效应为正，但不显著，说明农村经济增长对于城乡收入差距的作用甚微，可以忽略不计。而农村就业对城乡收入差距的影响为正且在1%置信水平下显著，系数为0.745784，意味着农村就业增加1%，则会使得城乡收入差距拉大约0.74个百分点。其主要原因为农村就业人口的下降，意味着农村居民进城务工的人口增多，从而使得农村居民收入将会提高，城乡收入差距减小；相反，农村就业人口的增多，在农村就业收入远低于城市务工收入的情况下，就会拉大城乡收入差距。而农村金融规模对城乡收入差距的影响为正，且在1%的置信水平下显著，系数为0.419072，意味着农村金融规模提高1%，则会使城乡收入差距增长0.42个百分点。主要原因为农村金融规模的扩大，有贷款和存款两方面的原因，在存款利息极低、大量农村存款流向城市的情况下，农村金融规模的扩大对于城市经济进而城市居民收入的贡献更大，从而导致农村金融规模扩大不仅不会缩小城乡收入差距，反而使之继续拉大。农村金融效率对城乡收入差距的效应为负（-0.648635），且在1%的置信水平下显著，意味着农村金融效率每提高1%，则会使得城乡收入差距下降约0.65个百分点。其主要原因是金融效率的提高，使得农村贷款增加，从而有利于农村经济发展，推动农村居民收入的提高，缩小城乡收入差距。

五 中介效应检验

理论分析表明,金融发展对城乡收入差距的作用具有直接效应和间接效应。前面实证分析也基本上证明了经济发展对城乡收入差距的影响。因而,本部分为了更为明确地分析包括农村金融在内的金融发展对城乡收入差距的作用机制与间接效应占比,特引入中介效应检验方法。

(一) 中介效应的检验方法

考虑到三个变量 X、Y、I,X 为自变量,Y 为因变量,如果自变量 X 对于因变量 Y 的效应是 X 通过影响变量 F 进而影响 Y 的,则称变量 I 为 X 与 Y 之间的中介变量,而中介变量 F 在总效应的贡献称为中介效应。中介效应的前提条件必须是因变量与自变量之间具有显著相关性,借鉴 MacKinnon 等的研究思路,本书尝试用以下方法与步骤对中介效应进行研究。对于标准化变量 X、I、Y,X 为自变量,I 为中介变量,Y 为因变量,三者之间的关系为:

$$Y = \delta X + \varepsilon_1 \tag{7-8}$$

$$I = \alpha X + \varepsilon_2 \tag{7-9}$$

$$Y = \delta' X + \beta I + \varepsilon_3 \tag{7-10}$$

检验程序如图 7-1 所示:

第一步,对式 (7-8) 进行回归估计,并检验回归系数 δ 的显著性,如果显著,则继续进行检验,不显著说明 Y 与 X 的相关不显著,不符合前提条件,从而不必考虑中介效应,则停止检验。

第二步,依次对式 (7-9)、式 (7-10) 做部分中介效应检验,即对检验系数 α、β 进行显著性检验,若 α、β 都显著,意味着 X 对 Y 的影响至少有一部分是通过中介变量 I 实现的。如果 α、β 至少有一个不显著,则应该对乘积进行显著性检验,即对原假设 H0:$\alpha\beta = 0$ 进行检验 (Sobel 检验),如果显著,则说明 X 对 Y 影响中 I 的中介效应显著,否则,中介效应不显著。

第三步,在 α、β 都显著的基础上对完全中介效应进行检验,即对系数 δ' 进行显著性检验,如果不显著,说明 I 具有完全中介效应,即 X 对 Y 的影响全部都是通过中介变量 I 实现的;如果显著则说明 I

只具有部分中介效应,即 X 对 Y 的影响只有一部分是通过中介变量来实现的,在此基础上计算中介效应占总效应的比例:$\lambda = \alpha\beta/\delta$。

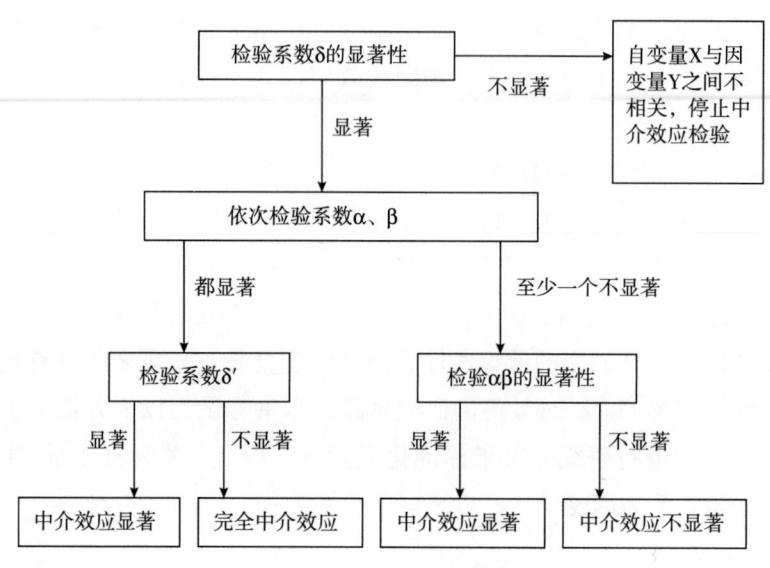

图 7-1 中介效应检验程序

(二)农村金融发展对城乡收入差距的中介效应

理论分析显示,金融发展可以促进中小企业的发展,进而拉动农村剩余劳动力进城就业,进而影响城乡收入差距。为此,把农村就业量作为中介变量,进而研究农村对于城乡收入差距的中介效应。基于上述检验程序,设立如下三个回归模型:

ZCRI = 0.519123ZRF + 4.94E-07

  (0.161523) (0.158808)[①]

  (0.0033)   (1.0000)

ZREM = 0.222701ZRF + 9.51E-07

  (0.184236) (0.181140)

  (0.2369)   (1.0000)

---

① 上面括号为各指标的标准差,下面括号为各指标 t 检验得出的概率值,此后类似表示的含义相同。

ZCRI=0.415206ZRF+0.466623ZREM+6.84E-07

  (0.142841) (0.142841)   (0.136913)

  (0.0072)   (0.0030)   (1.0000)

从估计结果上可以看出，δ、β都在1%的置信水平下显著，说明农村金融发展规模对城乡收入差距具有显著正向效应。而α不显著，在α、β有一个值不显著时，就要进行αβ显著性的检验。采用Sobel检验，构建检验统计量：

$Z = \alpha\beta / s_{\alpha\beta}$

$s_{\alpha\beta} = (\alpha^2 s_\beta^2 + \beta^2 s_\alpha^2)^{1/2}$

计算出的统计量 $Z=1.1419$，大于0.05的临界值0.97[①]，说明 $\alpha\beta=0$ 在5%的置信水平下显著。因而，农村金融发展规模通过农村就业量对城乡收入差距的中介效应显著。系数 $\delta'=0.415206$，在1%的置信水平下显著，说明中介变量的中介效应是不完全中介效应，中介效应占总效应的比例为 $\lambda=\alpha\beta/\delta=20\%$，说明农村金融发展对城乡收入差距具有正向效应，其中通过中介变量——农村就业发挥作用的中介效应占总效应的20%。

对于农村金融效率中介效应的研究，估计方程为：

ZCRI=-0.251327ZRFR+7.50E-07

  (0.182916)   (0.179842)

  (0.1803)   (1.0000)

从t检验结果来看，系数 $\alpha=-0.251327$，t检验统计量为 -1.373999，在10%的置信水平下都不显著，说明农村金融效率对城乡收入差距虽然具有负向效应，但该效应是不显著的，不满足中介效应检验的前提条件，停止检验。

（三）农村存、贷款规模对城乡收入差距的中介效应

从前一部分的研究中可以看出，农村金融发展规模对城乡收入差距具有较强的正效应，并且其正效应是通过城乡就业差异变化的中介

[①] MacKinnon等使用该统计量时，采取不同的临界值进行检验。在他们的临界值表里显著性水平0.05对应的临界值是0.97（而不是通常的1.96，说明中介变量有更多的机会被认为是显著的，从而检验的功效提高了，但第一类错误率也大大地增加了）。

效应发挥作用的,即农村金融发展规模的增加能够促进城乡就业差异的变动加速,进而起到拉大城乡收入差距的作用,这与普遍的认识似乎存在一定的矛盾。为了更深入地研究、解释农村金融发展规模对于城乡收入差距及其中介效应的作用机制,本书采取把农村金融发展规模分解为农村存款规模(ZRD=农村存款/农村GDP,用Z作为前缀是说明变量已经经过标准化处理)与农村贷款规模(ZRC=农村贷款/农村GDP),分别进行中介效应分析。

通过平稳性检验,发现 ZRD、ZRC 两个变量的时间序列都是 0 阶不平稳、1 阶平稳,符合协整检验的条件。而协整检验的结果表明,ZRD、ZRC 两变量分别与 ZCRI、ZDCRJ 具有协整关系,联合协整检验也表明变量之间具有协整关系。因而,能够有效地避免伪回归。根据中介效应的检验程序,可得如下回归方程:

ZCRI = 0.583768ZRD − 3.03E−06
  (4.003235) (−2.11E−05)
  (0.0004) (1.0000)

ZREM = 0.769043ZRD − 6.06E−07
  (6.698800) (−5.36E−0)
  (0.0000) (1.0000)

ZCRI = −0.194087ZRD + 1.011459ZREM − 2.42E−06
  (−1.383532) (7.210090) (−2.74E−05)
  (0.1767) (0.0000) (1.0000)

从检验结果上来看,系数 δ=0.583768 并在 1% 置信水平下显著,说明农村存款规模的增加对于城乡收入差距的总效应为正,即农村存款规模的增加能够扩大城乡收入差距。系数 α=0.769043、β=1.089232,都在 1% 的置信水平下显著,说明农村存款规模通过中介变量对城乡收入差距的中介效应显著。从系数上还可以看到,农村存款规模通过对城乡就业差异变化的正向效应,进而对城乡收入差距具有显著的正向间接效应。而系数 δ′=−0.310013,在 10% 的置信水平下不显著,中介效应为完全中介效应。

对农村贷款规模中介效应的分析可得如下回归方程:

ZCRI=0.162227ZRC-2.98E-06
  (0.915374) (-1.71E-05)
  (0.3671)   (1.0000)

从 t 检验结果上可以看出,系数 δ 在 10%的置信水平下并不显著,说明农村贷款规模对城乡收入差距的影响较小,不符合中介效应的检验前提,终止检验。这说明农村贷款规模对城乡收入差距的影响较小,主要原因是农村贷款业务发展不力,广大农村居民、农村企业被排斥在正规金融的信贷体系之外,从而导致贷款因素不能够有效地提高农村居民收入,进而缩小城乡收入差距。

结合农村存款规模、贷款规模对城乡收入差距的影响及其通过中介变量的中介效应研究,可以得出结论:农村金融发展规模中的存款规模能够通过城乡就业差异变化的中介效应,对城乡收入差距具有正向效应;而农村贷款规模对于城乡收入差距的效应不显著。其主要原因为:农村存款的增长仅有少数资金以贷款的形式在当地形成经营资本,大量农村存款通过金融体系的"漏斗效应"不断地流向收益较高、风险较小的城市地区,成为支持城市经济发展的可信贷资金,转化为生产、经营资本,通过城乡就业差异变化来拉大城乡收入差距。

第二节 农村金融发展供给约束、需求约束的效应实证研究

在存在多重约束的状况下,农村金融发展水平较低,并且通过农村就业的中介效应,对城乡收入差距具有正向效应。为了更好地分析农村金融发展约束的效应,本节还将重点分析供给约束、需求约束的效应。沿用上节实证分析方法,变量选取 $F_S CR$ 作为反映农村金融发展供给约束程度的指标,$F_D CR$ 作为衡量农村金融发展需求约束程度的指标,含义与前面设定一致。

一 平稳性及协整检验

平稳性检验的结果如表 7-4 所示,农村金融需求约束($ZF_D CR$)、

供给约束（ZF_SCR）都在5%的置信水平下，0阶不平稳而1阶平稳，与其他变量的平稳性保持一致。因而，可以继续做协整检验。检验的结果如表7-5所示，在5%的置信水平下，各变量之间具有长期协整关系，可以避免伪回归问题。

表7-4　　　　　　各变量平稳性检验结果

变量	0阶		1阶差分	
	t-Statistic	Prob.	t-Statistic	Prob.
ZCRI	-1.688683	0.0859*	-3.350304	0.0016***
ZRGDPR	-3.334148	0.0829*	-3.969026	0.0003***
ZREM	-0.220236	0.9893	-5.316013	0.0010***
ZF_DCR	-1.712434	0.0820*	-2.809069	0.0067***
ZF_SCR	-1.404215	0.1458	-5.503545	0.0000***

注：*表示10%置信水平下显著，**表示5%置信水平下显著，***表示在1%置信水平下显著。

表7-5　　　　协整关系检验结果：Johansen检验（trace）

Hypothesized No. of CE（s）	Eigenvalue	Trace Statistic	0.05 Critical Value	Prob.
None	0.893710	110.5396	69.81889	0.0000***
At most 1	0.631337	47.77541	47.85613	0.0509*
At most 2	0.366860	19.83502	29.79707	0.4341
At most 3	0.219186	7.037225	15.49471	0.5733
At most 4	0.003903	0.109509	3.841466	0.7407

注：*表示10%置信水平下显著，**表示5%置信水平下显著，***表示1%置信水平下显著。

二　回归分析

为了更好地、直观地看到农村金融发展约束对于城乡收入差距的效应，首先对供给约束、需求约束对城乡收入差距的效应进行回归分析，结果如表7-6所示。从估计结果上来看，Adjusted R-squared的值约为0.54，比农村金融发展效应的回归估计值略低，但在0.5以上，模型能够对城乡收入的解释在50%以上，并且F检验的结果表现为在1%的置信水平下显著，说明模型的估计能够说明所需要解释的问题。从模型中可以看出，供给约束指标（F_SCR）系数约为-0.78，并且在1%的置信水平下显著，说明供给约束对城乡收入的影响较大，考虑到F_SCR指标与供给约束程度呈反向关系，从而意味着农村金融发展的供给约束程度与城乡收入差距之间具有正向效应，即供给约束程度提高1%，则使得城乡收入差距拉大0.78个百分点。需求约束指标（F_DCR）的系数约为0.32，仅在10%的置信水平下显著，说明需求约束对城乡收入差距的影响较为明显。考虑到，需求约束程度与F_DCR指标之间也具有反向关系，即F_DCR指标越小，需求约束程度越高，从而使得需求约束程度与城乡收入差距之间具有负效应，即需求约束提高1%，则会使得城乡收入差距降低0.32个百分点。

表7-6　　　农村金融供给约束、需求约束对城乡收入差距效应的回归结果

Variable	Coefficient	Std. Error	t-Statistic	Prob.
ZRGDPR	0.219707	0.151405	1.451119	0.1592
ZREM	0.150956	0.130654	1.155385	0.2589
ZF_SCR	-0.775449	0.184589	-4.200959	0.0003 ***
ZF_DCR	0.316464	0.160603	1.970472	0.0600 *
C	9.43E-07	0.124203	7.59E-06	1.0000
R-squared	0.60104			
Adjusted R-squared	0.537211			
F-statistic	9.415892			
Prob（F-statistic）	0.000087			

注：＊表示在10%置信水平下显著，＊＊表示在5%置信水平下显著，＊＊＊表示在1%置信水平下显著。

三　中介效应检验

（一）供给约束对收入差距的中介效应研究

依照前一节的研究思路，依然选择农村就业量（ZREM）作为中介变量，研究农村金融发展的供给约束对城乡收入差距的中介效应及

总效应。通过回归估计得到如下三个回归方程：

$ZCRI = -0.676700ZF_SCR + 8.92E-07$
　　　　(0.139139)　　　　(0.136801)
　　　　(0.0000)　　　　　(1.0000)

$ZREM = -0.505655ZF_SCR - 1.65E-07$
　　　　(0.163042)　　　　(0.160301)
　　　　(0.0044)　　　　　(1.0000)

$ZCRI = -0.529339ZF_SCR + 0.291427ZREM + 9.40E-07$
　　　　(0.154363)　　　　(0.154364)　　　　(0.130937)
　　　　(0.0020)　　　　　(0.0698)　　　　　(1.0000)

从估计结果上可以看出，系数 δ=-0.676700 并在 1% 置信水平下显著，说明 F_SCR 指标对于城乡收入差距的总效应为负，即农村金融发展的供给约束程度与城乡收入差距具有正向效应。进一步的检验可以看出，系数 α=-0.505655，在 1% 的置信水平下显著，β=0.291427，在置信度为 5% 的情况下也不显著，仅在 10% 的置信水平下显著，为了使得分析更准确，有必要再进行 Sober 检验，计算出的检验值为 1.62，大于 0.05 水平下的 0.97，意味着在 5% 的置信水平下可以拒绝原假设：αβ=0，即供给约束通过农村就业的中间效应显著。这说明供给约束通过中介变量对城乡收入差距的中介效应显著。而系数 δ′=-0.529339，在 1% 的置信水平下显著，中介效应为不完全中介效应，中介效应的比例 λ=αβ/δ=19.57%，即农村金融发展的供给约束通过农村就业量作用的中介效应在总效应的占比为 19.57%。

(二) 需求约束对城乡收入差距的中介效应研究

同样，农村金融发展需求约束对城乡收入差距的中介效应，采取同样的方法进行回归，得到回归方程为：

$ZCRI = -0.199901ZF_DCR + 7.33E-07$
　　　　(0.185168)　　　　(0.182055)
　　　　(0.2895)　　　　　(1.0000)

从估计结果上来看，系数 δ=-0.199901，在 10% 的置信水平下都不显著，说明需求约束对于城乡收入差距的效应较小，停止检验。

第七章 农村金融发展约束的效应实证研究

第三节 实证研究结论

　　实证研究的结果表明，农村金融发展对城乡二元体制（城乡收入差距）具有显著影响，其中，农村金融发展规模对城乡收入差距具有显著的正效应，系数为 0.42，说明农村金融规模每提高 1%，则会使得城乡收入差距拉大 0.42 个百分点。金融效率对城乡收入差距具有显著的负效应，系数为 -0.648635，意味着农村金融效率每提高 1%，则会使得城乡收入差距下降 0.65 个百分点。其原因是农村金融效率的提高，意味着农村地区存款向贷款转化的效率提高，使得更多的信贷资金转化为当地资本，从而有利于农村居民收入水平的提高，缩小收入差距；而农村金融规模是农村存贷款之和除以农村 GDP 的比值，它的提高不仅意味着贷款规模的增加，而且也意味着存款规模的增加，贷款对城乡收入差距为负效应，而存款通过金融体系流向城市地区，并形成生产资本，有利于城市居民收入的提高，因而对城乡收入差距具有正效应。而后面分别对农村存款、贷款规模的实证研究结果也支持了上述解释：农村存款对城乡收入差距具有显著的正效应，并通过农村就业的中介效应为显著的完全中介效应；而农村贷款规模对城乡收入差距的效应不显著。

　　金融发展通过中介变量——农村就业对城乡收入差距中介效应的实证研究结果表明，农村金融发展通过农村就业对城乡收入差距的中介效应显著，中介效应的比例为 20%，即农村金融规模的提高虽然能够促进农村就业的提高，但农村就业的提高不仅没有缩小收入差距，反而扩大了城乡收入差距。这主要是因为农村金融规模的扩大，也使得农村存款的增加通过金融体系流入城市地区，对于城市居民收入提高的效应高于农村贷款对农村居民收入提高的效应，从而使得其中介效应依然表现为显著的正效应。而农村金融效率对于城乡收入差距的中介效应不显著，因而停止检验。

　　农村金融发展供给约束、需求约束对城乡收入差距效应的实证研究结果表明,农村金融发展供给约束指标 $F_S CR$ 对城乡收入差距的效应系数为 -0.78,且在 1% 的置信水平下显著。考虑到 $F_S CR$ 指标越小,供给约束程度越高,从而供给约束程度对城乡收入差距具有显著正效应,供给约束程度每提高 1%,城乡收入差距拉大 0.78 个百分点;而 $F_D CR$ 指标对城乡收入差距的效应系数为 0.32,但在 5% 的置信水平下也不显著,仅在 10% 的置信水平下显著,反映出需求约束对城乡收入差距的影响较小。意味着农村金融发展供给约束对城乡收入差距的影响较大,需求约束的影响相对较弱。农村金融发展约束通过农村就业对城乡收入差距中介效应检验结果表明,供给约束指标 $F_S CR$ 通过农村就业的中介效应显著,中介效应占总效应的比例为 19.57%。需求约束指标 $F_D CR$ 的中介效应不显著,因而停止检验。

第八章

破解农村金融发展约束的对策建议

我国农村金融发展滞后,主要原因为农村金融在发展中受到严重约束,表现为供给约束、需求约束及结构性约束三种形式。因而,解决我国农村金融发展问题仅仅依靠金融体系的增量改革以缓解农村供给约束的政策并不够,也需要通过营造农村良好的发展环境、提高农村经济主体投资机会和收益水平等手段,缓解农村金融需求约束问题,还需要通过金融体系存量改革、金融创新、政策引导等手段解决供求结构性约束问题。

第一节 推进农村金融创新与改革的对策建议

中国农村地区经济社会发展相对落后,再加上深厚文化传统的影响较深,导致其经济运行机制、运行规律,与城市地区高度发达的市场经济,存在显著差异。农村金融体系在发展过程中受到多重约束,导致其发育先天不良,创新能力不足,内在创新动机不强。金融机构多数都是靠政府等外生力量由上而下地嵌入农村经济系统之中,金融制度自然也是照搬城市金融制度,金融产品与城市金融产品的类同,从而使得农村金融与农村经济运行机制、运行规律之间的契合度有待提高。因而,破解农村金融约束,推动农村金融快速发展的关键,在于大力推进农村金融创新。

一 农村金融组织创新

农村金融体系中现有金融机构基本上都是商业性金融机构或者其衍生出的分支机构,组织模式也是照搬城市金融机构的组织模式,与农村经济社会环境的契合度较低。一方面,商业性金融机构以盈利最大化为目标,愿意承担的社会责任较低,从而使其在具体业务活动中,更加关注收益、成本与风险等金融要素,从而把大量农村经济主体排斥在业务范围之外。另一方面,现有金融机构外生于农村经济社会环境之外,与农村封闭性社区之间缺乏有效的信息交换纽带,导致金融机构与农村经济主体之间存在严重的信息障碍,信息不对称的状况较为严重。

(一) 农村金融组织创新的着力点

根据各地农村金融创新(特别是合作金融组织创新)的具体实践,其成功的经验主要是基于当地"村庄信任",设计合理的机制,能够有效避免信贷居民的违约行为,保障财务的可持续性和信贷资金的使用效率。

1. 基于当地非正式制度

农村金融组织创新,要充分考虑当地的社会经济发展特征,特别是要考虑信任结构、社会资本以及文化传统等非正式制度的影响。结合当地非正式制度的金融创新,不仅能够保障金融体系的普惠性,而且也能够发挥金融体系的效率性,保障金融资源的配置效率。

2. 构建无限次博弈模型

基于农村信任结构、社会资本以及文化传统等非正式制度,金融创新的核心是构建信任条件下无限次博弈关系,通过居民之间长期的信任关系来克服其短期投机主义倾向。

3. 基于当地特有的信息传输机制和声誉惩处机制

农村社区作为相对封闭的熟人社区,与外部之间的信息传输途径不畅,但其内部通过"闲言碎语"等特殊方式的信息传输机制较为有效,农村居民的违约行为会快速地在农村地区进行传播,从而使得内部成员之间的信息较为充分。同时,通过"闲言碎语"的方式对于违约行为的传播,会使得违约人的声誉受损,从而使得违约人在无限次合作活动的利益受到较大损害。因而,农村社区内部的声誉惩处机制较为有效。另外,农村主体在自身利益受损时,具有对违约者进行惩处的动力,不仅使得违约农户的信息及时在村落内部传播,使其声誉受损,而且也会主动终止与违约者的交往与合作,使其利益受损。因而,在进行农村金融组织创新时,要充分利用农村社区内部特有的信息传输机制和声誉惩处机制。

4. 外部金融机构要转变参与农村信贷的方式

外部金融机构参与农村金融的组织创新活动的方式,可以有多种:一是作为支付、结算平台,为农村信贷提供高效、规范的结算服务。二是以参股的方式介入农村金融合作组织之中,在提高自身放贷收益的同时,也能够为农村金融合作组织带来先进的管理经验和经营理念。三是外部金融机构可以充分利用农村合作组织的相关信息,对放贷农户进行甄别和信用评级,提高贷款的效率和安全性,增加其对农村放贷的能力。

5. 落后地区农村金融组织创新要由政府主导

在落后地区的农村,由于市场经济发展滞后,居民收入水平较低,不能达到金融机构自发衍生的"门槛值",必要的金融组织创新很难在落后的农村地区自发地产生和演化。同时,落后地区农村居民对于政府的强信任,使得政府理应成为推动当地金融制度创新的最佳选择,通过合理的制度顶层设计,能够有效地推动当地金融组织创新,进而带动金融制度的演化和创新。

(二) 农村金融组织创新的形式

基于上述创新着力点,根据农村经济社会环境以及农村金融发展的具体情况,各地应因地制宜,鼓励多种形式的农村金融组织创新,提高农村金融组织与当地经济社会环境的契合度,活跃农村金融市场。

1. 政府主导的新型农村金融合作组织

在经济社会发展落后地区的农村,特别是在西部偏远地区农村,经济社会发展落后,市场化程度较低,居民市场活动较少、市场经济知识匮乏、契约意识不强，区域内金融需求不足，从而使得农村金融机构无法通过市场力量而自发产生、演化。因而落后地区缺乏农村金融组织创新的经济基础，不能通过市场力量由下而上自发演化，必须通过政府的力量，由上而下进行构建。这种由上而下推进的组织创新，可采取由政府筹集一部分启动资金，社员认缴一部分基金，社会筹资一部分资金，采取社员自愿的方式组建，为社员提供必要的信贷融资支持，能够充分发挥组织内信息充分、人际约束较强、声誉惩治机制有效等方面的组织优势。在总结"一省三县"新型农村金融合作金融试点经验的基础上，积极推进新型农村金融合作组织的建设，由政府主导推进，多方参与，充分发挥农村特有的非正式制度、信息传输机制、声誉惩处机制等方面的作用，政府多部门联动，构建多种违约惩处机制，严格监管信贷风险，充分发挥新型农村金融合作组织对于乡村振兴的重要支持作用。政府主导，积极推进乡村振兴基金、生态农业基金等农村产业发展基金的创建，大力发展农村产业股权投资基金，在为农村地区发展潜力较大的产业带来充裕发展支持资金的同时，也能为农村地区带来先进的经营理念、管理经验，并通过知识扩散效应，带动农村经济主体经营管理整体升级。

2. 市场主导型金融组织创新

一些非农产业发达的浙江、广东以及江苏南部或者城市边缘的农村地区，市场交易极为活跃，金融资源充裕，金融需求极为旺盛，具备由市场力量自发进行内生性金融组织创新的条件。因而，对于该地区的金融组织创新，应依靠市场的力量、由下而上进行。首先，对于发达地区充分利用农村熟人社区"人际约束"、"声誉机制"以及"信息传播机制"的农村合作组织，要给予其合法地位，对其发展进行扶植，对其运行状况进行实时监测，以防范出现违规、违法行为。其次，对于条件适合地区，政府要积极鼓励成立各种金融合作组织，并借鉴其他地区成功经验的基础上，帮助其完善各项内部制度。最后，政府要为金融组织创新行为创造优越的市场环境，及时识别各种形式的金融组织创新行为，对于有益的创新行为给予一定的资金、信贷、税收等方面的优惠政策支持；对于存在问题的创新行为，要及时指导、纠正，使其尽快达到合规、合法的要求；对于危害农村金融秩序、损害农村公众利益、破坏农村金融市场环境的创新行为，要予以及时制止、打击。

3. 鼓励金融机构主导组建新型农村金融组织

现有金融机构不仅具有先进、规范的管理制度，而且还具有先进的经验理念和丰富的业务经验。因而，由金融机构主导新型农村金融组织的组建，不仅能够提高新型农村金融组织创建的效率，而且还可以使得城市金融先进管理制度、经营理念等，向农村地区传播、扩散，提高农村金融体系整体发展水平。

（1）鼓励金融机构与农村各种小型金融组织、非正规金融组织或者新型金融合作组织等，建立长期合作的战略伙伴关系，以这种松散组织的形式，构建业务合作中的无限次博弈模型，克服农村金融体系中信息不对称所导致的道德风险、违约风险及逆向选择问题。

（2）鼓励金融机构出资，与其他农村经济组织、经济主体进行合作，组建新型农村金融组织。通过持股公司制、合伙公司制等紧密型组织形式，既能充分发挥金融机构先进管理制度、经营理念等方面的优势，又能充分发挥农村经济组织、经济主体与农村经济社会的天然亲密感，缓解农村金融市场的信息不对称状况，发挥农村熟人社区特有的人际约束、声誉机制等功能。以2018年启动的投资管理型村镇银行和"多县一行"制村镇银行试点为基础，鼓励金融机构参与农村投资管理型村镇银行的成立，以实现村镇银行股权的集中管理和统一的中后台服务，既解决了现行管理模式协调难、成本高的问题，又为村镇银行提供了有力的系统支撑和资金支持，有效增强经营管理能力，提升农村地区整体金融服务水平。在总结试点经验的基础上，鼓励金融机构参与农村地区多种新型金融机构的建立。

（3）鼓励农村金融机构出资，组建绿色发展基金、农业发展基金、乡村振兴基金等针对农村创业活动的直接融资组织，为农村地区的创业活动提供必要的融资支持，以推进农村产业兴旺，助力乡村振兴。

二 农村金融制度创新

农村金融机构经过多年的改革，内部控制制度得到较大程度的改善，特别是，脱贫攻坚与乡村振兴等"三农"支持战略的提出与全面实施，对农村经济社会发展的支持力度逐步加强。由于农村地区经济社会发展长期滞后，市场经济仍处在相对不发达阶段，经济社会运行机制、运行规律具有较强的特殊性。因而，农村金融制度仍存在与农村经济社会发展不契合的地方，严重制约农村金融对于农村经济社会发展的支持作用。一方面，金融机构内部制度仍不完善，经营管理水平有待提升，激励约束机制效率不高，从而导致信贷效率、经营效率都相对较低，不利于农村金融机构的可持续发展。另一方面，贷款制度仍存在不契合农村经济社会发展实际的地方，导致农村信贷对于农户、农业的支持力度不够。因而，要积极推进农村金融制度创新，以提高农村金融制度与农村经济社会的契合程度。

（一）持续推进农村金融机构改革

农村地区金融机构内部治理结构不完善，也是其效率低下、风险较大、涉农信贷供给能力较弱、信贷意愿不足的重要原因。因而，要加强农村金融机构的内部治理结构建设，构建有效的内部激励与约束机制，能够有效提升农村金融效率，缓解金融发展约束。

1. 加快农村信用社改革步伐

自 2003 年启动农村信用社改革以来，农村信用社主动适应农业农村发展的新特点和新要求，不断深化产权改革和创新公司治理，不断创新和深化"三农"金融服务，对保持我国农村金融的稳定发展、提升农村金融服务能力、推动农村经济社会快速发展发挥了重要作用。对照乡村振兴战略的新要求，农村信用社还存在一些问题，主要表现为：资本实力不强，公司治理和股东股权问题较为突出，风险控制能力偏弱，风险化解任务紧迫，支农支小服务能力不足等。因而，为了更好地发挥农村信用社服务乡村振兴战略的作用，还必须要加快农村信用社改革的步伐。

（1）按照 2018 年中共中央、国务院印发的《乡村振兴战略规划（2018—2022 年）》、2021 年中共中央、国务院印发的《关于全面推

第八章　破解农村金融发展约束的对策建议

进乡村振兴加快农业农村现代化的意见》以及 2022 年国务院印发的《"十四五"推进农业农村现代化规划》的要求，牢牢把握"金融服务实体经济"的本质要求和市场化方向，利用自身在农村金融市场上的网点优势、信息优势、人员优势，下沉业务，真正根植于农村基层金融服务，做优主业，做精专业，使农村信用社成为积极服务乡村振兴、资本充足、治理完善、合规稳健的社区性现代金融企业。

（2）兼顾稳定县域法人地位和化解风险的基本原则。一方面，淡化政府部门对于农村信用社业务的行政管理，强化服务功能，减少对农村信用社法人机构的干预。另一方面，加强农村信用社信用风险管理，通过内部控制制度的完善，切实提高内部风险控制能力，并对高风险农村信用社机构采取"具体问题具体分析"的原则，结合当地自然条件和经济状况，分析高风险机构的风险成因，并采取差异化的改革和处置措施分类施策，化解农村信用社较高的信用风险。

（3）加快农村金融市场建设，通过竞争优化农村基层金融供给，并通过竞争压力，倒逼农村信用社加快改革步伐，促使其改善公司治理和经营机制，提高其经营管理效率。

2. 持续推进大型银行机构的"三农"金融事业部改革

中国农业银行、中国邮政储蓄银行为了更好地服务"三农"，均成立"三农"事业部，持续完善"三农"金融事业部运行机制，有效激发和释放这些机构服务"三农"的内生动力。如前所述，以中国农业银行为代表的大型银行机构，农村金融业务下沉不够，对于农业、中小农户的支持作用有待提升，需要进一步完善"三农"金融事业部运行机制，以提升支农力度与效率。

（1）要加大县域支行涉农贷款的审批权，提高审批额度，进一步降低涉农贷款的审批环节，提高涉农贷款的审批效率，降低涉农贷款的难度与成本。

（2）为了更好地控制涉农贷款的风险，加强涉农贷款的事后监管，根据涉农贷款发放的质量，动态调整各级"三农"事业部的贷款审批权。

3. 新型农村金融机构改革

以村镇银行为代表的新型农村金融机构对于完善农村金融市场功能、增加金融供给、满足中小农户信贷需求等方面作用显著，但陆续爆发的小额贷款公司、村镇银行等新型农村金融机构的风险事件，反映出新型农村金融机构的内部风险控制制度仍不完善，风险控制能力较弱，亟须进一步制度改革，以加强其风险控制能力，提高经营管理效率，充分释放支农潜力。

（1）适度有序推进村镇银行兼并重组，允许监管评级良好、经营管理能力突出、支农特色鲜明的村镇银行吸收合并所在县（区）或省内临近县（区）的高风险村镇银行，将其改建为支行。加快"多县一行"制村镇银行试点工作的推进，有效缓解了村镇银行经营成本高、商业难持续的问题，扩大和提升欠发达地区金融服务覆盖面和可得性。

（2）引导、鼓励主发起行向村镇银行补充资本，提高持股比例，以进一步压实主发起机构的风险监管责任；并积极引入地方企业、非银行金融机构等战略投资者，在化解金融风险的同时，引入与当地经济社会高度契合机构的有效监督，以提高内部风险控制的有效性。

（二）完善农村金融机构对信贷员的奖罚制度

农村金融机构为了控制农村地区的信贷风险，防范信贷员在信贷过程中出现道德风险或委托—代理问题，往往在农村信贷中采取信贷员负责制；而农村信贷规模较小，信息不对称严重，从而使得信贷员在农村信贷活动中所能够获得的收益（提成、奖励和声誉）较低，但承担的风险较高。信贷员在收益与风险极度不匹配的状况下，理性选择的结果必然是谨慎放贷。因而，农村金融机构要完善对涉农信贷员的奖惩制度。

（1）降低农村信贷员对于信贷违约承担责任的比例，由金融机构、信贷保险机构与信贷员共同承担，以激励信贷员发放贷款的积极性，通过贷款规模的增加来分散信贷风险。

（2）要提高农村信贷员的奖励力度，使之高于城市信贷的奖励力度，使得风险、收益相匹配，以鼓励更多、更高素质的金融专业人才走进农村金融领域,也能激发信贷员发放农村贷款的意愿和积极性。同时,把农村信贷业务作为业务员考核中最为重要的指标,赋予高于城市信贷的指标权重,给予农村信贷员更多的声誉激励和升迁机会,鼓励高层次金融人才进入农村金融领域。

(三)给予基层网点及信贷员更多的贷款审批权

农村经济社会特殊的发展规律,使得外部主体难以获取其内部准确信息,内外部之间信息不对称严重。因而,农村金融机构贷款审批权上收,使得贷款的审批过程中,由于审批机构对于农村地区的信息掌握程度不佳,在存在稍微信息不确定的情况下,农村贷款申请就会被审批机构拒绝,从而导致农村金融机构对于贷款的供给受限。同时,贷款审批权限集中在上级管理机构,使得贷款的审批时限较长,手续复杂,使得农村贷款的时效性不强、贷款成本较高。在此状况下,为了提高农村金融机构贷款效率,就有必要把贷款审批权下放,赋予基层组织和信贷员更多的贷款审批权,大额贷款审批根据额度控制在不同的管理层级,小额贷款则赋予基层网点或信贷员。由于基层机构和信贷员最贴近农村社区,对于农村地区信息掌握得更为准确,采取贷款审批权下放的措施,可以有效地提高农村贷款发放的效率。但是,为了有效地控制基层组织或信贷员在获取贷款审批权后,出现代理人问题或机会主义行为,上级管理机构可采取贷款复核制度,对于基层机构或信贷员所发放的贷款进行复核,并采取贷款的定期检查制度,由上级管理机构定期对所发放的贷款进行实地检查,以及时掌握贷款的风险状况。

三 鼓励金融产品(服务)创新

2010年,中国人民银行联合银监会、证监会、保监会出台《关于全面推进农村金融产品和服务方式创新的指导意见》,推动我国农村金融产品和服务创新活动的快速发展。随着脱贫攻坚战的全面胜利,乡村振兴战略的全面、深入推进,农村地区对金融产品和服务产生更新、更高的需求。因而,必须要围绕巩固脱贫攻坚成果、接续乡村振兴和金融供给侧结构性改革的总体部署,聚焦绿色金融与普惠金融融合发展、发展农村数字普惠金融等重点领域,强化农村金融产品和服务方式创新，大力推进乡村振兴和农业农村现代化发展。

（一）数字化金融产品创新

充分利用中国数字经济发展的契机，积极推进农村数字化建设，鼓励农村金融机构充分利用数字技术，开发新型数字化农村金融产品与服务，克服农村金融市场上的信息障碍、空间障碍，降低金融成本、化解信用风险。

（1）围绕农村活跃商圈、农民社区、乡村景区等重点，创新以刷脸支付、场景支付为特色的金融服务方式，参与商圈消费、社区管理、票务销售等活动，为运营主体和参与农户提供一体化综合性金融服务平台。不仅能够向农村居民提供便捷的数字化金融服务，而且有利于构建农村大数据库，为金融机构提供必要的信息支撑。

（2）围绕农业产业链、农村专业市场、农民产业集群等重点领域，通过分析客户采购、生产、销售等数据，建立与产业链相适应的信贷模型，实现对上下游关联客户的线上融资服务的同时，还能够有效提供农村金融产品创新所必需的生产经营信息。再次，在整合农村地区消费信息、生产经营信息等大数据信息的基础上，对农村经济主体的生产经营规模、信用状况、偿债能力等方面进行评判和刻画，研发综合授信模型，合理确定授信额度和审批放款方式，以提高农村地区信用贷款的比例，提升农村金融机构信贷的供给能力。

（3）鼓励和引导农村信用社（包括农村商业银行、农村合作银行）、村镇银行等传统金融机构向数字零售银行转型，运用金融科技来控制作业成本、降低服务门槛、扩大客群范围，为新农民、农场主提供纯在线、无抵押、高可得、小额分散的普惠金融服务，满足农村创业者"短、小、频、急"的金融需求，增加金融供给能力，助力乡村振兴。

（二）农村质押贷款创新

我国正处在传统农业向现代农业过渡的关键时期，农村土地经营权流转的进程不断提速，适度规模经营的步伐进一步加快，新型农业经营主体大量涌现，农村"两权"抵押市场空间巨大。

据测算，农村土地经营权确权的市场空间可达300亿元，加上农民住房财产权（含宅基地的使用权）的确权，市场规模有望达到数千亿元。因而，积极推进农村产权质押贷款创新，充分释放农村产权的经济价值与抵押功能，能够有效缓解农村金融发展约束问题。

（1）鼓励金融机构因地制宜，积极推广农村承包土地的经营权、林权抵押贷款等业务，推出生态公益林补偿收益权质押贷款等产品创新，创新开展厂房和大型农机具抵押、圈舍和活体畜禽抵押、仓单和应收账款质押等信贷业务，探索开展集体资产股份等抵押融资模式。

（2）积极探索以"两权"为单一抵押的贷款"两权+多种经营权组合抵押""两权+农业设施权证""农户联保+两权反担保"等多种农村产权质押贷款模式，进一步释放"两权"抵押担保权能。

（3）鼓励金融机构对"两权"抵押贷款的客户进行层级细分，提高风险定价能力，根据抵押物的价值和经营状况实施精细化、差异化定价。

（4）探索适用于"两权"抵押贷款的风险控制模型，完善贷后或投后管理的手段和工具，强化风险监测和预警，对贷款的用途和收益进行监控。

（5）完善银行、担保、保险、信托、基金等金融机构的合作机制，为贷款客户提供"投资+贷款+担保+保险"的一揽子解决方案，比如引入担保公司提供担保，探索开展"两权"抵押贷款保证保险业务，为贷款客户提供融资增信支持。

（三）特色产业信贷产品创新

围绕服务乡村振兴战略的中心目标，鼓励各地金融机构，紧密结合当地产业发展的特色与实际，开发服务于当地特色产业、优势产业的个性化、特色化的农村金融产品。按照各地"一村一品、一乡一特"的总体部署，充分利用特色农产品销售应有账款的质押功能，充分发挥行业协会、新型农民专业合作社的作用，开发形式多样的特色农产品贷款。针对农民专业合作社、种植大户、农产品加工销售企业等新型农业经营主体，开发农业产业链贷款、供应链贷款等适合其金融服务需求的专属产品，简化信贷流程，支持其做强规模、提速发展。在为龙头企业提供综合金融服务的同时，通过龙头企业的推荐、担保和资金的封闭管理,批量营销上下游农户,实现对特色农业产业链上经营主体的金融服务全覆盖的模式。鼓励引导实力较强农产品贸易商、加工企业以入股、参股、收益分成等方式积极参与农村金融产品创新,充分利用其掌握的信息优势、产业链优势,降低创新产品的信用风险。

(四) 加强协同创新

充分利用政府部门、银行、保险等主体的作用,充分发挥协同效应,加强各部门、各机构的协同创新。积极探索"银行贷款+风险补偿金""政银保合作""互联网+农村金融""开发性金融与绿色金融相结合"等多种创新模式,为绿色农业、田园综合体、水利建设、垃圾处理、新基建建设等项目提供资金支持。加强信贷与保险、担保合作,稳步推进"保险+期货"试点项目支持,为农户提供风险保障,稳定农业生产、促进农民增收。

第二节 完善农村金融体系的对策建议

农村金融发展约束严重,最为主要的原因是农村金融体系仍不完善,存在较多的功能性、制度性缺陷,不仅导致整个金融体系金融服务的供给能力不足,出现严重的供给约束,而且也会使得农村金融体系内的金融机构与需求主体之间存在难以匹配的问题,出现显著的结构性约束问题。因而,完善农村金融体系,能够从多方面促进农村金融市场的发展。

一 推进功能分工,构建多层次"批发—零售"贷款体系

如前所述,作为农村金融市场上主要供给主体的金融机构,在资金实力、操作规范、信息优势等方面都存在较大的异质性特征,从而使其在农村金融体系的功能上存在较大差异。因而,根据金融机构异质性特征,合理确定功能分工,促进金融机构之间进行有效合作,构建多层次的"批发—零售"贷款体系。

(一) 国有大型金融机构向批发贷款功能转变

国有大型银行资金充裕,实力强,具有较强的金融创新能力和客户标准化"硬信息"处理能力,面对的客户主要是规模较大、财务信息规范、资产状况较好的大型企业,以及有资产抵押或担保的富裕性居民家庭。但是,国有大型银行在农村基层地区基本上不设分支机构或营业网点,远离农村经济社会,难以获取农村地区的准确信息,与农村经济主体之间存在严重的信息不对称,贷款的程序相对较为烦琐。因而,难以与贷款需求规模较小、资产状况较差、信息缺乏透明的大多数农村经济主体相匹配,严重制约国有大型银行向农村地区的信贷供给。而众多的新型农村金融机构诞生于农村乡土社会,与农村乡土社会之间具有天然的亲密感和契合度,拥有优势的农村"软信息",能够充分利用乡土社会中的社会资本及"声誉机制"等约束机制,能够较好地与广大农村居民家庭及小微企业进行信贷匹配。然而,新型农村金融机构既面对着资金不足又缺乏必要融资手段的窘境,难以向农村地区提供充裕的信贷支持。在此状况下,充分发挥国有大型银行以及新型农村金融机构的比较优势,大型国有银行充当新型金融机构贷款批发者的角色,以扩充新型农村金融机构融资渠道,增加其对农村经济主体供给贷款的能力。

(二) 农村信用社应承担在农村金融体系中的信息传输功能

农村信用社作为农村地区最为重要的金融机构,营业网点众多,分布较广,营业网点基本上都布设到乡镇一级的农村地区,处在乡村与县城、城市之间的中间地带,与农村经济主体的联系要比大型国有银行紧密,能够获取到一定的农村"软信息",资金实力也介于新型农村金融机构与国有大型银行之间。因而,农村信用社在农村金融体系中起到支柱作用,授信范围相对较广。除此之外,农村信用社还应当发挥城市与乡村之间信息传输功能,通过对农村经济主体发放贷款以及与新型农村金融机构、农村信贷代理人等主体的合作,收集、加工农村信息,并通过与城市金融机构的进一步合作,把掌握的农村信息向城市金融机构(特别是大型国有银行)传输,改善农村金融市场上的信息状况。并在条件合适时,由政府与农村信用社共同完善农村信息系统，降低农村信息收集成本。

（三）新型农村金融机构积极发展对农村经济主体的贷款零售业务

村镇银行、小额信贷公司、农村互助基金等新型农村金融机构，与农村经济主体关系紧密，拥有对农村经济主体的信息优势及放贷经验。但自有资金规模小、融资能力弱、放贷资金不足，严重限制其信贷业务的拓展。因而，新型农村金融机构应发挥自身的比较优势，利用其对农户的信息优势，向大型国有银行进行贷款批发，再转向对农户发放零售贷款，获取其中利差。通过批发—零售模式，不仅能够拓展新型农村金融机构的业务范围，增强信贷供给能力，而且能够通过业务的拓展收集到更多的农村信息，并通过贷款批发业务向大型国有银行扩散农村信息，从而改善农村金融市场信息不对称状况。

（四）完善政策性金融功能

我国农村金融市场上存在着严重的信息不对称，再加上成本、收益与风险极度不匹配，从而使得农村金融市场存在着严重的市场失灵，完全依靠市场的手段难以解决农村金融市场发展中存在的基本矛盾和突出问题。由于商业性金融以收益最大化为目标，在经营中重视成本、收益与风险的权衡。各商业性金融机构虽然重点匹配的信贷对象有较大差异，但都是基于收益能够完全覆盖成本与风险的理性选择。对于长期生活在贫困线附近、收入水平较低、风险较大、信用状况较差的农村低收入居民，由于贷款收益不能够完全覆盖成本与风险，商业性金融机构不愿向这部分农村居民提供信贷，导致农村金融市场的普惠性不强。因而，完全依靠商业性金融机构难以解决农村低收入阶层的融资问题，在抑制农村金融发展的同时，也极大地影响农村金融的普惠性，使农村金融市场存在严重的功能性缺陷。

政策性金融能够弥补商业性金融的功能缺陷，对农村金融市场具有极强的补缺功能，然而现有的政策性金融存在着资金不足、业务辐射范围较窄等缺陷，需要重构农村政策性金融体系，完善农村金融市场功能。

（1）要从战略的高度，充分肯定政策性金融制度的必要性和重要意义，并从立法的角度，明确政策性金融的性质、宗旨、功能、地位，避免出现认知偏差、行为偏差而导致农村政策性金融功能弱化、发展受阻。

（2）在技术操作上，要明确政策性金融与商业性金融的区别，把普惠性目标放在盈利性目标之上，强调对农村低收入家庭的覆盖；也要明确政策性金融与财政补贴的区别，强调政策性金融的财务可持续性。

（3）在强化政策性金融在农村金融市场上的补缺功能的同时，拓展政策性金融的功能体系，拓展为农村居民提供专业性服务、政策性保险等多种功能，构建政策性金融的多层次功能体系。

（4）调整中国农业发展银行的功能，强化其在政策性金融体系的支柱性作用。中国农业发展银行应摆脱粮食收购贷款业务的束缚，在保障粮食收购信贷的同时，承担向其他金融机构提供政策性批发贷款，并对其进行有效监督的功能，使中国农业发展银行逐渐转变为具有贷款批发、金融监管、政策性保险以及专业性服务等多重功能的政策性金融机构，从而成为农村政策性金融体系的支柱。

二 推进农村金融体系的功能拓展与演进

在莫顿和博迪"金融功能观"的基础上，推进农村金融体系的功能拓展与演进，构建多功能的农村金融体系，不仅能够提高农村金融市场上金融服务的供给能力和供给水平，缓解农村金融供给约束，而且也能够通过"供给引领"，引致农村金融需求的增加，缓解农村金融需求约束，从而从供求两方面促进农村金融市场的发展。

（一）完善农村存款保险制度的早期纠正功能，及时化解农村金融机构风险

2015年5月1日，《存款保险条例》正式施行后，我国存款保险制度发展迅速，覆盖率持续提升。截至2018年年末，全国投保机构4017家，农村金融机构3832家，其中，农村商业银行1377家、农村合作银行30家、农村信用社783家、村镇银行1611家，覆盖率分别为99%、100%、96%、99%。

可见，农村存款保险制度对于农村金融机构的覆盖率均在96%，

基本上能够起到化解农村金融机构风险的作用。然而，农村存款保险机构的功能仍需完善，特别是，存款保险早期纠正功能仍然较弱，不能及时发现、合理处置农村金融风险，导致类似2022年河南、安徽多地集中爆发的村镇银行事件时有发生。因而，在借鉴国外先进经验，充分考虑中国农村经济社会发展实际的基础上，完善农村存款保险制度的早期纠正功能，使其能够及时识别、合理处置、有效化解农村金融机构风险。

（1）明确存款保险机构、中国人民银行、银保监会等主体的权利与职责，明确存款保险机构与监管部门之间在早期纠正、风险处置等事项中的职责分工，通过定期召开联席会议、建立重大事项沟通机制等多种手段，实现在风险检测、评估、监管等方面的信息共享，切实建立各机构之间的有效协作机制。

（2）完善早期风险监测、预警机制。一方面，建立科学的多维度流动性风险监管标准和监测指标，做到监测指标有针对性，定量指标和定性监测相结合，及时发现重大风险隐患。另一方面，建立风险预警机制，对于检测到存在风险隐患的机构，及时予以提醒和警告，并通过信息共享机制，向各方参与主体及时预警。

（3）规范风险处置流程。在进一步明确早期纠正机制触发条件和基础上，对触发早期纠正的机构，下发早期纠正通知书，督促银行自救，及时进场清产核资，制作信息包，强制银行业务"瘦身"，并建立问题机构清单，定期检查；对于完不成自救的机构，启动退出机制，采取诸如重整、并购、过渡银行、追究相关人员经济责任等保障储户利益的措施。

（二）创建农村贷款保险制度，为农村金融机构提供贷款的风险分散机制

农村金融市场上信息不对称状况严重，农业为高风险的弱质性行业，农村经济主体收入具有较强的脆弱性，资产状况较差。因而，农村金融市场上的信贷风险较高，金融机构向农村经济主体提供贷款的意愿不强。建立农村贷款保险制度，成立农村贷款保险基金，能够有效地降低农村信贷中的信用风险，为金融机构提供风险分散机制，增

第八章　破解农村金融发展约束的对策建议

加农村金融机构的信贷供给意愿。

（1）农村贷款保险制度的建立，要由政府牵头，由中国人民银行操作，各金融机构广泛参与，通过参与主体的增多，风险分散的功能越强。政府拨付一定的财政补贴资金作为启动资金，实力较强的金融机构按照贷款规模缴纳一定的资金，共同成立贷款保险基金。中国人民银行负责基金的监管，按照贷款类型缴纳保费，实行半公益半商业化操作，既能有效防止金融机构的机会主义行为，又能在一定程度上保障基金的财务可持续性。

（2）考虑引入商业保险机构入股并参与农村贷款保险基金的运作，把商业保险机构较为先进的保险经营理念和方法植入贷款保险基金的运作中，能够有效地提高基金的盈利能力，最大限度地保障其财务的可持续性。

（三）推进农村保险的发展，拓展农村金融体系的风险分散功能

农业自然风险较高，农产品市场表现为典型的"发散型蛛网模型"特征，价格波动性较大，市场风险较高。再加上，农村居民对于保险业务存在较大的认知偏差，把保费认定为无用的纯支出，从而对参加商业性保险的意愿较低，参与保险的主体规模较少，达不到农村保险风险分散功能的要求，从而使农村地区的保险市场功能弱化、发展受困。因而，政府要积极引导、推进农村保险市场的发展。

（1）政府要采取多种措施推动农村保险市场的发展。通过优惠政策引导商业性保险机构进入农村保险领域，对于农村保险产品的保费收入进行一定的税收减免，鼓励其向农村地区供给保险产品。对农村居民参与保险的保费支出进行一定的财政补贴，可考虑在提高农业补贴时，单列农业保费，进行直接扣除，以使农业保险能覆盖全部农作物种植，扩大参保规模，增强保险的风险分散功能。联合保险机构对于农村经济主体要大力进行宣传、培训，使其能够对保险产品产生正确的认识，增加其参与保险的意愿及主动性。

（2）加快推动农业保险产品服务创新，稳步推广指数保险、区域产量保险、涉农保险，开发满足新型农业经营主体需求的保险产品，

逐步由保灾害、保成本向保价格、保收入转型，由保生产环节向保全产业链条升级，由保险保障向全金融服务扩展，提升对现代农业发展和农村稳定的支持力度，增强农民的获得感。

（3）加强商业保险机构与银行、期货、农村产业投资基金等金融机构的协作创新，积极推动保险产品创新，推出"保险+"系列复合型保险产品，拓展农村保险对于乡村振兴的服务范围。

（四）鼓励投资产品的供给，拓展农村金融体系的投资理财功能

农村居民普遍为风险厌恶者，对于银行存款，具有较强偏好，大部分闲置资金都以银行存款的形式流入金融系统。再加上农村居民文化素质较低，学习能力不强，金融知识不足，难以准确理解投资活动的成本、收益与风险要素，在存在认知偏差的情况下，更容易出现行动偏差，一旦出现损失后，就会使自己及其周围公众对投资产生更大的误解与畏惧感，从而使得农村居民的投资意愿不强。在此状况下，出于成本的考虑，金融机构不愿向农村地区提供投资产品，出现严重的营销排斥，使得农村金融系统的功能不全，不仅制约农村居民资产性收入水平的提高，而且也使得农村地区沉淀出大量的闲置资金，影响当地金融资源的整体供给水平。

（1）政府要鼓励金融机构结合农村实际状况，开发出兼具储蓄、投资功能的低风险投资理财产品，增强金融机构对农村地区投资产品的供给能力。

（2）政府要联合金融机构，对农村经济主体进行培训、引导，提高其对投资理财的正确认识，并严格要求金融机构加强管理，严防投资理财业务人员误导、欺骗农村居民的状况。

（五）拓展农村金融体系衍生功能，增强农村金融机构的信贷供给能力

由于农村经济主体缺乏未来稳定收入作为偿还贷款的保障，又缺乏足够的抵押资产和担保手段，再加上，作为外部的金融机构与农村经济主体之间存在着较大程度的信息不对称，不确定性风险较大。因而，金融机构对农村经济主体的信贷诉求持特别谨慎态度，导致农村金融市场上普遍存在严重的"惜贷"现象。在此状况下，就需要一些

信用提升性金融服务作为辅助,以降低金融机构向农户发放贷款的风险。

(1) 完善农村信贷担保体系,为农村居民信贷提供担保服务。2020年4月,《关于进一步做好全国农业信贷担保工作的通知》的印发,进一步促进全国农村信贷担保体系健康可持续发展。然而,由于对农村信贷担保风险较高,又具有较强的外部性,私人部门不愿自行投资,导致农村信用担保机构较少,担保体系的功能较弱。截至2020年年末,全国农村担保机构在保贷款余额仅为2118亿元,仅占涉农贷款余额的0.5%,放大倍数仅为3倍。一方面,政府主导,吸纳社会资本参与,推进市场化农村金融担保机构的创立。同时,为了避免担保机构管理者出现机会主义行为,把担保资源挪向非农领域或者出现利用担保资源进行寻租行为,政府部门要把担保机构纳入政府行政监管与中国人民银行金融监管共同监管的范畴。另一方面,政府建立农村信贷担保风险补偿金,对农村信贷担保中风险损失给予一定的补偿,充分发挥风险补偿金、担保资金的双重杠杆作用,撬动更多的农村信贷资金的发放,提高信用担保体系的担保功能。

(2) 研究成立农村土地、房屋等资产的评估机构,为农村资产抵押贷款提供必要的前期服务。农村地区资产特征与城市地区截然不同,加之又缺乏必要的价格形成机制,从而使得农村地区资产的价值难以确定。因而,就有必要成立专门化的农村资产评估机制,为农村地区资产进行专业评估。考虑到,资产评估具有一定的外部性或公共产品特质,商业化机构不愿介入,农村资产评估机构的成立要以政府为主导,并纳入政府基本事业服务的范围之内。

(3) 建立农村信贷违约之后资产的拍卖、处置机制,或者成立专门处置农村资产的信用提升机构,以提高农村资产的抵押功能。

三 通过增量改革,增加农村金融机构数量

我国构建了以农村信用社、中国农业银行为主导的农村金融体系,形成了相对集中的农村金融市场,不仅导致农村金融体系金融供给能力不足,农村经济主体面临严重的"金融排斥"局面,而且也使得农村金融市场整体效率不高、功能不强,影响农村地区资源的配置

效率。因而，促进农村金融市场发展最为重要的举措，就是通过增量改革，允许更多的金融资本、金融机构进入农村金融市场，构建多层次、多主体、有竞争的农村普惠金融体系，提高金融体系对农村经济主体的包容性。

（一）鼓励民营资本到农村地区组建新型金融机构

随着我国多年高速的经济增长，民营经济蓬勃发展，居民收入快速增加，也使得国内积蓄了大量的民营资本。

（1）大量民营资本的存在，涌入房地产、股市、期货等投资投机领域，助推了我国房地产、股市、期货等领域的泡沫，甚至会进入农产品、能源等关系国计民生的商品领域进行炒作，严重影响我国实体经济的发展和国民经济的稳定，迫切需要寻找新的投资出口。

（2）农村地区金融机构发育不良，资本匮乏，导致农村地区金融体系的供给能力不足，农村经济主体获取金融服务的成本较高。

因而，放松农村金融市场对于民营资本的限制，鼓励更多的民营资本进入农村金融市场，组建新型农村金融机构。不仅能够为民营资本找到新的投资途径，带动更多的民营资本进入农村实体经济领域，有利于培育农村地区作为我国经济新常态下的新增长点，而且也能够实现农村金融机构股权分散化、多元化，有利于构建农村金融机构有效的内部治理结构，还有利于把民营资本先进的管理理念、管理经验带入农村金融领域，推动农村金融机构经营效率的提高，实现农村金融机构的可持续发展。

（二）鼓励农村非正规金融活动，有甄别地赋予民间金融机构合法身份

我国农村金融制度供给基本上都是由政府部门通过政策指令，由上向下的强制性制度供给。这种制度供给的方式，虽然具有速度快、涉及范围广的优点。然而，通过政府强制性制度变革所设立的金融机构，不能充分考虑到当地农村经济社会的实际情况，与当地制度环境难以完全契合，从而制约金融机构功能的发挥。另外，由上而下的金融机构设置，与政府的关系更为紧密，与农村经济主体之间的关系较远，在农村"软信息"掌握上的优势并不明显，也很难应用农村乡土

社会下的约束机制。而农村非正规金融活动主要基于农村居民之间紧密的人际关系而自发产生的金融活动，诞生于乡土、成长于乡土，从而能够较好地满足农村经济主体的金融需求。因而，鼓励农村非正规金融活动的发展，对满足条件、运行规范的非正规金融机构给予合法身份，通过法律、制度手段保障其健康发展。一方面，对于规模较大，运行规范，对当地金融发展贡献较大的非正规金融机构，在赋予其合法身份的同时，也要给予一定的优惠政策，鼓励其快速成长。另一方面，对于达不到要求，运行不规范的非正规金融机构，要积极引导，进行整合、培育，在达到要求后给予一定的合法身份。

(三) 鼓励大型金融机构在农村地区设立营业网点

随着我国金融市场整体竞争程度的加剧，大型国有金融机构在城市里业务的拓展空间逐渐缩小，在巨大的盈利压力下，亟须向欠发达地区城市以及农村地区进行业务拓展。因而，政府要通过政策引导，鼓励大型金融机构向农村地区进行业务拓展，设立营业网点，增加农村金融市场上的供给主体。

(1) 由于农村地区营业网点的运营成本较高，金融服务的规模较小，不符合规模经济原则，因而，政府要对大型金融机构在农村设立营业网点的支出及日常运营费用，给予一定的税收补贴，允许其在应缴所得税中进行抵扣。

(2) 对于在农村地区设立营业网点的大型金融机构，应给予一定的业务拓展便利，例如，给予其在其他地区成立分支机构的便利，或者放宽一定的投资业务限制。

(3) 对于要求在城市地区设立分支结构、营业网点的金融机构，必须要在落后地区的农村组建一定规模的分支机构、营业网点之后，才能允许其设立。

(4) 对于大型金融机构在农村设立的分支机构、营业网点，应给予更高的定价自由权和利率浮动空间，给予更多的金融业务创新便利。

(四) 政府应增加投入，主导落后地区农村金融机构的设立

如前所述，金融机构的成立需要当地居民共同承担机构设立的固

定成本，即门槛值，门槛值除了公众分担之外，还可用一次性支付的方式，先由金融企业家进行垫付，组建金融机构。政府在其他主体不愿设立金融机构的地区，应充分发挥政府弥补市场失灵的强大功能，出资或者引导其他资本联合进行一次性支付，组建普惠型的金融机构，为当地农村居民提供基础金融服务。

（1）政府通过财政资金补贴，引导农村居民组建合作金融组织。甘肃省临夏自治州就通过政府扶贫资金补贴，由政府为每村拨付50万元的启动资金，按照自愿的方式，农户缴纳1000元的入社资金，在引入当地企业投资，组建了"农村产业发展互助社"。根据笔者的深入调研，这种新型农村合作金融组织，能够充分利用农村乡土社会下的人际关系，实现对借款者的有效约束，资金偿还率都在90%以上，运行效果较好。

（2）政府直接投入资金，在引入其他金融机构投资的同时，组建新型农村金融机构，为偏远地区农村经济主体提供必要的金融服务。

（3）政府创立风险补偿基金，利用风险补偿金的杠杆作用，撬动农村金融机构的成立，增加农村金融服务的供给能力。

第三节 扩大农村金融需求的对策建议

一 培育新型农村经济主体

农村经济主体收入水平低，资产状况较差，信用状况不佳，面对的自然风险和市场风险较大，生产经营能力不强，小富即安思想严重，更符合道义经济逻辑，"安全第一"取代"收益最大"成为农村经济主体的首要行为目标，不仅影响农村经济主体的金融需求，而且也使得其获取金融服务的能力较弱。因而，对农村经济主体的改造，也是缓解农村金融多重约束的重要手段。

（一）提高农村经济主体的生产经营能力

农村经济主体的文化素质较低，学习能力较差，生产技能较为单一，参与市场的机会较少，从而其所具有的市场经济知识不足，收集、加工市场信息的能力较弱，难以把握市场经济的运行规律。因而，农村经济主体的生产经营能力较弱，导致其对于生产性投资的意愿不强，进而限制其对于生产性信贷的需求。在此状况下，通过多种手段提高农村经济主体的生产经营能力，可以有效地提高农村经济主体的生产经营收益，进而通过示范效应带动农村地区的生产投资和创业活动。

（1）农村居民居住相对分散，社区相对封闭，信息流动不畅，知识技术的扩散、传播机制仍未形成，从而使得农村地区科技水平的进步速度缓慢，长期处在一个较低的水平上，严重影响农村经济主体的生产经营收益。因而，应采取定期培训、提供咨询或鼓励科技人员下乡等方式，为农村地区经济主体提供科技支持，以提高农村地区的整体科技水平，进而提高农村经济主体的生产经营收益，刺激农村经济主体的投资需求。

（2）农村地区市场经济发展缓慢，市场化程度较低，农村经济主体参与市场活动的机会较少，对于市场的运行规律认识不够深入，严重影响农村经济主体的创业能力与生产经营能力。针对此状况，有必要对农村经济主体进行必要的创业引导和辅助，以提高农村经济主体的创业意识和创业能力；并通过定期培训、讲座或咨询，向农村经济主体灌输先进的生产经营管理方法和管理理念。

（3）利用现代传媒优势和多种方式，向农村经济主体提供市场信息和创业信息，为农村地区经济主体的生产经营和创业提供必要的信息支持，以提高当地经济主体的生产经营投资和创业投资需求，繁荣农村市场经济，促进农村市场的专业化分工和经济效率的提高。

（二）加强农村经济主体的信用建设

农村经济主体的资产状况较差，抵押的功能较弱，又缺乏足够、有效的担保，再加上，农村经济主体市场参与度较低，缺乏足够的契约意识和法制观念，契约和法制对其约束力有限，从而导致农村经济主体的信用意识淡薄、信用状况较差。因而，通过加强农村经济主体信用建设，可以有效地降低农村信贷风险，提高农村金融机构发放贷款的意愿。

（1）结合"依法治国"理念的灌输，加大法制宣传，促使农村经济主体尊重法律、敬畏法律，提高法制对于农村经济主体违约行为的约束力。

（2）加大宣传增强农村经济主体的信用意识。农村经济主体由于经济视野较短，更关注短期、直接收益，对于具有长期、隐性收益的信用的资本性质，认识不清、存在较大的认知偏误，从而导致农村经济主体不重视信用资本的培育，在与金融机构等外部主体的博弈中，出现为了短期收益而损害信用资本的行为。因而，要通过宣传教育，提高农村经济主体对于信用资本的认识，纠正其对于信用资本的认知偏误，进而纠正其与外部经济主体的博弈过程中存在的行动偏误。

（3）提高农村经济主体的契约意识。农村地区相对封闭的社区环境，使得居民的社会交往范围较窄，较少与外部匿名社区的陌生人进行交往。因而，形成的社会交往规则，往往都是基于农村熟人社区的人际关系，对于交易双方的行为约束基本上都是以人际约束为主，缺乏签订契约、遵守契约的主动性和意识。而农村金融活动是在市场经济活动框架内的交易行为，匿名性特征明显，必须要以"契约约定"作为必要的约束手段。针对此状况，就要通过引导、宣传，提高农村经济主体的契约意识，使得信贷契约能够对农村经济主体起到应有的约束作用。

（三）加强农村经济主体的组织化程度

农村经济主体生产经营规模较小，资产抵押功能不强，信用状况不佳，并面临着较大的自然风险和市场风险，从而导致农村金融机构在信贷发放过程中资金单位平均成本较高、承担的信贷风险较大，而收益不高，难以完全覆盖信贷的成本和风险。因而，要积极引导农村经济主体组建各种生产经营组织，通过组织化程度的提高，克服单个农村经济主体规模小、信用状况不佳的缺陷。

（1）积极引导农村经济主体成立合作金融组织，为信贷能力不强的农村经济主体提供一条可行的互助借贷途径。众所周知，农村地区居民人均收入较低，市场参与程度较低，使得农村地区金融交易量不足，从而导致当地金融中介的产生缺乏坚实的经济基础。因而，要积极引导农村经济主体成立合作金融组织,通过经济主体的组织化破解农村融资难问题。一方面,通过组织内部成员闲置资金的聚集,为缺乏资金的成员提供信贷支持,能够在组织内部资金余缺调配的同时,实现资金的有效配置,促进闲置资金向生产性投资的转化,提高资金使用效率。另一方面,通过成员之间的联合和组织化,可以有效地克服单个农村经济主体信用不佳的弊端,并通过组织内部成员的联合担保,以组织的身份向资金实力较强的正规金融机构寻求信贷支持,可以破解农村合作金融组织资金不足的难题。

(2) 鼓励农村经济主体成立各种专业技术合作社。农村经济主体生产经营规模较小,对抗风险的能力较弱,对市场的把握程度不高,从而出现所谓的"小农经济与大市场"之间的尖锐矛盾;再加上农村经济主体信用状况不佳,存在严重的融资约束,往往被排斥在金融体系之外。因而,通过组建各类专业技术合作社,把农村经济主体通过合作社作为纽带联合起来,既有利于降低交易成本,提高整体谈判能力,又有利于通过组织化提升整体信用状况,依靠组织成员之间的联合担保,提高农村经济主体向金融机构举借贷款的能力。

(3) 鼓励农村经济主体采取股份合作制等生产组织制度创新,成立紧密型生产合作组织。股份合作制是通过股份联合与劳动联合相结合的紧密型生产经营组织,独立核算,具有法人特征,既能破解小农经济的弊端,又能充分考虑到农村居民入股资金较少、劳动力丰富的实际状况。因而,通过股份合作制既能提高农村经济主体的盈利能力,又能破解单个主体信用状况较差的难题,从而提高其在金融市场上的融资能力。

(4) 鼓励大企业与农村经济主体之间通过"公司+农户"或"公司+基地"等方式进行合作。通过与大企业建立有效的合作关系,不仅可以有效提高农村经济主体的经营效益,大幅度降低经营中的市场风险,有利于激励农村经济主体的生产性投资,进而激发其金融需求,而且通过与大企业建立紧密合作关系,可以有效改善农村经济主体的信用状况,如果有预期销售收入作为抵押,或者通过与大企业形成无限次博弈关系、由大企业担保,则可极大地提升农村经济主体的信用级别，从而增强农村经济主体获取信贷的能力。

（四）提高农村经济主体的金融素养

农村居民文化素质偏低，学习能力较弱，远离金融市场，金融活动较少，从而金融知识欠缺、金融素养不高，对于金融市场的理解不够，难以正确甄别金融活动的收益和风险，导致金融需求相对不足。同时，农村企业规模较小，经营者的金融知识不足，金融素养不高也是约束其金融需求的主要因素。因而，提升农村经济的金融素养，对于扩大农村金融需求，意义重大。

（1）开展金融普及活动。中国人民银行联合商业银行、村镇银行、保险公司、地方金融办等机构及其分支机构，结合农村居民在金融素养方面的薄弱环节，创新形式，有针对性地开展宣传教育活动，通过组建农村金融知识宣传队伍定期开展"金融知识进农村""金融防诈骗""金融网校"等农村金融知识普及教育活动。鼓励高等院校积极开展金融知识下乡活动，鼓励青年学生利用暑期"三下乡"等各种社会实践活动的机会，积极开展金融知识普及宣讲活动。利用基层党组织的战斗堡垒作用，采取发放宣传材料、远程讲座等形式，组织农村居民进行金融知识普及教育活动。由各地金融办组织规模较大的家庭农场、农村企业、专业合作社等主体的主要经营管理人员，联合高等院校、金融机构，开展金融知识普及教育工作。

（2）积极开展农村金融教育示范基地的创建工作。2020年，中国人民银行印发《关于开展金融教育示范基地建设试点工作的指导意见》，鼓励各地积极创建农村金融教育示范基地，以构建金融知识普及长效机制，开展常态化金融教育。由中国人民银行联合各地金融办，积极组织申办、创建农村金融教育示范基地，制定建设标准，建设期间加强监督，建设完成严格按照程序、标准、绩效组织验收，并把该项工作纳入业绩考核之中，保障示范基地建设的高标准、高质量，使其能够针对农村居民、贫困群体开展形式多样的金融知识普及教育活动，树立普惠金融重点服务对象的信用意识和风险意识，增强农村居民对普惠金融的理解和对基础金融技能的掌握，提高广大人民群众在金融服务方面的获得感。

二 壮大农村新产业新业态

产业兴旺是乡村振兴的重要基础,近年来,我国乡村产业发展取得积极成效,但也存在产业门类不全、产业链条较短、附加值不高和质量效益不高等问题。随着城镇化快速推进,乡村劳动力、资金等生产资料外流明显,产业空心化、人口空心化问题较为突出,使金融支持乡村振兴的政策传导难、实施难、维护难、见效难。因而,以农业农村资源为依托,以农民为主体,培育壮大现代种养业、乡村特色产业、农产品加工流通业、乡村休闲旅游业、乡村新型服务业、乡村信息产业等新产业新业态,形成特色鲜明、类型丰富、协同发展的乡村产业体系,厚植农村金融产业基础,激发农村经济主体的金融需求。

(一) 加快农村数字经济发展

2021年10月18日,习近平总书记在中央政治局第三十四次集体学习时强调,要把握数字经济发展趋势,推动我国数字经济健康发展。数字经济在农村地区大有可为,信息技术创新的扩散效应和数字技术的普惠效应,将更有效加快农业农村现代化进程,更有力推动农业生产智能化、农业经营管理高效化和农业信息便捷化,有效推动"三农"提质增效,助力乡村振兴。首先,实施数字乡村建设工程,完善产业、财政、金融等配套政策,加快农村光纤宽带、移动互联网、数字电视网和下一代互联网发展,支持农村及偏远地区信息通信基础设施建设;加快推动遥感卫星数据在农业农村领域中的应用,推动农业生产加工和农村地区水利、公路、电力、物流、环保等基础设施数字化、智能化升级。其次,推进农业数字化转型。开发适应"三农"特点的信息终端、技术产品、移动互联网应用软件,建立和推广应用农业农村大数据体系,加快推广云计算、大数据、物联网、人工智能在农业生产经营管理中的运用,促进新一代信息技术与种植业、种业、畜牧业、渔业、农产品加工业全面深度融合应用,用数字技术贯通农业全产业链体系,研发、育种、种养殖、加工、储运、市场、销售、体验、消费、品牌等产业链环节通过数字手段进行全面渗透,通过数据流动驱动产业发展升级。大力发展智慧农业、科技农业,建设数字田园、数字灌区和智慧农(牧、渔)场。最后,扩大农村数字经济应用场景。利用数字技术扩大信息传播对农户（大户）、合作社、农业企业、产业化联合体等不同经营主体的影响，提高农村技术、市场、就业等方面信息的传播效率，赋能乡村振兴。全面推进"互联网+村级公共服务"，推动乡村数字化治理，提高群众办事便捷程度。同时，依托综合信息平台完善民生保障和公共服务，深入推进农村居民的医疗、养老、教育、就业、救助等方面信息化服务。

（二）构建乡村特色产业全产业链

乡村特色产业是乡村产业的重要组成部分，是地域特征鲜明、乡土气息浓厚的小众类、多样性的乡村产业，涵盖特色种养、特色食品、特色手工业和特色文化等，经济价值较高，市场空间相对较大，从而发展潜力巨大。因而，以乡村特色产业为核心，通过延长产业链、打造供应链、提升价值链，构建特色产业全产业链，促进农业多环节增效、农民多渠道增收，提升特色产业对于当地经济社会的带动作用。首先，培育乡村特色产业。根据消费结构升级的新变化，开发特殊地域、特殊品种等专属性特色产品，以特性和品质赢得市场。发展特色种养，根据种质资源、地理成分、物候特点等独特资源禀赋，在最适宜的地区培植最适宜的产业。加强特色产品品牌的创建与保护，提高特色产品的品牌价值与品牌效应：根据特定自然生态环境、历史人文因素，明确生产地域范围，强化品种品质管理，保护地理标志农产品，开发地域特色突出、功能属性独特的区域公用品牌。规范品牌授权管理，加大品牌营销推介，提高区域公用品牌影响力和带动力；引导农业产业化龙头企业、农民合作社、家庭农场等新型经营主体将经营理念、企业文化和价值观念等注入品牌，实施农产品质量安全追溯管理，加强责任主体逆向溯源、产品流向正向追踪，推动农产品信息共享。其次，大力发展特色产品加工业、延长产业链。引导和支持农民合作社、家庭农场和中小微企业等发展农产品产地初加工，减少产后损失，延长供应时间，提高经济效益。鼓励大型龙头企业建设标准化、清洁化、智能化加工厂，加快生物、工程、环保、信息等技术集成应用，促进农产品多次加工，实现多次增值。鼓励大型农业企业和农产品加工园区推进特色产品精深加工与综合利用，实现特色产品价值提升。最后，以信息技术打造供应链。对接终端市场，以市场需求为导向，促进农户生产、企业加工、客户营销和终端消费连成一体、协同运作，增强供给侧对需求侧的适应性和灵活性。实施"互联网+"农产品出村进城工程，完善适应农产品网络销售的供应链体系、运营服务体系和支撑保障体系。创新营销模式，健全绿色智能农产品供应链，培育农商直供、直播直销、会员制、个人定制等模式，推进农商互联、产销衔接，再造业务流程，降低交易成本。

（三）推动农村新型服务业态的发展

"新型服务业态"是指满足文化、体育、休闲娱乐和旅游等方面体验式消费的服务业态。农村新型服务业态是适应我国整体消费升级、农村生产生活方式变化应运而生的产业，业态类型丰富，经营方式灵活，发展空间广阔。

（1）做强乡村休闲旅游业。乡村休闲旅游业是农业功能拓展、乡村价值发掘、业态类型创新的新产业，横跨第一、第二、第三产业，兼容生产生活生态，融通工农城乡，发展前景广阔。依据自然风貌、人文环境、乡土文化等资源禀赋，建设特色鲜明、功能完备、内涵丰富的乡村休闲旅游重点区。依托都市农业生产生态资源和城郊区位优势，发展田园观光、农耕体验、文化休闲、科普教育、健康养生等业态，建设综合性休闲农业园区、农业主题公园、观光采摘园、垂钓园、乡村民宿和休闲农庄，满足城市居民消费需求。依托秀美山川、湖泊河流、草原湿地等地区，在严格保护生态环境的前提下，统筹山水林田湖草系统，发展以农业生态游、农业景观游、特色农（牧、渔）业游为主的休闲农（牧、渔）园和农（牧、渔）家乐等，以及森林人家、健康氧吧、生态体验等业态，建设特色乡村休闲旅游功能区。发掘深厚的民族文化底蕴、欢庆的民俗节日活动、多样的民族特色美食和绚丽的民族服饰，发展民族风情游、民俗体验游、村落风光游等业态，开发民族民俗特色产品。依托稻田、花海、梯田、茶园、养殖池塘、湖泊水库等大水面、海洋牧场等田园渔场风光，发展景观农业、农事体验、观光采摘、特色动植物观赏、休闲垂钓等业态，开发"后备厢""伴手礼"等旅游产品。

(2) 加速发展农村电子商务。以淘宝村为代表的农村电商，蕴藏着强大的生机和活力。应充分利用各种有利条件，促进新型农业经营主体、加工流通企业与电商企业全面对接融合，推动线上线下互动发展；加快建立健全适应农产品电商发展的标准体系，支持农产品电商平台和乡村电商服务站的建设；推动商贸、供销、邮政、电商互联互通，加强从村庄到乡镇的物流体系建设，实施快递下乡工程；鼓励地方规范发展电商产业园，聚集品牌推广、物流集散、人才培养、技术支持、质量安全等功能服务；完善全国农产品流通骨干网络、农产品产地预冷等冷链物流基础设施网络，以及鲜活农产品直供直销体系，推进"互联网+"现代农业行动。

(3) 升级农村生产、生活服务业。一方面，适应农业生产规模化、标准化、机械化的趋势，支持供销、邮政、农民合作社及乡村企业等，开展农技推广、土地托管、代耕代种、烘干收储等农业生产性服务，以及市场信息、农资供应、农业废弃物资源化利用、农机作业及维修、农产品营销等服务。引导各类服务主体把服务网点延伸到乡村，鼓励新型农业经营主体在城镇设立鲜活农产品直销网点，推广农超、农社（区）、农企等产销对接模式。鼓励大型农产品加工流通企业开展托管服务、专项服务、连锁服务、个性化服务等综合配套服务。另一方面，积极发展定制服务、体验服务、智慧服务、共享服务、绿色服务等新形态，探索"线上交易+线下服务"的新模式。鼓励各类服务主体建设运营覆盖娱乐、健康、教育、家政、体育等领域的在线服务平台，推动传统服务业升级改造，为乡村居民提供高效便捷服务。

第四节 配套政策建议

一 加快农村信息系统建设

农村社区的封闭性较强，与外部信息交换的途径不畅，不仅导致作为外部人的金融机构，难以获取农村经济主体的有效信息，市场信息不对称现象严重，致使金融机构对农村地区的信贷供给约束严重，而且也会使得外部的市场信息、技术、知识难以顺畅进入农村社区，影响农村经济主体的市场经济知识积累、市场空间的拓展以及生产技术的提高等，农村经济主体投资收益不高、投机渠道较少，从而约束其生产性信贷需求。因而，加强农村地区信息系统建设，可以从金融供给、需求两个方面，解决农村金融市场的低水平均衡问题。

(一) 加强农村征信系统建设

在农村金融市场的低水平均衡下，农村经济主体参与金融活动的机会较少，导致其在金融机构所留下的记录不足，因而，仅靠金融机构的力量来构建农村经济主体的征信系统显然不够。再加上信息产品具有较强的外部性或公共产品性质，私人部门不愿承担征信系统的建设成本。这就需要政府部门牵头构建农村经济主体征信系统，由当地政府联合工商、税务、财政、公安、扶贫、金融以及村集体等多个部门的共同协作，彻底打破目前部门信息的块状结构，完善农村经济主体的信息登记、收集制度，从多个部门、多个维度来构建农村经济主体的征信信息指标。为金融机构提供真实、有效的农村经济主体征信信息，以降低农村金融市场上的信息不对称问题，从而降低金融机构信贷成本和信用风险，促进农村金融机构的信贷供给。

(二) 构建农村金融机构信息共享平台

金融市场的激烈竞争，使得各家金融机构都比较重视优质信贷客户的培养，客户信息都被金融机构作为私人信息而隐藏起来，从而使得信息的规模经济效应无法发挥，信息收集的成本较高。这种状况在农村金融市场更为显著，村镇银行、小额信贷公司、农信社等布设在农村基层地区的金融机构，拥有不同层次、相对较优的农村经济主体信息，特别是一些农村"软信息"，而这些信息都被当成私人信息 (甚至商业秘密) 而被隐藏起来，导致农村金融机构之间缺乏有效的信息共享机制。因而，构建金融机构之间的信息共享机制，能够降低信息收集成本，减少农村金融市场上的信息不对称状况，增加农村金融供给。一方面，政府出面构建农村金融机构信息披露系统，要求各金融机构把一些信贷信息在系统内进行定期披露。另一方面，可引导金融机构之间成立农村信息有偿咨询系统,对于信贷业务员掌握的农村"软信息",开展有偿咨询服务。

（三）构建农村外部信息的引入、扩散机制

农村社区基本上是以村庄为单元的封闭社区,外部信息也很难进入并迅速扩散。农村地区市场信息、技术、知识的获取、扩散机制仍未形成,严重制约农村经济主体的生产经营状况、投资渠道以及投资动机,影响农村经济主体的信贷需求。因而,构建农村外部信息引入、扩散机制,有利于农村居民及时获取市场信息、吸收外来知识技术,增强农村经济主体生产经营效率,扩大其信贷需求。

（1）政府要利用广播、电视、手机等现代传播工具,向农村地区传播市场信息、致富信息、投资信息,为农村居民提供必要的外部信息以支持农村居民走向大市场。

（2）利用多种手段积极对农村居民进行专业技能培训、市场知识培训、创业培训,通过有针对性的培训传输,向农村经济主体提供有效的技术、知识及市场信息,提高农村地区整体的生产经营能力。

（3）利用"公司+农户""公司+基地"等生产经营组织中,公司的核心作用,把公司所占有的优势信息、先进技术向农户扩散。

（4）积极组建具有信息共享功能的农村经济主体互助组织,采取"抱团取暖"的方式克服单个主体的信息劣势,通过学习能力强、素质相对较高主体的引入,然后在通过组织内其他成员的模仿、学习,使信息、技术、知识在组织内部快速传播。

二 完善政府的监管与支持功能

我国农村金融市场发育不充分,发展缓慢,市场体系不完善,信息状况较差,再加上,农业投资巨大的正外部效应,从而导致农村金融市场存在极为严重的市场失灵问题。弥补市场失灵最有效的手段是借助政府的力量纠正市场的失灵行为。

（一）政府要加强对农村金融市场的监管

众所周知,金融市场的脆弱性导致其风险较高,外部性则使得金融市场的波动对于经济社会的影响较大,信息的不对称则导致市场失灵更为严重,巨大的收益诱导使得金融市场上的道德风险、违约风险更为严峻。因而,金融市场的监管相对较为严格。而农村金融市场远离监管部门,监管的难度更大;农村经济主体金融知识的匮乏,使得市场风险更高;再加上,金融机构的机会主义倾向,获取农村信贷优惠政策的同时,却把大量农村信贷资金转移到其他收益较高的非农领域,非农化倾向严重。因而,政府必须要加强对农村金融市场的监管力度。

(1)政府要加强对农村金融市场上非正规金融活动的监管,特别是一些地下金融的监管。政府为了降低监管难度、避免出现混乱,基本上采取"一刀切"的政策,对农村非正规金融的发展采取抑制措施,使得大量农村非正规金融活动转入地下,监管难度更高,破坏性更大。因而,政府首先要对农村非正规金融活动进行有效甄别,对于益处大于害处的非正规金融活动,要给予合法地位,并加强其日常经营性监管;对于害处大于益处的非正规金融活动,要坚决予以取缔,并集中力量对转入地下的金融活动进行严厉打击,以防范出现更大的损害。

(2)政府要明晰小额信贷公司、典当行、农村互助基金等非正规金融机构的业务范围和操作规范,并进一步明确对这些机构监管的部门和程序,把它们纳入金融日常监管体系之中。同时,还要加强对这些机构的现场监管,对于这些机构进行定期或不定期检查,加强有奖举报,鼓励公众对于违规、违法行为进行举报,充分发挥群众的监督作用。

(3)要加强对包括正规金融机构在内的农村金融机构的农村信贷发放行为进行监督。对于享受优惠政策的农村金融机构,要严格规定其农村贷款的发放比例,并对贷款发放对象进行监督,对于违反规定,不能按比例发放农村信贷的金融机构要进行严厉惩罚,以约束金融机构把信贷资金转移到收益较高的非农领域的机会主义行为。

(二)政府要加大对于农村金融体系的支持力度

农村地区投资收益率较低,自然风险与市场风险较大,经济主体的经营规模较小,进而其信贷需求的规模也相对偏小,从而导致农村金融市场上风险较高、成本较大、收益偏低。因而,农村金融市场的大量金融资源被转移到城市地区,这就需要政府对农村金融市场进行有效支持,以弥补城乡金融市场之间的风险或收益的差距。

(1)政府要增加农村政策性金融供给。农村金融市场资金供给严重不足,使得农村经济主体存在较大的融资约束,限制农村地区经济社会的快速发展。再加上,农业不仅具有较大的弱质性,而且还具有极强的外部性。在此状况下,需要政府提供足够的资金支持,以增加农村金融市场上的资金供给,缓解农村经济主体的融资约束。财政补贴或救济资金使用效率较低,资金可持续性较弱,而通过政策性金融的方式供给资金,不仅能够缓解农村地区的融资约束问题,提高金融市场的包容性,而且也有利于提高资金使用效率,保障资金的可持续性。

(2)加大农村信贷利率补贴。农业生产经营的比较收益较低,农村经济主体的生产经营能力较弱,投资收益率偏低,因而,农村经济主体投资过程中对于利率较为敏感,过高的利率会极大地抑制农村地区的投资需求。同时,农村地区信贷资金发放的平均成本、违约风险,都远高于城市地区,因而,农村金融机构所要求的信贷利率也要高于城市地区,才能有效地避免金融机构对于农村经济主体的信贷配给。在此背景下,就必须对农村经济主体愿意承担的利率水平,与农村金融机构所要求的利率水平之间的差额,进行利率补贴,既能鼓励农村经济主体的投资需求,又能激励农村金融机构的金融供给。另外,为了提高利率补贴的效率,降低监管成本,补贴应从金融需求端进行补贴为主,按照农村经济主体举借贷款的数量进行补贴。

(3)政府要对农村金融机构进行财政补贴或者税收减免。农村地区居民居住分散,交通不便,金融交易量较小,从而导致农村金融机构的运行成本较高。在收益不足以弥补运行成本的情况下,金融机构不愿在农村地区设立分支机构或营业网点,导致农村地区金融机构的数量不足,农村经济主体面临严重的地理排斥。因而,为了鼓励农村金融机构的发展,政府可采取财政补贴或者税收减免,以弥补农村金融机构较高的运行成本。

(4)创立农村金融发展基金。一方面,各级政府设立农村金融风险补偿金，联合中国农业银行等金融机构，创新乡村振兴专项贷款，利用风险补偿基金的杠杆作用，撬动数量可观的农村金融资金供给。另一方面，政府主导组建乡村振兴产业发展基金，鼓励风险投资、天使投资等基金机构的参与，用政府资金的杠杆作用，撬动社会资本参与乡村振兴产业发展股权投资，推动农村产业兴旺、助力乡村振兴，采取公司化经营、市场化运作，以保障乡村振兴产业发展基金的财务可持续性。

三 实行差别化的金融政策

我国幅员辽阔，地区之间的差异性较大，再加上，长期区域不平衡发展战略的实施，使得各区域之间的经济社会发展水平的差异性也相对较大。同时，长期的城乡二元体制，使得城市、农村之间相互隔离，两者之间经济社会的运行特征和发展规律截然不同。在同一农村地区，不同经济主体也会存在收入水平、风险偏好、资产状况、生产经营规模等方面的巨大差异。在需求主体存在多方面异质性的状况下，同质化的金融政策，会导致大量金融资源由欠发达地区流向发达地区，由农村流向城市，也会使得低收入阶层、贫困阶层被排除在金融体系之外。因而，为了更好地解决我国农村金融多重约束问题，就必须要针对不同的地区、不同的主体采取异质化的金融政策。

（一）允许各地区根据当地实际，制定有差别的支农金融政策

东部地区农村经济相对发达，城乡一体化程度较高，农村工商企业相对较多，经济主体具有较强的市场经济知识、金融知识和创业意识，从而当地农村经济社会的运行特征和发展规律，比较接近城市。再加上，东部地区城市金融的竞争日益激烈，金融机构向城市外围拓展业务的动力较大、意愿强烈。因而，在东部地区农村金融的发展状况相对较好，在制定农村金融政策时，优惠的力度不需太大，政策的重心应该放在打造当地农村良好的金融生态环境，引导金融机构把业务向农村地区拓展。中西部地区城乡二元体制严重，农村地区发展水平较低，市场化、货币化程度都相对不高，农村经济主体收入水平低、资产状况差、市场经济知识匮乏，再加上，当地农村地区乡土社会的封闭性，从而导致金融机构向当地农村经济主体提供贷款时，收

益低、成本高、风险大。因而,中西部地区应该根据当地农村经济发展的基本状况,制定相对优惠、有差别化的农村金融支持政策。

(1) 差别化的再贴现率政策。根据各地农业发展状况,对各地农村金融采取不同的贴现政策。在中西部欠发达地区,给予农村金融机构较低的再贴现率,不仅低于城市金融机构的贴现率水平,而且还要低于相对发达地区农村金融机构的贴现率,以降低当地农村金融机构的资金成本,支持当地农村金融机构的可持续发展。为了避免落后地区农村金融机构的机会主义倾向,将优惠的再贴现贷款转移到收益较高的非农部门或其他区域,要同时规定其在当地农村地区发放贷款的比例,并纳入日常监管之中。对于相对发达的农村地区,再贴现率的优惠程度可以适当缩小。

(2) 差别化的存款准备金政策。为了鼓励农村地区金融机构的发展,还有必要采取与城市金融机构不同的存款准备金政策。为了缓解农村地区整体可信贷资金不足的状况,根据当地农村金融发展水平,可适当降低农村金融机构的存款准备金,落后地区农村金融机构存款准备金要给予更大的优惠,以增加当地农村金融机构提供信贷的能力。

(3) 差别化的利率政策。农村地区金融抑制的一个重要原因就在于较低的利率,使得农村金融机构提供贷款的收益与风险之间难以完全匹配,导致其提供信贷的意愿不强。因而,对于农村金融市场要采取与城市金融不同的利率政策,放宽农村金融机构的利率浮动空间。特别是对于落后地区的农村金融机构,要给予更强的保护性利率政策,给予更大的利率浮动空间,以增加金融机构的存贷利差,鼓励其向农村地区发放贷款的积极性。

(二) 对于不同类型的农村经济主体,实行有差别的信贷政策

不同类型的农村经济主体,经济行为、资产状况、信息状况、经营能力、发展空间都会存在显著差异。因而,不同类型的农村经济主体要实行不同的信贷政策。对于资产状况较好、经营能力较强、发展空间较大的农村经济主体,基本上采取标准化商业信贷政策即可,主要以提供生产性投资信贷,投资期限可适当放长;并且,考虑到这部

分农村经济主体的信用状况较好,在生产经营过程中遇到亟须资金状况的概率较高,可考虑采用简化、便利的临时性信贷政策。对于一般维持型农户和小微企业,其投资数量较小,期限较短,对这部分农村经济主体应以短期、小额信贷为主。考虑到,维持型农户面临消费升级,储蓄水平不足以应对临时性、突发性大额支出,应在充分考虑其收入状况的情况下,适当对这部分农户开展消费性信贷支持,以帮助这部分农村经济主体平滑消费、对抗风险。贫困型农户资产状况较差,生产经营能力较弱,难以有效应对不确定性风险。因而,对于这部分农户应该以小额政策性信贷为主、财政救济为辅。

第九章

研究结论

本书以中国农村金融发展约束问题为主要研究对象,研究主要集中在三个基本问题上:农村金融发展约束问题的具体表现、形成原因及其影响效应。本书通过数据资料分析,首先,对农村金融发展的多重约束现实表现进行分析;然后,通过借鉴金融发展理论与农村金融理论的分析思路与研究方法,分别对不同类型约束问题的形成原因进行分析;最后,对农村金融发展约束对城乡收入差距的中介效应和总效应进行实证研究。通过研究分析,得出如下重要结论:

农村金融发展的多重约束表现为三种形态:供给约束、需求约束、供需结构性约束。我国农村金融市场发展不力,主要是表现为在农村金融发展中供给约束、需求约束以及供求结构性约束并存。农村金融供给约束与需求约束的共同作用,导致了农村金融市场的均衡主要表现为低水平均衡状态。低水平的均衡状态下,农村金融市场整体信贷量较低,需求者剩余及供给者剩余都大幅度减少,从而导致社会总福利损失严重。在供需结构性约束下,农村经济主体资金缺口与农村金融机构信贷资金闲置同时存在,使得农村金融市场在低水平均衡状态下,信贷发生量继续缩小,表现为更低水平的结构性市场失衡状态。在结构性市场失衡状态下,需求者剩余与供给者剩余进一步减少,社会福利损失进一步加大。

农村金融发展供给约束问题具体表现为严重的"地理排斥"问题、信贷资金供给不足、金融服务单一、非正规金融发展受限四个方面,其形成原因既有宏观金融生态环境方面的原因,又有金融体系方面的原因,还有农村经济主体自身的原因。需求约束问题主要表现在信贷需求整体偏低、金融产品需求较为单一、生产性需求不足、地区间需求约束程度不同、正规金融信贷需求约束严重五个方面,其形成原因也主要有宏观层面、金融体系以及农村经济主体自身三方面的原因。供需结构性约束问题主要表现在供求数量结构不匹配、同质化金融制度与主体异质性的矛盾、信贷要求与需求主体条件不匹配、供需期限结构不匹配等几个方面,其形成原因主要有政府的金融抑制政策、金融体系功能分工的弊端、金融机构所获得的融资支持差异性、农村金融制度供给以及市场信息不对称等几个方面。

农村金融发展规模对城乡收入差距具有显著的正效应,农村金融效率具有显著负效应,主要原因为农村存款增加,通过金融体系流入城市经济,具有提高城市居民收入的效应;而金融效率提高,意味着农村金融剩余更多地通过贷款渠道在当地形成生产资本,从而提高农村居民收入,缩小城乡收入差距。而其通过中介变量(农村就业)的中介效应检验结果表明,农村金融规模通过农村就业对城乡收入差距的中介效应显著,中介效应为20%;金融效率通过农村就业的中介效应不显著。农村金融发展供给约束、需求约束对城乡收入差距效应的实证研究结果表明,农村金融发展供给约束指标$F_S CR$对城乡收入差距的效应系数为-0.78,且在1%的置信水平下显著。考虑到$F_S CR$指标越小,供给约束程度越高,从而供给约束程度对城乡收入差距具有显著正效应,供给约束程度每提高1%,城乡收入差距拉大0.78个百分点;而$F_D CR$指标对城乡收入差距的效应系数为0.32,但在5%的置信水平下不显著,仅在10%的置信水平下显著,反映出需求约束对城乡收入差距的影响较小。这也意味着农村金融发展供给约束对城乡收入差距的影响较大,需求约束的影响相对较弱。农村金融发展约束通过农村就业对城乡收入差距中介效应检验结果表明,供给约束指标$F_S CR$通过农村就业的中介效应显著,中介效应占总效应的比例为19.57%。需求约束指标$F_D CR$的中介效应不显著,因而停止检验。

中国农村经济社会发展的特殊性与复杂性,导致农村金融发展问题相对较为复杂,也使得本书的研究仍存在许多值得深入探讨和研究的地方，以下几个方面将成为笔者继续研究的方向：

一是本书的研究主要采用各类统计年鉴的统计数据，宏观层面的数据较多，但微观层面的数据不足。因而，下一阶段将重点进行微观数据的调研与收集工作。通过深入农村地区进行田野调查，以获取更多、更全面、更直观的第一手微观数据，并利用统计分析方法、计量模型对所得数据进行实证研究。

二是结合乡村振兴战略全面实施的现实背景，研究农村金融发展对于返乡务工人员的创业行为，农村企业的孕育、孵化以及农村企业家的培育等问题的作用机理。

参考文献

爱德华·S. 肖:《经济发展中的金融深化》,上海三联书店 1988 年版。

贝克尔:《家庭论》,商务印书馆 1998 年版。

陈志武:《金融的逻辑》,国际文化出版社 2009 年版。

丁志国等:《基于区域经济差异的影响农村经济发展的农村金融因素识别》,《中国农村经济》2014 年第 3 期。

费孝通:《乡土中国》,北京大学出版社 1998 年版。

谷慎:《西部农村金融的供求与均衡——基于双重二元结构约束与一体化金融制度安排》,《西安交通大学学报》(社会科学版)2012 年第 1 期。

何德旭等:《金融排斥、金融包容与中国普惠金融制度构建》,《财贸经济》2015 年第 3 期。

何光文:《中国农村金融供求特征及均衡路径选择》,《中国农村经济》2001 年第 10 期。

何光文:《中国农村经济金融转型与金融机构多元化》,《中国农村经济》2004 年第 2 期。

洪正:《新型金融机构改革可行吗?——基于监督视角》,《经济研究》2011 年第 2 期。

胡必亮:《村庄信任与标会》,《经济研究》2004 年第 10 期。

胡士华、李伟毅:《信息结构、贷款技术与农户融资结构——基于农户调查数据的实证研究》,《管理世界》2011 年第 7 期。

黄惠春:《农村土地承包经营权抵押贷款可得性分析——基于江苏试点地区的经验证据》,《中国农村经济》2014 年第 3 期。

黄祖辉等：《中国农户的信贷需求：生产性抑或消费性》，《管理世界》2007 年第 3 期。

黄宗智：《华北的小农经济与社会变迁》，中华书局 2000 年版。

江春：《产权与微观经济》，中国物价出版社 1999 年版。

金烨、李宏彬：《非正规金融与农户借贷行为》，《金融研究》2009 年第 4 期。

雷蒙德·W. 戈德史密斯：《金融结构与发展》，上海人民出版社 1996 年版。

李树等：《中国城乡金融非均衡发展收敛性分析》，《中国农村经济》2014 年第 3 期。

林毅夫、孙希芳：《信息、非正规金融与中小企业融资》，《经济研究》2005 年第 7 期。

刘祚祥：《农户的逆向淘汰、需求型金融抑制与我国农村金融发展》，《经济问题探索》2007 年第 4 期。

刘西川等：《贫困地区农户的正规信贷需求：直接识别与经验分析》，《金融研究》2009 年第 4 期。

刘西川、程恩江：《贫困地区农户的正规信贷约束：基于配给机制的经验考察》，《中国农村经济》2009 年第 6 期。

刘锡良：《中国转型期农村金融体系研究》，中国金融出版社 2006 年版。

罗纳德·I. 麦金农：《经济发展中的货币与资本》，上海三联书店 1988 年版。

马九杰：《农村金融欠发展的表现、成因与普惠金融构建》，《理论探讨》2013 年第 2 期。

任颉等：《农户信贷风险配给识别及其影响因素》，《中国农村经济》2015 年第 3 期。

舒尔茨：《改造传统农业》，商务印书馆 1987 年版。

托玛斯·赫尔曼等：《金融约束：一个新的分析框架》，《经济导刊》1997 年第 5 期。

王定祥等：《贫困型农户信贷需求与信贷行为实证研究》，《金融研究》2011 年第 5 期。

王曙光：《双重二元结构、农户信贷需求与农村金融改革》，《财贸经济》2011 年第 5 期。

王修华、邱兆祥：《农村金融发展对城乡收入差距的影响机理与实证研究》《经济学动态》2011 年第 2 期。

王修华：《农户信贷排斥形成的内在机理及经验检验》，《中国软科学》2012 年第 6 期。

王修华：《中国农村金融包容水平测度与收入分配》，《中国软科学》2014 年第 8 期。

谢平、徐忠：《公共财政、金融支农与农村金融改革——基于贵州省的调查分析》，《经济研究》2006 年第 4 期。

谢婷婷等：《西部少数民族地区非正规金融减贫效应研究——以新疆为例》，《中央财经大学学报》2015 年第 5 期。

熊学萍等：《农户金融行为、融资需求及其融资制度需求指向研究》，《金融研究》2007 年第 8 期。

叶志强等：《金融发展能减少城乡收入差距吗?》，《金融研究》2011 年第 2 期。

尹志超：《涉农贷款、货币政策和违约风险》，《中国农村经济》2014 年第 3 期。

约翰·G. 格利、爱德华·S. 肖：《金融理论中的货币》，格致出版社、上海三联书店 2006 年版。

余泉生、周亚虹：《信贷约束强度与农户福祉损失》，《中国农村经济》2014 年第 3 期。

张杰：《中国农村金融制度：结构、变迁与政策》，中国人民大学出版社 2003 年版。

张杰：《制度金融理论的新发展：文献述评》，《经济研究》2011 年第 3 期。

张龙耀、江春：《中国农村金融市场中非价格信贷配给的理论和实证分析》，《金融研究》2011 年第 7 期。

张龙耀等：《金融发展、家庭创业与城乡居民收入——基于微观视角经验分析》,《中国农村经济》2013年第7期。

赵冈:《农村经济史论集》,中国农业出版社2001年版。

赵洪丹等:《农村金融、财政支农与农村经济发展》,《当代经济科学》2015年第9期。

郑刚、董文杰:《人力资本、金融发展与城乡收入差距关联度》,《改革》2014年第2期。

钟春平、徐长生:《信贷约束、信贷需求与农户借贷行为:安徽的经验数据》,《金融研究》2010年第11期。

周孟良、张国政:《基于普惠金融视角的我国农村金融改革新方法》,《中央财经大学学报》2009年第6期。

Abebaw, D., "The Impact of Cooperatives on Agricultural Technology Adoption: Empirical Evidence from Ethiopia", *Food Policy*, No. 8, 2013.

Binswanger, H. P., and Khandker, S. R., "How Infrastructure and Financial Institutions Affect Agricultural Output and Investment in India", *Journal of Development Economics*, Vol. 41, No. 2, 1993.

Binswanger, H. P., and Sillers, D. A., "Risk Aversion and Credit Constraints in Farmers' Decision-making: A Reinterpretation", *Journal of Development Studies*, Vol. 20, No. 1, 1983.

Braverman, A., and Guasch, J. L., "Rural Credit Markets and Institutions in Developing Countries: Lessons for Policy Analysis from Practice and Modern Theory", *World Development*, Vol. 14, No. 10, 1986.

Caliendo, M., and Kopeinig, S., "Some Practical Guidance for Implementation of Propensity Score Matching", *Journal of Economic Surveys*, Vol. 22, No. 1, 2008.

Cleassens, S., "Access to Financial Services: A Review of the Issues and Public Policy Objectives", *The World Bank Research Observer*, Vol. 21, No. 2, 2006.

Conning, J., and Udry, C., "Rural Financial Markets in Developing Countries", *Handbook of Agricultural Economics*, No. 3, 2007.

Gashaw, T., "Rural Finance and Agricultural Technology Adoption in

Ethiopia", *Word Development*, Vol. 83, No. 3, 2016.

Koester, U., "Agrieultural Finanee and Institutional Reformsin Transition Eeonomies: The 1990s and Challenges Ahead", *Quarterly Journal of International Agrieulture*, Vol. 40, No. 4, 2001.

L. Barclay and Koenelsen, "Reconceptualising Risk: Perceptions of Risk in Rural and Remote Maternity Service Planning", *Midwifery*, No. 38, 2016.

Soukef Zekri, "Towards an Inclusive Vision of Micro Finance in Tunisia", *Journal of Business Study Quarterly*, No. 5, 2013.

Sayinzoga, A., and Lensink, R., "Financial Literacy Financial Behaviour: Experimental Evidence from Rwanda", *Economic Joural*, No. 8, 2016.

Petrick, M., "Empirical Measurement of Credit Rationing in Agriculture: A Methodological Survey", *Agricultural Economics*, No. 3, 2005.

Robert M. Ryan and Conor M. O'Toole, "Does Bank Market Power Affect SME Financing Constraints", *Journal of Banking & Finance*, No. 49, 2014.

Zeller, M., "Determinants of Credit Rationing: A Study of Informal Lenders and Formal Credit Groups in Madagascar", *World Development*, Vol. 22, No. 12, 1994.